KB151658

우리는 책 읽는 가족입니다

큰글자책 1쇄 발행 2021년 7월 30일

도서명 [큰글자책] 우리는 책 읽는 가족입니다
지은이 정미숙
펴낸이 유종열
펴낸곳 미다스북스
주소 서울 마포구 양화로 133 서교타워 711호
전화 02-322-7802
팩스 02-6007-1845
전자우편 midasbooks@hanmail.net

공급 및 판매처
제작 : ㈜부건애드
주문 : 한국출판협동조합 kbook.biz 플랫폼
전화 : 070-7119-1791, 070-7119-1789
팩스 : 02-716-6769

ISBN 978-89-6637-943-9
정가 30,000 원
* 본 도서는 한국출판협동조합(kbook.biz)을 통해서만 구입이 가능합니다.

* 이 책의 출판권은 미다스북스와 한국출판협동조합(kbook.biz)에 있습니다.
* 저작권자와 출판사로부터 권리를 위임 받은 한국출판협동조합의 서면 동의 없는
  무단 전재 및 복제를 금합니다.

큰글자책

* 본 로고는 문화체육관광부/한국도서관협회의 사용 허락을 받았습니다.
* 본 도서는 〈큰글자책 유통 활성화 사업〉 일환으로 출판사, 한국출판협동조합(kbook.biz),
  제작처가 공동으로 협력해 제작합니다.

우리는 책 읽는 가족입니다

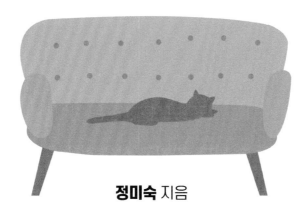

정미숙 지음

미다스북스

읽을수록 힘이 나고
행복해지는 독서의 기적

인생을 내 뜻대로 살고 싶다면 마음 내키는 대로 이리저리 살아서는 안 된다. 지금 이 시대는 먹고, 마시고, 좋은 집에서 살고, 내가 가고 싶은 곳은 어디든지 갈 수 있다. 가지고 싶은 것을 웬만큼 소유할 수 있을 만큼 자원이 풍부하다. 이는 문화의 발전과 빛나는 경제 성장으로 이루어낸 이 시대의 축복이다. 시대는 빠르게 흐르고 있다. 그러나 그 이면에는 복잡한 사회적·심리적 문제가 존재하고 있다. 그래서 정신적 고통을 당하는 사람들이 많이 있다.

매일 똑같은 하루를 그저 습관처럼 보내고 있는지 돌아봐야 한다. 불안하고 괴로운 마음으로 분노와 슬픔, 두려움에 떨고 있으면 외부 세계의 아름다움이 눈에 들어오지 않는다. 산다는 것은 언제나 갈등의 연속이다. 마음속에 갈등이 없는 사람이 만약 있다면 극소수의 행운을 가진 사람들일 것이다. 독서는 갈등이 끊이지 않는 우리에게 삶을 올바르게 바라보고 좋은 방향으로 이끌어주는 도구이다.

첫 책『평범한 사람도 특별하게 만드는 독서의 기적』을 출간하고 많은 연락을 받았다. 2년 동안 독서를 하며 그동안의 삶의 문제들을 해결하고 삶이 바뀌었으며, 아주 적은 돈으로 가성비 최강인 자기계발이라며 아이들에게만 책 읽기를 강요하는 것이 아니라 엄마들부터 책을 읽겠다는 좋은 소식을 알려왔다. 그리고 유명인들과 우리에게 모두 같은 시간이 주어졌다는 것을 알고 시간을 알차게 쓰겠다는 소식도 알려왔다. 이런 좋은 소식에 힘입어 나의 변화뿐만 아니라 가족 모두의 변화를 펴내『우리는 책 읽는 가족입니다』를 출간하게 되었다.

내가 독서를 하며 삶이 변한 것처럼 내 아이들도 적극적으로 답을 찾고 스스로 생각할 수 있는 사람으로 키우고 싶었다. 3년 가까이 매일 독서를 하며 많은 문제에 대한 해답을 찾았기 때문에 아이들에게도 독서로 스스로 생각하고 질문하고 답을 찾는 법을 가르쳐주고 싶었다. 이스라엘의 저명한 사회 심리학자인 코즈(Koz) 박사는 아이의 학습 능력과 의지를 높이기 위해서는 잔소리와 간섭을 최대한 자제해야 한다고 말했다.

부모가 잔소리하고 간섭할수록 아이는 즐거운 마음으로 공부할 수 없으며, 능동적이고 적극적으로 공부할 마음이 생기지 않는다는 것이다. 유대인은 공부를 '인생의 즐거움'이라고 생각한다. 그래서 어릴 때부터 아이에게 책과 지식에 대한 흥미를 안겨주려고 노력한다. 유대인 부모는 아이가 겨우 한두 살배기일 때부터 여러 가지 책을 잔뜩 준비해 아이 앞에 늘어놓고 호기심을 자극한다. 이때 책 위에 달콤한 벌꿀을 한두 방울 떨어뜨려서 아이가 핥아 먹게 해 '독서는 달콤하다'는 인식을 심어주어 책에 대한 흥미를 고취시킨다.

책을 쓴 저자들이 더이상 우리 곁에 없는 경우도 많지만 그들이 남긴 책과 지혜들은 아직까지 많은 사람들에게 영감을 주고 인생의 새로운 방향을 제시해준다. 책을 읽으면서 절실하게 느낀 가치만이 진정한 가치가 된다. 책을 읽어 온몸으로 이해한 지혜만이 진짜 내 것이 된다. 읽는 사람이 다르고 읽는 책이 달라도 책 읽기를 통해 사람들이 얻는 쓸모와 가치는 다들 똑같다. 독서가들은 하나같이 몸으로 독서의 장점을 깨달으면서 스스로를 가다듬는 사람들이다.

우리의 모든 행동은 긍정적이든, 부정적이든 감정에 의해 영향을 받는다. 우리가 생각하는 모든 것은 우리의 삶 속에서 자라난 것이다. 의식은 어떤 순간에 사람들이 알거나 느낄 수 있는 모든 경험과 감각을 말한다.

무의식(잠재의식)은 인간 정신의 가장 깊고 중요한 부분이며, 사람들의 행동을 지배하고 행동 방향을 결정한다. 전의식은 어느 순간에는 의식되고 있지 않지만, 조금만 노력하면 곧 의식될 수 있는 정신세계를 말한다. 우리가 하는 행동, 습관, 말버릇은 잠재의식에서 일어난다. 잠재의식은 자동화된 반응으로 자연스러운 반응을 일으키는 단계가 되어야 한다. 진정한 변화를 위해서는 반드시 의식과 무의식의 통합이 필요하다.

독서는 사람들이 스스로 동기화할 수 있는 힘을 심어준다. 사람들이 스스로 마음에서 우러난 행동을 하도록 돕는다. 가치 있는 일을 참을성 있게 해나간다면 긍정적인 마인드를 형성해 긍정적인 결과가 따라온다. 우리 가족은 독서를 통해 인생에서 가장 행복했던 순간을 현재로 되살리는 경험을 했다. 그렇게 얻은 지금의 행복을 독서를 통해 미래로 연결하며 다른 사람들과 나누고 있다. 우리 가족이 독서를 통해 깨닫게 된 것을 이 책에 모두 담았다.

이 책이 나올 수 있도록 목차과외를 해주신 〈한국책쓰기1인창업코칭협회〉의 김태광 대표님과 마지막 계약까지 마무리해주신 〈위닝북스〉의 권동희 대표님께 진심으로 감사드린다. 최선을 다해 지도해주신 김태광 대표님께 항상 존경을 표한다. 그리고 나의 가장 든든한 지원군이 되어준 남편과 아이들에게 감사한 마음을 전한다.

목　차

2장

-

가족과 **매일**
같은 시간에 읽어라

3장
-
책을 읽고 나서
가족이 변화된 것들

4장
-
가장 빨리 핵심을
꿰뚫는 생산적 독서법

5장

-

우리는 **독서**로
기적을 만들었다

1 장

우리는 **독서**로
희망을 만났다

착한 엄마가 된 불행한 엄마

이 세상에 태어나 우리가 경험하는
가장 멋진 일은 가족의 사랑을 배우는 것이다.

– 조지 맥도날드 –

엄마들은 아이를 보면서 말 잘 듣고, 착한 아이가 되었으면 좋겠다고 생각한다. 또 엄마들은 아이에게 착하게 살라고 말한다. 나도 어렸을 적, 지겹게 들어온 이야기이다. '엄마, 아빠 말 잘 들어야 착한 아이.'라는 말은 대부분의 사람들이 하는 이야기이다.

나는 어릴 적 동네 어른들로부터 "미숙이는 참 착해.", "우리 미숙이는 착해서 참 예뻐."라는 소리를 많이 듣고 자랐다. 그러다 보니 착한 사람 콤플렉스에 빠져 다른 사람들의 부탁을 거절하지 못하고 들어주는 사람이 되었다. 늘 다른 사람들을 의식하며 하고 싶은 말도 제대로 하지 못하고 화가 나도 꾹 참고 마음속으로 삭이는 성격이 되었다. 착한 사람이라는 정체성에 얽매여 남들이 원하는 것에 맞추는 삶을 살았다.

남편과 결혼을 하고 아이를 키우면서 '착한 아내, 착한 엄마 콤플렉스'는 계속되었다. 그리고 우리 아이들에게도 착한 아이로 살기를 나도 모르게 강요하고 있었다. 대부분의 엄마는 우리 아이와 옆집 아이가 싸우면 우리 아이는 야단치고, 옆집 아이는 달래준다. 나도 마찬가지였다. 우리 아이와 옆집 아이가 성적표를 받아오면 우리 아이들에게는 올라간 성적은 외면하고, 떨어진 과목이 무엇인지를 따져 물어서 꾸중을 하고, 옆집 아이는 올라간 과목이 있으면 칭찬해주고 떨어진 과목이 있어도 다음에 잘 보면 된다고 다독여주었다.

그래서인지 가끔 우리 아이들은 옆집 아줌마가 오거나 내 친구들이 오면 옆집 아줌마나 엄마 친구가 엄마였으면 좋겠다고 말할 정도였다. 남편과의 관계에서도 늘 착한 아내가 되기를 바랐던 나는 남편과 함께 치킨 가게를 하면서 집안일과 아이 양육을 혼자 도맡아서 했다.

남편은 완벽한 경상도 남자다. 아들만 삼 형제에 막내아들로 태어나 아버지와 둘이서만 겸상을 할 정도로 완벽한 경상도 집안에서 자랐다. '남자는 손에 물을 묻히면 안 된다.'라는 말을 늘 하며 남자와 여자의 일을 구분해서 가게 일을 제외한 나머지 일은 나에게 떠넘겼다.

막내가 태어나기 전까지는 그래도 별다른 문제를 느끼지 못했다. 치킨 가게를 시작하고 1년이 지나 막내 아이를 임신하며, 자정까지 하는 장사가 힘들게 느껴지기 시작했다. 남편은 치킨 가게를 하면서 자정이 되어 장사를 마치면 혼자 가게에서 TV를 보며 매일 술을 마셨다. 장사를 해서 친구도 못 만나는데 이 낙도 없으면 무슨 재미로 사냐며 하루도 빠짐없이 술을 마시기 시작했다.

막내를 낳고 자정까지 일을 하고 밤에 일어나 분유를 먹이고, 기저귀를 갈고, 아이를 목욕시키고, 집안일까지 혼자 해야 했다. 남편이 새벽에 일어나는 일은 메이저리그 야구를 볼 때뿐이었다. 힘이 들어 도와달라고 했지만 남편은 그럴 때마다 화만 낼 뿐 달라지는 것은 없었다. 아이가 어린이집에 다니게 되면서 자정까지 장사를 하고, 아침에 일찍 일어나서 밥을 먹이고 씻기고 준비를 해야 했다.

그 무렵부터 아랫배가 아프기 시작했다. 밤에 잠을 자면서 통증이 심해서 집에 있는 진통제를 먹었지만 아무 효과가 없었다. 가까운 응급실까지 운전을 해서 진통제 주사를 맞고 통증이 가라앉으면 집으로 와 다시 잠을 잤다. 배가 아플 때마다 무서웠다. 이러다 죽는 것이 아닐까 하는 생각이 들었다. 아이가 셋인데 아이들을 볼 때마다 마음이 아팠다.

큰아이와 둘째 아이는 학교를 마치면 가게를 도와주었다. 큰아이가 고등학생이 되면서 집안일과 가게 일을 도우며 동생들을 돌봐주었다. 힘든 생활 속에서 아이들을 키우다 보니 좋은 말을 하기보다 화를 내고 잔소리하는 일이 많아졌다. 좋은 엄마가 되고 싶었지만 나도 모르는 사이 무서운 엄마, 잔소리쟁이 엄마로 변해있었다. 착한 아내, 착한 엄마, 착한 사람이 되려는 함정에 빠져 정말로 착한 사람이 아니라 착한 것을 연기하고 있었다.

착한 사람 콤플렉스에 빠진 사람들은 정말로 원하는 것을 하지 못하고 다른 사람의 욕망에 맞추느라 자신의 욕구도 알지 못한 채, 늘 답답하고, 피곤하다. 자신이 아닌 다른 사람의 인생을 대신 살고 있기 때문에 불행할 수밖에 없다. 어릴 적 부모님과 주위 사람들에게 귀에 못이 박히도록 '엄마, 아빠 말 잘 들어야 착한 아이다.'라며 자신들의 말을 잘 들었을 때만 칭찬해주는 환경에서 자라난 사람들은 '착한 사람 콤플렉스'에 빠질 가능성이 높다.

'착하다.'라는 말은 '생각하는 힘'을 잃게 하고, 결국 주체적으로, 능동적으로 살지 못하게 만든다. 부모 말을 잘 듣는 것을 지나치게 강요하거나, 획일화된 가치관을 강조하는 것은 바람직하지 못하다. 가끔은 아이가 화를 내고 자기주장을 할 수 있도록 해야 한다. 그리고 부모에게 인정받기 위한 행동이 아닌, 자신이 정말로 하고 싶은 일을 하게 해야 하며, 그 과정에서 실수를 하더라도 보듬어주어야 한다.

　유태인 격언에 신은 이 세상의 모든 사람에게 함께할 수가 없어서 궁리 끝에 '엄마'라는 존재를 보냈다고 한다. 아이들에게 '신' 같은 존재, 늘 보살펴주고 힘겨울 때면 아이 편이 되어주는 믿음직한 존재가 되어주어야 하는 것이다. 어릴 적 부모님이 내가 어떤 실수를 했더라도 잔소리하며 혼을 내는 대신 포용해주고 용서해주었더라면 착한 사람 콤플렉스에 빠지는 대신 내 편이 있다는 믿음을 가진 사람으로 자라 어느 상황에서도 당당하고 자신감 있게 맞설 수 있는 사람이 되었을 것이다. 신 같은 존재가 내 편이라면 얼마나 든든할까. 아이들은 유리병이나 항아리와 같은 존재이다. 항아리 안에 무엇을 채워주는지에 따라서 아이들의 꿈도 미래도 달라진다.

　2년 동안 책을 읽으며, 더이상 착한 사람이 되지 않기로 했다. 내 자신 안에 갇혀 내 안에 물이 부족한데 자꾸 물을 퍼내면 나조차 바닥이 드러날 것 같은 불안감이 들었다. 그 불안함에 내 아이들마저 나처럼 무언가 부족한 아이로 성장하면 어쩌나 하는 불안이 더해져 마음이 편하지 않았다. 비록 나는 받아보지 못했더라도 아이들에게는 해주고 싶었다.

내 아이들의 편이 되어주고 사랑을 듬뿍 주려면 무엇보다 엄마인 나 스스로가 자신의 편이 되고 자기를 사랑해야 한다. 그래야 엄마는 아이들에게 주고 또 주어도 마르지 않는 샘물이 될 수 있고, 아이들을 온전히 사랑해줄 수 있기 때문이다.

나는 나와 같은 아픔을 아이들이 겪을까 봐 늘 불안했다. 그래서 나의 부족함을 아이에게 대신 채우려고 했던 것이다. 나의 감정과 생각으로 아이를 옭아매고는 아이들이 그 문제를 풀어내기를 강요하고 있었다. 실제로 노력한다고 생각하고 애를 썼지만 나아지는 것은 없었고 모두 행복하지 않았다. 나는 남편과 아이들을 많이 위하고 사랑한다고 믿고 있었지만, 그건 어디까지나 착각이었을 뿐이었다.

나도 힘들고 괴롭지만, 가족 모두 마찬가지라는 사실을 이해하고 현재 상황을 벗어나기로 마음먹었다. 책을 읽는 이유는 사람마다 다를 것이다. 남편과 치킨 가게를 하면서 24시간을 15년 동안 함께 하며 이유도 알 수 없는 화와 원망과 분노로 원인도 알 수 없는 통증에 시달리며 같은 일상을 반복하는 타임루프에서 벗어나고 싶었다. 매일이 고단했고, 머릿속이 복잡했으며, 이유를 알 수 없는 답답함과 공허함에서 벗어나고 싶었다. '착한 아내', '착한 엄마'에서 벗어나, 진정한 나를 찾고 싶었다. 나는 더 이상 착한 엄마, 불행한 엄마가 아닌 나를 사랑하는 이기적이더라도 행복한 엄마가 되고 싶었다.

자신을 사랑하라고 하면 많은 사람이 이기적이 되라는 말과 혼동해서 받아들인다. 이기적인 사랑과 자신을 사랑하는 것은 분명히 다르다. 이기적인 사랑은 자기 식대로만 사랑하는 것을 말한다. 아무리 다른 사람을 사랑한다 하더라도 그것이 자기 방식의 사랑을 고집하는 거라면 이기적인 사랑이다. 자신이 책임져야 할 부분을 책임지는 것, 자신의 문제를 스스로 해결해나가는 것, 이런 일련의 과정이 자신을 사랑하는 방법 중 하나이다. 자신의 영역을 잘 지키고 관리하며, 타인의 영역 또한 마음 편히 그대로 인정해주는 것이 자신을 사랑하는 일이다.

책을 읽으며 지금 나의 상황이 단지 지금의 문제가 아니라 어릴 적 과거에서 시작되었다는 것을 깨달았다. 지금의 내가 만들어지기까지 46년이 걸린 만큼 제대로 된 나를 만들기까지 또 많은 시간이 걸릴 것이라는 생각이 들었다. 그래도 내 생각을 바꿀 수 있는 것이 책이라는 것을 알게 되었기에 평생 책과 함께 가기로 마음을 먹었다.

치킨 가게를 하면서 작은 동네에서 천만 원의 돈을 벌며 작은 성공에 들떠 미래를 생각하지 않았다. 미래를 생각하며 노후를 어떻게 보낼 것인지에 대해 생각하지 못했다. '어른'은 사전적 의미로 '다 자란 사람 또는 다 자라서 자기 일에 책임을 질 수 있는 사람'이다. 단순히 육체적으로만 성장하는 것이 아닌, 정신적으로도 성숙한 사람을 의미한다. '어른'이라는 단어가 갖는 무게와 책임감을 누구보다 잘 알고 있었다고 생각했지만 남편과 나는 진짜 어른이 아니었다. '좋은 어른이란 누군가가 규정해놓은 틀에 맞춰 산다거나, 거창한 무언가를 하는 것이 아니라 그저 주어진 몫에 최선을 다하고, 주체적인 삶을 스스로 영위해나가는 사람이다. 깊이 있고 진정성 있는 삶을 살아야 진짜 어른이다. 수많은 편견과 시선, 사회적 차별과 싸우며 스스로를 지키고 가족을 지켜내야 하는 것이다.

지금의 우리 아이들에게 나는 '착한 엄마'가 아닐지 몰라도 옆에서 같이 양치질을 하는 엄마, 길을 걸을 때 손잡고 같이 걷는 엄마, 함께 아이스크림을 먹는 일상에서 엄마는 그냥 이유 없이 엄마라서 좋다는 걸 깨닫는다. 2년 동안 책을 읽으며 나의 상처를 치유하고, 아이였을 때의 나를 이해하게 되었다. 남편의 아픔 또한 이해하게 되었으며, 그동안 아이들이 받았을 스트레스와 마음의 상처도 알게 되었다. 아이들에게 다가가는 법을 배우고, 마음을 나누며 지금은 아이들의 긍정적인 변화에 힘입어 '착한 엄마가 된 불행한 엄마'에서 벗어나 '행복한 엄마'로 살아가고 있다.

책보다 나은 학교는 없다

오늘의 나를 있게 한 것은 우리 마을의 도서관이었다.
하버드 졸업장보다도 소중한 것이 독서하는 습관이다.

– 빌 게이츠 –

삶이란 인간관계라는 틀 속에서 엮어가는 이야기이다. 우리 삶의 완성을 위해서는 다양한 사람들이 등장하게 된다. 한평생을 살아가기 위해서는 무수히 많은 등장인물들과 관계를 맺으며 살아가야 한다. 그 등장인물 속에는 부모님, 아이들, 학교, 직장, 단체를 구성하게 되는 많은 사람들을 만나게 되어 있는데 그 등장인물 속에서 좋은 사람들만 있을 수도 없고, 나쁜 사람들만 있을 수도 없다.

인생이라는 한 편의 이야기는 혼자 만들어갈 수 없다. 등장인물들과 함께 삶을 어떻게 만들어가느냐에 따라 인생의 가치가 달라지는 것이다.

현재 서유럽과 미국, 대한민국을 비롯한 많은 나라의 국민들은 '자본주의 체제'라는 경제 체제 아래서 경제 생활을 영위하고 있다. 사유재산제에 바탕을 두고 이윤 획득을 위해 상품의 생산과 소비가 이루어지는 경제 체제이다. 자본주의 경제는 상품 생산이 행하여지는 경제이다. 상품이란 팔아서 이윤을 얻기 위해서 생산되는 것을 말한다.

막스 베버는 근대 자본주의는 '직업으로서 합법적 이윤을 조직적 · 합리적으로 추구하는 정신적 태도'라고 정의하였다. 요약하면 자본주의란 상품 생산에 의해서 이윤을 획득하려고 하는 정신적 태도를 말하며, 자본주의 체제 또는 자본주의 경제란, 이와 같은 태도하에서 상품 생산이 이루어지는 유통경제 조직을 말한다.

이윤은 노동자를 착취한 결과가 아니라 자본의 공헌에 대한 보수다. 이윤이 착취에 의해서 발생하는 것인가, 그렇지 않은가에 대해서는 학자에 따라 견해를 달리하고 있으나, 자본주의 사회에서는 이윤 획득이 인정되고 있으며, 이를 획득하고자 생산이 영위되고 있다.

현대인은 크고 작은 집단에 속해 있다. 과거 시대에는 신분 제도가 있었지만 현대에는 누구나 마음먹기에 따라 원하는 것을 모두 이룰 수 있다. 100년 전만 해도 평범한 사람이 백만장자 대열에 오른다는 것은 꿈도 꾸지 못했다. 100년 전만 해도 부유층과 빈곤층으로 나뉘어 있었는데, 이 중에서 10%가 상류층과 중산층이었고, 나머지 90%는 빈곤층이었다.

하지만 오늘날의 현실은 그때와 달라졌다. 대부분의 가정에서 차를 두 대 이상 보유하고 있고, 1년에 한두 번은 마음만 먹으면 해외여행을 갈 수 있다. 평범한 사람들도 더 많은 가처분소득(소득 중 개인이 자유롭게 처분이 가능한 돈)과 여가 시간, 자신의 일을 스스로 선택할 기회를 누리고 있다.

처음 가게를 오픈하던 당시 우리가 가지고 있던 돈을 모두 투자하고도 돈이 모자라 3천만 원의 빚을 내었다. 그 빚을 갚기 위해 3년 동안 하루도 쉬지 않고 새벽 2시까지 일을 했다. 막내가 태어나고 빚을 다 갚으면서 새벽 2시까지 하던 시간도 점차로 줄여나가기 시작해 가게를 그만둘 때가 되어서는 자정까지 장사를 했다.

15년 동안 남편과 자정까지 일을 하며 주말도 제대로 쉬지 못했다. 치킨 가게를 7년째 하던 해에 다른 프랜차이즈로 바꾸면서 장사가 잘되어 한 달에 순수익으로만 천만 원을 벌었다. 아이들은 학교를 마치면 곧장 집으로 와 동생을 돌보고 가게 일을 도와야 했다. 당시 일곱 살이던 막내

까지 치킨 무와 콜라를 갖다 주며 가게를 도왔다.

월세로 있던 가게 점포의 임대료를 전세로 올리고, 작은 땅을 사고, 전셋집도 새로 장만했다. 돈은 점점 늘고 있었지만 행복하지는 않았다. 남편과 행복하기 위해 결혼을 했지만 행복하지 않았고, 더 행복해지기 위해 아이를 셋이나 낳았지만 행복하지 않았다. 돈이 쌓일수록 오히려 내 마음은 공허하기만 했다. 좋은 아내가 되고, 좋은 엄마가 되려고 필사적으로 노력했지만, 몸과 마음은 오히려 지쳐갔다. 자고 있는 아이들을 보면 눈물이 났고, 힘들어 하는 아이들을 보며 정말 열심히 살아왔는데 아무리 노력해도 힘든 일만 생기는 것만 같아 세상이 원망스럽기만 했다.

대부분의 평범한 사람들은 부자들을 긍정적으로 보지 않는다. TV나 매스컴으로 부정적인 것들을 많이 접하기 때문이다. 많은 사람들과 함께 더불어 살아가기 위해서는 '처세술'이라는 요령을 익혀야 한다. 학교에서 구구단을 외우고, 수학 공식을 외우고, 영어 알파벳을 외우고, 전쟁이 일어난 연대기를 외우는 것보다 어떻게 해야 지혜롭게 인간관계를 잘 할 수 있는지에 대해 알면 지금보다 더 행복한 삶을 살 수 있을 것이다.

요즘 코로나19로 중학교 2학년 막내 아이가 온라인 수업을 한다. 가게에서 온라인 수업을 하고 있어 도덕 과목을 수업하고 있었는데 일하며 들게 되었다. 내용 중에 정서적 건강과 사회적 건강에 대해 이야기하고 있었다. 중요한 의미의 건강은 부정적 모습에서 벗어나 신체뿐만 아니라 정신까지 사회와 조화를 이루는 것이다. 정서란 사람의 마음에 일어나는 감정으로 다른 사람과의 관계에 영향을 미치며, 부정적 정서는 관계를 약화시킨다. 정신적으로 건강한 사람은 다른 사람의 정신적 건강까지 이해해야 한다고 이야기하고 있었다. 우리의 감정은 잘만 사용하면 따뜻하고 애정 어린 마음이 생기지만 잘못 사용하면 감정이 들쑥날쑥해진다.

정말 좋은 내용이지만 중학교 2학년 학생들이 한 번 수업으로 내용을 이해하기란 어렵겠다는 생각이 들었다. 꾸준히 책을 읽으며 정서적 건강이 먼저 선행되어야 사회적 갈등 해결에 도움이 된다는 것을 알고 있었다. 2년 동안 남편과의 관계, 아이들과의 관계를 원만하게 하기 위해 심리에 관한 책, 치유에 관한 책, 부부에 관련된 책, 인간관계에 관한 책들을 읽으며 정서적 건강과 사회적 건강이 얼마나 중요한지를 알게 되었다. 한 권의 책을 읽는다고 해서 모든 것이 해결되진 않는다. 해결되지 않는 부분들을 또 다른 책을 읽으며 알게 되었고, 생활에 적용하는 것을 2년 동안 반복하면서 삶이 조금씩 변했다.

행복한 가정에서 부모로부터 세상 살아가는 지혜들을 배워 지금 사는 삶이 행복하다면 책을 읽지 않아도 된다. 하지만 나처럼 열악한 환경에서 자라났다면 부모님을 원망하고 세상을 탓하기보다 책을 읽으며 내 삶을 변화시키는 것이 훨씬 더 효율적이다.

늘 열심히 일하는데도 불구하고 왜 항상 시간적, 경제적으로 허덕이고 쪼들리는지 생각하며 살아야 한다. 아무리 노력해도 원하는 성과를 거둘 수 없는 시스템은 돈을 벌고 재산을 모으는 것에 대해 기본적인 인식이 부족하기 때문이다. 책을 읽으면 고정 관념을 버리게 된다. 고정 관념을 버려야 새로운 것을 받아들일 수 있다.

학교에서는 돈 버는 법, 저축하는 법은 가르쳐주지 않는다. 『파이프라인 우화』, 『부자 아빠 가난한 아빠』, 『월급쟁이 부자들』, 『백만장자 시크릿』 등을 읽으며 돈에 대해서 내 미래에 대해서 생각하게 되었다. 이제는 혁신적인 기술 발달로 삶의 질을 비롯해 중산층의 임금도 많이 향상되었다. 여기에 비즈니스 시스템을 통해 얼마든지 시간적, 경제적인 여유로움을 누릴 수 있다. 성인이면 누구나 자신의 상황에 맞춰 시간과 인맥을 적절히 활용함으로써 원하는 삶을 살 수 있다.

평범한 사람들은 부자처럼 보이려고 좋은 옷, 좋은 차를 산다. 그런데 실제로는 부자에서 멀어지는 행동을 하고 있는 것이다. 남들의 시선을 의식해서 돈을 쓰다 보면 금세 가난해진다. 지금 부자가 아니라면 그리고 부자가 되고 싶다면 고통스럽더라도 책을 읽고, 저축하는 습관을 기르고, 미래를 준비하는 법을 배워야 한다.

학교에서는 돈 버는 법, 부자가 되는 법, 행복해지는 법을 가르쳐주지 않는다. 그리고 사람마다 살아온 환경이 다 다르기 때문에 삶을 살아가는 지혜는 스스로 읽고 배우고 깨우쳐야 한다. 그랬을 때 수학 문제를 풀지 못했을 때 며칠 밤을 새고 스스로 풀었을 때에 얻는 쾌감을 얻을 수 있다. 나는 책으로 나를 치유했고, 사람 공부를 하고 마음 공부, 부자 공부를 한다. 책을 통해 내 꿈을 찾았고, 우리 가족의 인생을 찾았다. 책보다 나은 학교는 없다.

3

내가 변하기 전에는 아무것도 변하지 않는다

남의 책을 읽는 것에 시간을 보내라.
남이 고생한 것에 의해서 자신을 쉽게 개선할 수 있다.

– 소크라테스 –

우리가 책을 읽는 이유는 보다 나은 사람이 되기 위해서다. 어제의 나 자신보다 1% 더 성장하는 사람이 되는 것이 독서의 이유다. 책을 제대로 읽는 방법은 없다. 그리고 제대로 읽는 방법은 사람마다 다 다르다. 책을 어떻게 읽느냐보다 책을 통해 깨우침을 얻고, 사람의 도리를 알고, 깨우친 것을 행하는 것이 가장 중요하다. 모두 손도 안 대고 감나무 아래에서 입을 벌리고 서 있으려고 한다. 스스로 감나무가 되어 홍시를 만들고, 그 홍시를 많은 사람들과 나누어야 한다. 방법만 안다고 아는 것은 아니다. 능력과 태도는 하루아침에 길러지는 것이 아니다. 오로지 경험하고 실천하면서 얻어지는 것이다.

나는 나를 데리고 다닌다. 내가 바뀌지 않으면 아무것도 바뀌지 않는다. 이탈리아의 통일과 번영을 꿈꾸며 새로운 정치사상을 모색한 정치사상가 니콜로 마키아벨리는 "세상에서 가장 무서운 것은 가난도 걱정도 병도 아니다. 그것은 생에 대한 권태기다."라고 말한다.

어릴 적 남편과 나는 가난한 집에서 태어났다. 삶이 힘들 때마다 가난한 집에 태어나서 넉넉해지면 행복해질 줄 알았다. 하지만 치킨 가게를 해서 한 달에 천만 원의 순수익을 올려도 그 기쁨은 오래 가지 않았다. 항상 바쁘고 힘이 드는 삶이 공허하기만 했다. 삶에 회의감이 들었다. 아무리 내가 선택한 결혼과 아이들이었다고 해도, '다른 사람들이 모두 다 그렇게 사는 거야, 너만 힘든 거 아니야.'라고 말해도 나는 행복해지고 싶었다.

에어로빅을 배우고, 수채화를 배우러 다녀도 내 안에서는 '내가 원하는 삶은 이런 것이 아니야.'라고 외치고 있었다. 잠이 오지 않는 날이 많아지고, 남편을 볼 때마다 화가 나고, 아이들에게 마음과 달리 입에서 나오는 퉁명스러운 말투, 모든 것이 점점 더 꼬이기만 했다.

가슴이 답답하고 머리가 터질 것 같았다. 공공 도서관으로 달려가『새벽에 혼자 읽는 주역인문학』과『거인들의 발자국』을 빌려서 읽기 시작했다. 대부분의 사람들은 현재의 급한 문제들에 집중하느라 미래를 대비하는 일이나 정말 의미 있는 일들을 간과해 분주한 삶을 살아가고 있다. 일 중독 또한 너무 많은 일을 하느라 더 나은 미래를 설계할 수 있는 여유를 잃어버리게 한다. 부지런한 사람이 자주 겪는 문제는 급한 것들을 처리하느라고 정말 중요한 것에 집중하는 지혜를 잃어버린다는 것이다.

항상 급박하게 모든 일을 처리하는 사람에게 나타나는 또 하나의 증세는 조기 탈진이다. 지나치게 일에 매달리는 사람들은 육체적, 정신적으로 탈진되어 자기뿐 아니라 주위 사람들에게 큰 고통을 안겨주게 된다는 글들을 읽어보니 지금 나의 현실과 일치하고 있었다. 노동과 휴식의 조화를 유지할 때 아름다움을 바라보는 마음을 잃지 않게 된다. 리더가 너무 자신을 고집하게 되면 따르는 사람들이 힘들어지게 된다. 힘든 원인을 하나씩 알아가게 되면서 지금까지 답답했던 마음들이 하나씩 풀리기 시작했다.

리처드 포스터의 걸작 중『돈 섹스 권력』은 성공했을 때 이 세 가지 유혹을 조심하라고 이야기해주고 있다. 이 셋은 어느 정도 입지에 올랐을 때 더욱 무섭게 공격해 들어오기 때문에 조심하지 않으면 치명적 상처를 입고 떨어지게 된다. 세상이 복잡한 것 같지만 조금만 자세히 들여다보면 이 세 가지 요소가 뒤엉켜 있다. 그것이 인간이 만든 제국의 실체고 인간을 움직이는 강력한 힘이다. 돈은 시대를 움직이는 강력한 힘이다. 돈은 거의 신적인 존재일 수도 있다. 우리 속에 욕심과 완벽히 연결되어 있기 때문에 우리를 파괴할 수도 있다. 개인도 국가도 심지어는 교회도 돈의 오용으로 인해 깊숙이 병들어 무너지게 된다. 그동안 뉴스로 보아오던 성공하던 사람들이 몰락하는 이유들을 알 수 있게 되었다. 세상 사는 데에는 '이치'가 있구나 하는 생각이 들었다. 우리는 유교적인 문화권에서 자랐고, '황금 보기를 돌같이' 하라고 배워왔다. 그래서 욕심 없는 것이 진리라는 잘못된 개념이 형성되어 돈 문제를 쉬쉬하는 문화가 되어 버렸다. 우리나라의 금전적인 문제는 바뀌어야 한다. 돈 문제에 대해서 객관적이고 분명한 이해와 훈련이 필요하다는 것을 깨달았다.

책에 길이 있다는 말은 진리였다. 책을 주문해서 다시 읽기 시작했다. 『주역』은 읽기가 어려워 노트에 적으면서 여러 번 읽었다. 여러 번 읽으니 이해가 되었다. 좋은 문장들은 필사를 하면서 밑줄을 긋고 여러 번 반복적으로 읽었다. 자정까지 일을 하고 새벽 4시까지 읽고, 눈을 뜨면 또 책을 읽었다. 무슨 말인지 이해가 가지 않는 부분은 노트에 쓰면서 뜻을 찾기 시작했다. "내 마음이 생명력으로 가득 차 있으면 외부 일에 연연할 필요가 없다." 이 말을 생각하며 내 안에 문제가 있다는 것을 깨닫게 되었다. 책을 읽으며 마음이 편해지기 시작했다. 처음 읽은 책이 『주역』이라서 어려웠지만 무슨 내용을 말하는지는 알 수 있었다. 이해가 가지 않는 부분은 노트에 적어가며 몇 번씩 읽었더니 이해가 가기 시작했다.

'담겨 있다는 것'의 작용은 매우 놀랍다. 어린아이는 엄마의 품속에 담겨 있을 때 그 마음도 평안해진다. 무술의 달인이 가장 먼저 갖추어야 할 능력은 기술이 아니라 바로 평정이다. 그들은 많은 기술을 연마하지만 가장 갖기 힘든 게 평정을 유지하는 것이다. 도인들이 벽을 바라보며 명상을 하는 이유도 바로 평정을 기르기 위해서인데, 평정이 없다면 생각도 얕아지는 법이다. 도인은 평정을 수련함으로써 세상을 꿰뚫어보는 능력을 갖게 되는 것이다.

사람은 누구나 조금씩은 들떠서 살고 있는데, 이것이 심하면 병을 초래하고 나쁜 운명을 끌어들이게 된다. 넘치지 않는 것이 중요하다. 고양이는 유연하고 침착하다. 고양이는 당황하는 법이 없고, 언제나 태평하게 행동을 한다. 고양이는 한마디로 침착한 동물인 것이다.

대부분의 사람들에게 곤란한 일을 당했거나 위기에 처했을 때 침착한 자세를 유지하는 것은 어려운 일이다. 뛰어난 싸움꾼이었던 김두한은 어떤 상황에서도 평정을 잃지 않았다. 그래서 그러한 싸움 능력을 발휘할 수 있었을 것이다. 침착하지 못한 사람은 적을 마주했을 때 마음이 흔들려서 싸워보지도 못하고 패한다. 호랑이에게 물려가도 정신만 차리면 된다는 옛말이 있는데, 이는 어떤 상황 속에서도 침착하라는 뜻이다.

결국 내 마음이 문제라는 것을 책을 읽으며 알게 되었다. 내 마음이 평안하지 못하기 때문에 힘이 들었던 것이다. 문제의 원인이 다른 사람들이 아닌 나에게 있다는 것을 알게 되면서 답답하던 가슴이 조금씩 뚫리는 것 같았다. 2년 동안 책 속을 걷기 시작했다. 하루도 빠짐없이 시간이 나는 대로 읽고 또 읽었다. 나에게 책 읽기는 알아가는 것이 아닌 나를 깨우는 시간이었다.

건강이 좋지 않은 사람이 매일 한두 시간씩 걸으면 어떻게 될까? 매일 책 속을 걸으면서 나의 정신은 건강을 회복해나갔다. 『주역』을 시작으로 『도덕경』, 『황희정승』 책을 읽으며, 세상의 이치를 깨달아가기 시작했고, 다른 사람들의 말에도 흔들리지 않는 내가 되었다.

하루하루가 신이 났다. 머릿속의 혼란스러웠던 문제들을 하나씩 풀고 비우며, 하는 일에 집중력도 올라가고, 내가 바뀌니 아이들도 책을 읽기 시작했다.

미친 듯이 책을 읽는 나를 보며 남편은 "이번에는 또 책이냐? 책 읽는다고 뭐가 나오냐?"라며 살던 대로 살라고 했지만 살던 대로 사는 것만큼 어리석은 것이 없다는 것을 알았기에 남편의 말에 연연하지 않고 책을 읽어나갔다. 책을 읽으면서, 남편이 화를 내거나 짜증을 내도 더이상 화가 나지 않는다. 가끔 화가 나면 시간 날 때 책을 읽고 마음을 다스리면 바로 화가 가라앉는다. 아이들과 함께 책을 읽으며 웃음이 늘고 우리 집에 환한 빛이 들어오는 것을 느낄 수 있었다.

헨리 데이비드 소로는 가장 효율적인 노동자는 하루를 일거리로 가득 채우지 않으며, 편안함과 느긋함에 둘러싸여 일을 한다고 말했다. 일을 많이 하는 사람은 일하지 않는 것이라고 말한다. 죽을 때까지 우리에게는 날마다 수많은 일들이 끊임없이 도착하기 때문이다. 그래도 다행인 것은 인생은 주어진 100문제를 다 풀어야 하는 시험이나 숙제가 아니라는 것이다. 가장 중요한 것은 나에게 문제가 되는 문제를 골라 열심히 답을 찾으면 더 큰 기회를 준다는 것이다. 나에게 문제가 되는 문제들을 하나씩 해결하면서 삶이 달라지기 시작했다. 모두가 힘들어하는 치킨 가게는 칼국수 가게로 바뀌었고, 어린이집 교사로 힘들어하는 큰아이는 나와 함께 칼국수 가게를 운영하며, 함께 책을 읽고 함께 책을 내어 한국 최초 모녀 작가로 동시에 책을 내는 일이 일어났다.

남편은 그동안 하고 싶었던 임업삼림후계자 사업을 신청해 교육을 받고 자신이 원하는 일을 하며 부동산을 함께 하고 있다. 막내 영호는 사춘기 중학생인데도 가게 일을 도와주며, 책을 읽고 스스로 공부를 한다. 책을 읽고 깨달은 것들을 실천했을 뿐인데 2년 만에 삶은 180도 달라졌다. 독서를 하는 이유는 읽고 실천하는 데 있다.

내가 변하기 전에는 아무도 변하지 않는다. 우리는 자기 인생의 지휘자가 되어야 한다. 끊임없이 자신에게 물어야 한다. 무엇을 해야 하는지, 어떤 사람이 되어야 하는지, 무엇을 얻기 위해 분투해야 하는지, 무엇에 가치를 두어야 하는지 말이다.

과학과 기술이 아무리 좋아진다고 해도 삶의 가치를 찾지 못한다면 소중한 삶을 조금도 바꿀 수 없다. 멋진 물건이 넘쳐나고 좋아지는 것들이 점점 많아지고, 세계 여행을 마음껏 다니며 우리가 원하는 것을 무엇이든 얻을 수 있는 데도 불구하고 또 무엇인가를 갈망하게 된다. 우리 각자는 자신의 미래다.

책과 함께 웃고, 울고, 감동하다

내가 인생을 안 것은 사람과 접촉했기 때문이 아니라
책과 접촉했었기 때문이다.

– 아나톨 프랑스 –

나는 인생을 살면서 훌륭한 부모님도, 훌륭한 멘토도, 훌륭한 선생님도 만난 적이 없다. 그런 나에게 책은 설거지를 함께 하면서, 일을 함께 하면서, 산책을 함께 하면서 이야기를 할 수 있는 훌륭한 선생님이다. 책의 선생님들을 통해 타인의 말을 들을 수 있는 엄청난 능력이 생겼으며, 아무런 조건 없이 사랑을 베푸는 법을 배우게 되었다. 책은 출신에 상관없이 누구든지 자신의 인생을 바꿀 수 있게 도와준다.

하루를 여는 유대인들의 위대한 주문은 "모든 일이 다 잘될 거야."로 시작한다. "삶의 목표란 즐겁고 행복하게 하루하루를 보내는 것이란다."

날마다 하루를 즐겁고 행복하게 보내는 일은 유대인의 오랜 가르침이다. 그런데 여기서 유대인이 말하는 '하루'는 우리가 아는 개념과는 차이가 있다. 우리나라에서 하루는 아침부터 저녁까지의 시간을 뜻하지만, 유대인은 정반대로 해가 지는 순간부터 하루가 시작된다고 본다. 밝게 시작해서 어둡게 끝내는 것보다는 어둡게 시작해서 밝게 끝내는 것이 훨씬 더 낫다고 생각하기 때문이다. 비록 지금은 어둠 속에 휩싸여 있더라도 곧 해가 뜬다는 사실을 믿기에 희망을 잃지 않는 것이다. 이 같은 유대인의 사고방식을 이해하면서부터 나는 그 어떤 어려움도 의연하고 굳세게 견뎌낼 수 있었다. 부모가 삶의 도전에 침착하게 대응하면 할수록 아이들 역시 시련을 이겨내겠다는 굳은 결심과 강인한 의지를 품게 된다. 이는 분명히 아이가 자신의 인생을 살아가는 데 매우 귀중한 자산이 된다.

2년 동안 책들은 나에게 많은 희망과 용기를 주었다. 『절제의 성공학』의 저자 미즈노 남보쿠는 전설적인 일본의 운명학자이자 사상가이다. 그는 어려서 부모를 잃고 술과 도박을 일삼다가 감옥에 갔고, 감옥에서 가난하고 죄지은 사람들의 생김새가 성공한 사람들과 다른 것을 발견했다.

출옥 후 자기의 운명이 궁금해 관상가를 찾아갔으나, 1년 안에 죽을 운명이라는 말을 들었다. 여러 우여곡절 끝에 죽음을 면한 남보쿠는 본격적으로 관상을 연구했다. 첫 3년 동안은 이발소에서 얼굴 모양을 연구했고, 다음 3년은 목욕탕에서 벗은 모습을 관찰했고, 마지막 3년은 화장터 인부로 일하면서 죽은 사람의 골격과 생김새를 살폈다. 이렇게 9년간의 수업을 마친 후에 관상가로 세상에 모습을 드러냈다. 남보쿠는 운명을 단 한 번의 실수도 없이 맞혔다고 전해진다. 최고의 운명학자였음에도 운명을 개척할 수 있는 방법을 제시했던 독특한 사상이 그의 글 속에 고스란히 담겨 있다.

모든 성공은 스스로 인생을 절제함으로써 완성된다. 작은 성취에 들떠 한눈을 파는 사람에게 성공은 달콤한 맛만 보여준 채 떠나간다. 지위 고하를 막론하고 무절제한 사람에게 성공은 뜬구름일 뿐이다.

'절제'를 통해 성공에 이르는 길, 성공할 수밖에 없는 운명이 만들어지며, 절제는 활화산처럼 솟구치는 식욕, 성욕, 명예욕을 감당할 수 있는 유일한 무기다. 보이지 않는 마음속에서 자라는 욕구를 잘라내는 것은 힘들다. '절제'를 가르쳐왔지만 실행한 사람은 적다. 목적 없는 취미 생활, 성공의 성공도 제대로 모르고 절제하지 않은 삶을 돌아보게 되었다.

내 삶의 변화를 살피는 방법 중에 가장 확실할 것은 책들로 인한 변화다. 20대 시절, 소설책과 에세이로 재미와 시간 때우기 식의 책을 읽었지만 삶은 변하지 않았다. 흔들리는 삶의 끝자락에서 만난 책들은 나에게 깨우침을 주는 인문고전이다. 늘 큰 감동을 준다. 그리고 인생을 살아가는 나침반이 되어 내가 흔들릴 때마다 나를 잡아준다. 성공한 사람들의 자서전은 나에게 꿈과 희망을 주고, 실수해도 괜찮다며 앞으로 나아가는 힘을 주었다.

내 삶에서 해결하지 못한 문제들을 해결해주는 자기계발서와 실용서를 읽으며 머리가 맑아지고 기분이 좋아졌다. 책을 읽는 데 지치지 않는 윤활유가 되어주었다. 치유에 관한 책들은 나의 과거를 거슬러 올라가 나와 부모님 그리고 남편을 돌아보게 해주었다. 때로는 화가 나서 울고, 그들을 이해하면서 또 울고 웃었다. 어느 순간, 모두를 이해하고, 용서하게 되면서 아직까지 고통스러워하는 남편의 모습을 보며 내 가슴에 연민과 사랑이 흘러 들어왔다.

좋은 책은 좋은 생각을 하게 만드는 힘이 있다. 성공에 관한 책을 읽으면, 성공하고 싶고, 행복에 관한 책을 읽으면 행복하고 싶다. 사랑에 관한 책을 읽으면 다시 사랑하고 싶어진다. 책은 불행이나 과거를 이야기하지 않는다. 서양 철학사를 통틀어 최고위 관직에 올랐던 프랜시스 베이컨은 "반대하거나 말싸움을 하기 위해, 또 단순하게 믿거나 그대로 받아들이기 위해 독서해서는 안 된다. 또한 대화나 논의의 밑천을 마련하기 위해 독서해서도 안 된다. 오직 따져 보고 깊이 생각하기 위해 독서하라."라고 말했다.

독서도 사람을 만나는 것과 같다. 에어로빅을 다니고, 화실을 다니며, 사람들과 어울려 함께 밥을 먹고, 디저트를 먹으며 커피숍을 갔다. 사람들 몇 명만 모이면 사소한 일로 말싸움을 하고 언쟁을 할 때가 많다. 언쟁은 밥 먹을 때, 커피숍에서 수다를 떨 때, 그리고 친구들을 만날 때 하는 것만으로 충분하다. 책을 읽으면서까지 언쟁을 할 필요는 없다.

사람들의 말을 그대로 믿어 상처를 받아본 경험 또한 누구에게나 있다. 책도 마찬가지로 모든 것을 받아들인다면 후회한다. 항상 깊이 따져보고, 나를 돌아보고, 깊이 생각하며 읽어야 웃고, 울고, 감동할 수 있다.

지난 15년 동안 힘들 때마다 누군가에게 도움을 받고 싶었다. 내 문제를 알고 싶었다. 무엇이 문제이고 앞으로 어떻게 해야 하는지. 하지만 내 주위의 사람들 또한 자신들의 문제를 알고 싶어 할 뿐 답을 아는 사람은 아무도 없었다. 우리는 이유를 모르는 사람들에게 서로 조언을 구하고 있을 뿐이다. 그러기 때문에 말싸움을 하거나 언쟁을 하는 것이다. 우리는 학원이나 병원에 가서 말싸움을 하거나 언쟁을 하지 않는다. 그들은 모두 전문가이기 때문이다. 끝도 없는 말싸움과 언쟁은 시간 낭비일 뿐이다. 책의 힘을 믿으면 내가 안고 있는 문제들을 빠르게 해결할 수 있다. 성공한 사람들이 평범한 사람들보다 책을 더 많이 읽는 이유일 것이다. 가난한 사람들은 돈을 벌고 부자들은 시간을 번다. 돈은 다시 벌면 되지만 시간은 벌 수 없다.

우리는 대부분 어리석은 자화상과 정형화된 삶의 틀을 갖고 살아간다. 평범한 사람들의 대부분이 "남자는 함부로 우는 게 아니야. 남자는 태어나서 세 번만 울어야 해!", "여자는 조신해야 해. 여자는 그러면 안 돼." 라는 말을 듣고 자랐다. 이밖에도 "송충이는 솔잎만 먹고 살아야 한다.", "세상은 위험한 곳이야."라는 말들을 어른들에게 듣고 자랐다면, 자신과 세상을 바라보는 법을 다시 배워야 한다. 만약 지금 당신이 매우 불행하고, 겁먹고, 죄책감을 느끼고 화를 잘 내는 사람이고, 또 그러한 사람과 함께 살고 있다면, 인생에 좌절만 가득할 것이다. 우리는 우리 부모가 우리를 대했던 방식으로 나 자신을 대한다. 부모와 똑같은 방식으로 자신을 꾸짖고 벌을 주기도 한다. 책을 읽기 전 모든 일의 원인이 나에게 있다고 생각했다. '나는 제대로 하는 일이 없어.', '다 내 잘못이야.'라는 말로 나 자신을 힘들게 했다.

우리 모두는 희생자의 희생자다. 부모님 또한 희생자이다. 부모님 또한 사랑하는 법을 배우지 못했기 때문에 제대로 배우지 못한 채 부모님의 방식대로 우리를 가르친 것이다. 내가 아이들을 잘 키우고 싶었지만 몰라서 나만의 방법으로 최선을 다해서 키웠듯이 부모님들도 그들만의 방식으로 최선을 다해서 키운 것이다. 우리는 육체적으로 정신적으로 성숙해져야 한다. 더 이상 다른 사람들을 탓하며, 서로 불행한 삶을 살지 말아야 한다. 책을 읽고 제대로 사랑하는 법과 제대로 키우는 법을 배우고 시대에 맞게 가르치면 된다. 시련을 극복하고 어려움을 극복하는 법을 배워야 한다.

어쩌면 좌절을 할 때마다 내가 이 세상에서 가장 불행한 사람이라는 생각을 하고 있을지도 모른다. 하지만 그때마다 우리보다 힘들게 사는 사람들을 보면 그나마 우리 처지가 얼마나 다행인지 알게 된다. 그림자가 없는 곳에서는 빛을 느낄 수 없듯이 불행이 없으면 행복을 느낄 수 없다. 진심으로 삶을 향해 미소를 짓는다면 삶도 분명히 우리에게 미소를 지어줄 것이다.

지금까지 우리가 다루어 온 것은 생각뿐이다. 그리고 그것은 얼마든지 바꿀 수 있다. 과거는 더 이상 우리에게 영향력을 행사하지 못한다. 기분 좋게 생각하는 법을 배우고, 웃는 법을 배우고, 내가 가지고 있는 것에 감사함을 배울 수 있다면 삶은 반드시 달라진다.

책과 함께 웃고, 울고, 감동을 하다 보면 인생에 닥친 엄청난 고난이

축복으로 바뀌기도 한다. 삶에서 기적을 일으키는 것은 바로 나 자신이다. 책으로 걸어 들어가 책 속을 걷다 보면 과거의 나를 만나게 된다. 가장 힘들었던 나와 함께 웃고 울다 보면 지금의 힘겨움은 물거품처럼 사라지고, 지금의 나를 온전히 사랑으로 받아들이게 된다.

　나 자신을 사랑하지 않는다면 아무도 사랑할 수 없다. 이제 더 이상 핑계를 대지 말고 당장 책 속을 걸어라. 과거를 바꿀 수는 없어도 미래는 분명히 우리가 어떻게 하느냐에 따라 달라진다. 아이들에게 희망의 빛을 선물하자.

5

우리는 독서로 희망을 만났다

가정이야말로 고달픈 인생의 안식처요,
모든 싸움이 자취를 감추고 사랑이 싹트는 곳이요,
큰 사람이 작아지고 작은 사람이 커지는 곳이다.

– H.G. 웰스 –

아내들의 소박한 꿈 중 하나는 남편에게 애틋한 사랑과 관심을 받으며 살아가는 것이다. 미혼이라면 누구나 평생 한 번뿐인 결혼에 대해 생각하고, 사랑과 결혼에 마음을 빼앗기기 마련이다. 그리고 좋으나 싫으나 결혼은 여성들의 삶에 깊은 흔적을 남긴다. 사는 것이 아무리 고단하더라도 결혼 생활만 순조롭다면 그 어떤 비바람도 이겨낼 수 있고, 그 어떤 고난도 이겨낼 수 있다.

나 역시 행복한 결혼 생활을 꿈꾸던 시절이 있었다. 철부지처럼 결혼만 하면 행복할 거라는 기대에 부풀어 결혼 생활에도 노력이 필요하다는 것을 너무 늦게 알게 되었다.

큰아이를 낳고 그 기쁨과 행복은 세상 어떤 말로 표현할 수 없을 정도였다. 내가 새로운 생명을 낳았다는 신비함과 너무나도 소중한 선물을 보내준 하늘에 감사하고 또 감사했다. 큰아이를 낳고 엄마가 된 나는 내 모든 것을 바쳐서라도 이 아이만큼은 잘 키워 더 없이 편안하고 행복한 삶을 반드시 선물하겠다고 다짐했었다.

그러나 현실은 마음과 달리 달콤하지 않았다. 결혼생활은 그야말로 가시밭길이었다. 남편과 24시간 늘 함께 있으면서 서로를 응원하고 격려하기보다 서로 비난하고 서로의 감정을 주체를 못 해 아이들이 보는 앞에서 좋은 모습을 보여주지 못했다. 가장 가까운 곳에서 부모의 모습을 지켜보고 배우는 아이들에게 늘 미안했다. 부모가 어려움을 극복하는 모습을 지켜보는 아이들은 훗날 자신의 결혼생활에서 비슷한 문제에 부딪쳤을 때 그 누구보다 잘 해결하게 된다. 현재 결혼생활이 평탄치 않은 부부라면 아이들을 위해서 부부 문제의 해결 방법을 배워야 한다. 부부 싸움은 부모와 자녀에게 모두 상처를 주기 때문이다.

세 아이의 엄마로서 한 집안의 가장 역할은 남편과 아내가 같이 맡아야 한다고 생각한다. 남편에게만 의지하지 않고 나 스스로 온 힘을 다해 노력하기로 했다. 그러면 남편도 언젠가는 내 마음을 알아줄 것이라 생각했다. 지금까지 남편에게 느꼈던 서운함은 모두 내려놓고 우리 가정만 생각하니 신기하게도 마음이 홀가분해졌다. 결혼생활이 늘 순조로울 수는 없을 것이다. 혹시 어려움이 생기더라도 부부가 함께 이겨내면 좋지만 그런 상황이 되지 않는다면 남편이 되었든, 아내가 되었든 두 사람 중에 한 사람만 바뀌어도 남은 인생은 지금과는 다르게 흘러간다. 끊임없이 지시하는 부모가 아닌 스스로 인생을 경영할 수 있도록 키워야 한다.

책을 읽기 전 나는 90점짜리 부모는 되지 않을까 생각했다. 하지만 책을 읽으면서 나의 교육법이 내가 원하던 교육법과 크게 어긋나 있었다는 사실을 깨달았다. 우리는 자식을 마음껏 사랑할 수는 있지만 자식을 대신해서 자라줄 수는 없다. 무조건적으로 주는 사랑은 아이의 타는 목을 적셔만 줄 뿐 흔적도 없이 사라지는 갈증에 불과할 뿐이다. 반면, 진한 피처럼 아이의 몸과 마음에 평생 생명의 힘을 주는 사랑도 있다. 우리가 지금 아이들을 돌봐준다고 해서 영원할 거라고 생각하면 안 된다. 아이들은 언젠가 우리 곁을 떠날 테니 말이다. 지금은 아침에 깨워도 주고 학교에서 데려오기도 하고 옷도 정리해주지만, 이제 스스로 혼자서도 할 수 있도록 연습을 해야 한다. 그래야만 어떤 상황에서도 잘 적응할 수 있고, 우리도 안심할 수 있다. 청소년은 더 이상 어린이가 아니다. 사춘기라는 이유를 들어 말썽을 피우며 어리광을 피우는 시기가 아니라 어른이 되기 위한 연습을 하는 시기이다.

작가 천명관의 장편소설 『고령화 가족』에는 평균 연령 마흔아홉 살의 자식 셋을 거느린 엄마가 나온다. 큰아들은 교통사고로 돌아가신 아버지의 보상금으로 받은 돈을 사업한답시고 다 날린 뒤 집 안에 틀어박혀 먹기만 하는 120kg의 거구이다. 둘째 아들은 데뷔 영화가 흥행에 참패한 데다 그해 '최악의 영화'로 선정되면서 남은 것이라곤 늙고 초라한 몸뚱이뿐인 충무로의 한량이 되었다. 카페 마담 딸은 바람피우다가 두 번째 남편에게 이혼 당한 뒤 자기 딸까지 데리고 들어와 늙은 엄마에게 엎혀산다. 후줄근한 중년으로 각자 상처를 안고 돌아온 자식들에게 늙은 엄마는 옛날에 그랬듯이 다시 끼니를 챙겨주기 시작한다.

비단 소설 속의 이야기만이 아니다. 현실에서도 늙은 엄마에게 지워진 짐은 한없이 무겁다. 젊은 세대는 아예 결혼을 하지 않고 엄마에게 기대어 살거나 결혼해서도 아이를 맡기느라 엄마 곁을 떠나지 않는다.

높아진 이혼율과 가정 해체의 책임도 결국 늙은 엄마의 몫으로 돌아온다. 돌아온 자식과 손자를 책임지고 뒷바라지까지 해야 한다. 자신도 점점 늙고 병들어가면서 80~90대에 접어든 늙은 부모 앞에서는 아프다는 말조차 꺼내기 힘든 '어린' 딸이자 며느리다. 한마디로 늙은 엄마들이 치열한 삶의 현장을 벗어나지 못한 채 여전히 가정생활의 중심이자 '현역'으로 남아 있는 상황이다.

중산층의 문턱을 넘지 못한 가정이 셀 수 없이 많다. 그런데도 자녀교육에만큼은 돈을 아끼지 않는다. 우리나라는 아이들을 가장 좋은 학원에 보내 최고의 성적을 받게 하고, 언제나 안전하게 보호해야 뛰어난 인재로 자라날 수 있다고 생각한다. 하지만 이는 귀족 교육에 대한 오해에서 비롯된 것이다. 실제로 유대인 부자나 유럽 귀족들은 자녀교육에서 그 무엇보다 생존력을 가장 중요하게 생각한다.

아이들은 씨앗이다. 대나무는 씨를 뿌리고 나서 거의 5년 동안은 아주 작은 순 말고는 아무것도 보이지 않는다. 모든 성장은 땅 밑에서 이루어진다. 복잡한 구조의 뿌리가 땅 밑에서 종으로 횡으로 뻗어나가면서 형성된다. 다섯 번째 해가 끝나갈 무렵, 갑자기 약 25m 높이로 성장한다. 아이들도 마찬가지다. 가진 잠재력에 꿈을 심어주면 어느 한순간 솟아오르는 모습을 발견하게 된다.

애써 보호만 한다면 건강한 싹을 틔울 수 없다. 오로지 성적에만 매달린 탓에 정작 스스로 세상을 살아갈 능력은 키우지 못한다. 사실 많은 부모들이 자녀의 성적과 사회적 성공을 결부해서 생각한다. 학교에서 좋은 성적을 받으면 사회에 나가서도 남들이 부러워할 만큼 큰 성공을 거두고 안락한 삶을 살 수 있다고 믿는다. 좋은 성적을 우수한 생존력이라고 착각하는 셈이다.

학업 성적이 우수하다고 해서 반드시 성공하는 것은 아니다. 학교에서 좋은 성적을 받는 것과 앞으로 살아가면서 자신의 존재 가치 및 꿈을 실현하는 일은 전혀 별개의 문제이다. 학교를 떠나 한 사람의 성인으로서 사회에 발을 내딛으면 여러 가지 문제에 부딪치게 된다. 사회에서 발생하는 문제들은 공부 외에 다양한 기술이 필요하다. 이러한 기술은 대개 학교에선 배울 수 없기에 어릴 때 가정에서 배우지 못한 아이들은 뒤늦게 큰 낭패를 보게 된다.

삶은 지식과 지능이 아니라 의지와 끈기, 그리고 의연함을 겨루는 과정이다. 유대인 부모는 어린 시절 생존 교육의 여부에 따라 아이가 더 넓은 세상에서 여유롭게 살아갈 수도, 작은 돌멩이에 통째로 인생이 휘청거릴 수도 있기에, 그 어떤 위기에도 맞설 수 있도록 강인한 의지와 신념을 길러준다.

우리는 치열한 경쟁 사회를 살아가고 있다. 경쟁에 뒤처지면 낙오될지 모른다는 조바심 때문에 사람들은 속도에 민감해졌다. 속도에 민감해지다 보니 '빨리 빨리'라는 말을 입에 달고 산다. 빨리 가기는 했는데, 막상 도착한 곳이 기대했던 곳이 아니라면 길을 잃게 된다.

빨리 간들 그 길의 종착역이 아무것도 없는 잡초만 무성한 벌판이라면 아무 의미가 없다. 어쩌면 우리는 남들이 우르르 달려가니까 생각할 겨를도 없이 무작정 쫓아가는지도 모른다. 빨리 가려고만 하기보다는 내가 가는 길이 맞는 길인지, 가끔은 가던 길을 멈추고 점검해보는 느리게 사는 지혜가 필요하다.

실패가 무섭다는 이유로 행동하지 않는 사람이 많다. 아마도 과거의 실패한 경험 때문에 그럴 것이다. 하지만 실패를 개선하지 않고 끝내면 실패는 그대로 남아 있게 된다. 우리의 삶은 그 실패로부터 무언가를 배우는 것이다. 모든 일이 한 번에 성공하는 일은 거의 없다. 문제의 문제를 개선시켜나가면서 발전시켜나가는 것일 뿐이다. 실패란 단지 '과정'에 지나지 않는다.

성공은 실패의 반대말이 아니다. 실패와 성장을 반복하면서 발전시켜나갈 때 맨 마지막에 성공이 있는 것이다. 무슨 일이든 처음부터 쉽게 해내는 사람은 없다. 몇 번이고 도전한 끝에 겨우 성공하는 것이다. 처음에는 못 했던 일을 할 수 있게 되니 즐겁고 희망이 생기는 것이다. 희망이 생기면 계속 즐기게 된다. 우리 가족은 독서를 통해 실패는 실패가 아닌 또 다른 희망이라는 것을 알게 되었다. 살면서 부딪치는 문제의 답을 독서를 통해 찾고 나아가기만 하면 결국 일곱 빛깔 무지개의 희망을 만나게 될 것이다.

6

희망을 위한 다섯 가지 원칙

저녁 무렵 자연스럽게 가정을 생각하는 사람은
가정의 행복을 맛보고 인생의 햇볕을 쬐는 사람이다.
그는 그 빛으로 아름다운 꽃을 피운다.

― 베히슈타인 ―

누구의 인생에나 권태기는 찾아온다. 끓어오르던 삶의 열정이 차갑게
식고, 제대로 된 길을 걷고 있는지 의문에 휩싸일 때가 있다. 특히 다람
쥐 쳇바퀴 돌 듯 반복적인 일상을 살아가는 대한민국 직장인들에게 권태
기는 피할 수 없는 숙명이다.

실제로 대한민국 직장인의 80%가 우울증에 시달리고 있는 것으로 나
타났다. 사람들에게 인생에서 가장 바라는 것이 무엇이냐고 물으면, 대
부분이 "행복하고 싶다"고 말한다. 그런데 왜 극소수의 사람들만이 행복
한 것일까? 우리는 잘못된 곳에서 행복을 찾고 있는 것은 아닐까?

대부분의 사람들은 남들이 가는 쉽고 편한 길로만 간다. 내 마음을 감추고 내 눈을 가린 채 현실이 주는 안일함에 젖어 결국 살아가는 이유를 잃어버리게 된다. 그래서 우리가 가진 잠재력을 발휘하지 못하고, 주위 사람들을 위해 열심히 살아가지만 '나'가 없는 삶은 언젠가는 물거품이 되어 내 삶을 망가뜨리게 된다. 우리는 미래에 있을 듯한 행복을 찾아 열심히만 살아가고 있다. 막연한 행복과 이상을 좇으며, 목적 없는 삶을 살아가고 있는지도 모른다.

절망의 늪에 빠져 허우적거리던 어느 날, 나의 인생에 한 줄기 희망이 보였다. 바로 '책'이었다. 2년 동안 책을 읽고 책이 시키는 대로 삶을 조금씩 바꾸었다. 그냥 책이 시키는 대로 했을 뿐인데 지워지지 않던 걱정과 근심이 머릿속에서 사라졌다. 불면증이 사라지고, 생활에 활력이 생기기 시작했다. 매일 책을 펼치는 것만으로도 자존감이 살아나고 열정에 불이 붙었다. 평범한 사람도 특별하게 만드는 독서는 나에게 최고의 스펙이 되었다.

우울증에 빠졌던 내가 매일 책을 읽으며 삶의 의욕을 되찾고 누구보다 열정적인 사람으로 거듭나게 되었다. 책을 읽으며 마음이 안정되어갔고, 누군가를 미워하는 마음이 사라졌으며, 세상에 대한 호기심이 생기는 기적을 경험했다.

매일 책을 읽는다고 하면 지레 겁부터 먹는 사람들이 있다. 단 한 장을 읽어도 좋으니 하루도 빼놓지 않고 책을 펼치면 반드시 희망이 생기기 시작한다. 누구도 인생의 권태기를 피해갈 수는 없다. 중요한 것은 위기를 이겨내는 삶의 근육을 갖고 있느냐는 것이다. 책은 무너진 자존감을 회복하고 무기력한 일상에 생기를 불어넣는 에너지를 선물한다. 나는 책을 읽으며 세상에서 가장 바꾸기 어렵다는 '나 자신'을 바꿀 수 있었다. 매일 책을 읽는 이유는 매일 새롭게 살아갈 에너지를 얻을 수 있기 때문이다.

꾸준한 독서는 삶을 가치 있게 만들어준다. 책을 읽으며 세상에 대한 이치를 이해할 수 있었고, 고정 관념에서 벗어나니 하는 일의 능력을 향상시킬 수 있었다. 가족 구성원으로서의 역할과 권리에 대해 알 수 있었고, 세상을 바라보는 시야를 넓힐 수 있었다. 독서는 그 자체로 최고의 스펙이다.

꿈을 가지는 것이 중요하다고 생각하면서도, 실제로 꿈을 이루기 위해 행동으로 옮기지 못하는 사람이 매우 많다. 또, 행동하려는 마음이 있어도 첫걸음을 내딛지 못하는 사람도 상당수다. 책은 꿈을 이루고, 성공하는 법과 문제를 해결하는 법을 현실로 만들기 위한 구체적인 방법을 알려주고 있다.

희망을 위한 다섯 가지 원칙

1. 열린 마음

우리가 잘못된 삶의 방식을 뜯어고치고 바로 잡으려면 반드시 열린 마음이 필요하다. 모든 가능성을 열어놓으면 작은 변화로 크나큰 긍정적인 결과를 빚어낼 수 있는 방법을 찾아낼 수 있다. 열린 마음을 가지면 가질수록 성공할 가능성도 자연스레 높아진다. 마음의 문을 열었다는 것은 무엇이든 배우겠다는 열정을 뜻한다. 지금까지 책을 읽으면서 가장 크게 깨달은 것은 열린 마음으로 배워야 자유롭게 편견 없이 배울 수 있다는 것이다. 열린 마음으로 아무것도 모른다는 지혜를 받아들이면, 그 순간부터 우리는 새로운 관점으로 새로운 의견을 받아들일 수 있다.

2. 행동

성공은 매우 간단한 구조로 되어 있다. '나는 못 해.', '원래 잘하는 게 없어.'라고 하는 사람들은 그 일이 재미있을 때까지 하지 않은 사람들이다. '아니야, 해봤는데 재미없었어.'라고 말하는 사람도 마찬가지다. 처음 행동을 할 때는 누구나 싫고 귀찮은 마음이 있다. 재미는 행동을 했을 때에만 재미가 있다. 일에서건 책을 읽는 것이건, 꾸준히 개선을 거듭하고 생각을 하면 반드시 인생은 즐거워진다. 작은 일을 참아내지 못하면 결국 큰일을 할 수 없게 된다.

3. 정직함

우리가 성취하려는 근본적인 목표는 최고 자아와 하나가 되는 것이기 때문에 정직함이 무엇보다 중요하다. 최고의 자아는 결코 거짓말을 하지 않는다. 토머스 제퍼슨(Thomas Jefferson)은 "정직은 지혜라는 책의 첫 장이다."라고 말했다. 정직과 성실은 똑같은 것이며, 올바른 일을 하는 데 반드시 필요하다. 변화의 과정에서 정직과 성실을 배워야 한다.

4. 두려움

파울로 코엘료는 말한다. "꿈을 불가능으로 만드는 존재는 단 하나뿐이다. 바로 실패에 대한 두려움이다." 두려움이란, 우리의 몸과 마음이, 위험하거나 불편하다고 여기는 존재에 대해 보이는 반응이다. 위험에서 우리의 생존을 위한 감정이다. 대부분은 그 위험이 실존하지 않는 것이다. 두려움은 우리의 일상을 제약하는 감정이 될 수도 있다. 우리가 현실과 멀어질수록, 그 두려움은 커져간다. 우리의 모든 감정들은 우리의 잠재의식 속에 잠들어 있으며, 이것이 우리가 과거의 경험과 현재의 정보를 알지 못하는 이유이다. 두려움을 피하지 말고, 마주하자. 두려움을 피하면, 부정적인 경험을 하지 않을 수 있을 거라 생각하지만 그것은 사실 좋은 생각이 아니다. 우리가 두려움을 계속 피하기만 한다면, 인생에서 아무것도 배울 수가 없기 때문이다. 오히려, 두려움은 피하려고 할수록 더 커지기 마련이다. 삶을 한층 더 높은 차원으로 끌어올리려면 과거의 생각과 행동 방식을 버리고 새로운 것을 받아들여야 한다.

5. 미래에 대한 준비

경제적 능력이 많은 부분을 차지하는 세상이다. 오죽하면 돈을 많이 버는 것을 능력 있는 것으로, 잘 사는 것과 부자로 사는 것을 동일한 개념으로 받아들이는 사람들도 많다. 경제관념이란 돈을 많이 버는 차원의 문제가 아니라 돈이나 시간, 노력 따위를 얼마나 효율적이고 경제적으로 사용하는지에 대한 개념이다. 특히 돈을 어떻게 유용하게 쓰고 투자할 것인지에 대한 개념이 잡혀 있다면 훗날 아이가 자라서 얼마를 벌든 간에 경제적 안정을 누릴 가능성은 높아질 것이다. 부자와 가난한 사람들의 생각은 전혀 다르다. 그런 사고방식들이 행동을 결정하고 결과도 달라지게 만드는 것이다. 부자의 사고방식을 익히고 나의 생각을 재구성하는 법을 배워야 한다.

우리나라 어린이와 청소년의 행복지수는 OECD 회원국들 중 꼴찌를 차지한다. 청소년 자살 원인 1위가 '가정 문제'라고 전문가들은 말한다. 아이들의 불행과 일탈의 배경에는 부모의 영향이 크다고 이야기한다. 부모라면 무엇보다 아이가 행복해지기를 바라면서 최선을 다해 키우지만 사랑한다는 미명하에 아이의 마음에 생채기를 남기는 일이 많다. 자녀와 무슨 이야기를 나눠야 할지 몰라 그저 식상한 대화만을 한다거나, 밥상 머리에서 잘잘못을 따지는 대화만이 오간다면 아이는 부모와의 자리를 피하게 된다. 그렇지 않고 경제나 역사, 과학, 시사 등의 분야에 대한 대화가 오간다면 아이에게도, 부모에게도 아마 식사 시간이 기다려질 것이다.

인간이라는 말의 사람 인(人)은 한자로 두 사람이 서로를 지탱하는 형상을 하고 있다. 사람은 혼자서 살 수 없는 사회적 동물이라는 뜻이다. 또한 사이 간(間)은 사람과 사람 사이를 의미하는 것으로 공동체적 의미를 가지고 있다. 우리에게는 공동체에 대한 경험과 관계 맺기가 매우 중요하다. 하지만 현대사회는 날로 개인주의가 발달하고 있다.

세상을 살아가다 보면 너무 많은 정보로 혼란스러울 때가 있다. 아이들을 키우면 많은 사람들을 만나고 이 얘기 저 얘기 듣게 되는데, 무엇이 옳은 정보이지 확신이 들지 않는다. 누구나 자유를 누리며 행복하게 살고 싶지만 방법을 아는 사람은 흔하지 않다. 내가 행복해야 아이를 행복하게 키울 수 있고 아이에게 믿는 마음을 가질 수 있다.

엄마가 정신을 똑바로 차려야 아이들을 잘 키울 수 있다. 그러기 위해서는 항상 독서로 마음을 가다듬고, 희망을 위한 공부를 하고, 내 삶을 스스로 가꾸고 주체적으로 생각할 줄 알아야 한다. 열매가 달라지길 바란다면 우선 뿌리가 달라져야 한다. 뿌리는 내면세계이다. 나무도, 농작물도 숲도 땅속에 있는 것들이 땅 위의 것들을 만든다. 이미 나무에 매달려 있는 열매를 바꿀 수는 없다. 땅 속의 뿌리를 튼튼하게 만들어야 좋은 열매를 얻을 수 있는 것이다. 부도 건강도, 행복도 모두 우리의 결과물이다. 희망을 위해 열린 마음을 가지고, 행동을 먼저 하고, 항상 정직함으로 두려움을 이겨내고, 미래를 준비하라.

내 삶에 기적이 필요할 때

긍정적인 태도를 선택하고 감사하는 태도를 갖는 것이
당신이 당신의 인생을 어떻게 살아갈 것인가를 결정한다.

– 조엘 오스틴 –

삶에서 무언가 힌트가 필요할 때, 나는 그 힌트를 권위 있고 유명한 사람의 멋있는 말에서 얻기보다, 책 속의 아주 사소한 말들이나 글귀에서 찾아내곤 한다. 그 글이나 말을 썼던 사람의 경험과 그 순간의 감정이 내게까지 전해져 '아, 정말 그렇구나!' 하는 동감을 불러일으키고 평생 마음의 중심으로 삼을 만한 구절로 가슴에 새겨진다.

도통 어떻게 사는 게 옳은지 알 수 없었을 때, 세상에게 꼭 이래야만 하냐고 따지고 싶었을 때, 게으름과 적당함에 눌러 붙어 뒹굴고 싶을 때, 내 탓이 아니라 네 탓이라고 변명거리를 뒤적이고 있었을 때, 죽음보다 더한 절망의 늪에서 허우적거리고 있었을 때, 우연히 펼쳐든 책 속에서 발견한 그 빛나는 구절들은 지금까지 살아온 삶의 수렁 속에서 나를 기적처럼 건져주었다.

'어떻게 사는 게 옳은 건가', '모두가 달음질쳐 다다르고 싶어 하는 성공과 부, 행복의 틈바구니 속에서, 지금의 나는 어디에 있는가'를 고민하는 사람들에게, 권위 섞인 강요나 강력한 지침 대신 '이런 선택도 있다'고 슬쩍 보여주는 것이 책이다. 나는 책의 긍정적인 에너지를 통해 내 삶의 긍정성을 유지하는 것을 넘어, 쓰러진 나를 곧추세우고, 확신과 행복에 가득 찬 새로운 나를 창조할 수 있었다.

어떤 때는 그 말들이 그대로 내게 부딪혀 나를 움직였고, 때로는 뒤집어 생각해보는 방법으로 세상을 다시 보게 만들었다. 그리고 이제 나는 이 말들을 이 책을 보고 있는 사람들과 함께 나누고 싶다.

초등학교 저학년 시절 동시를 워낙 좋아해서 노트 2권에 동시를 썼다. 노트 2권에 적힌 동시를 보며 기분이 좋아 시인과 작가가 되겠다는 꿈을 꾼 적이 있다. 하지만 집이 가난했기 때문에 그 이후에는 사는 데 쫓겨 그 꿈을 생각해본 적이 없었다. 하루하루 사는 그 방법밖에 몰랐기에 매일 바쁘게 살면서도 불행은 늘 끊이지 않았다.

치킨 가게를 하면서 주말에 백일장이 있는 날이면 남편의 눈총을 받으며 막내와 함께 백일장에 나갔다. 치킨 가게는 주말에 아이들이 학교를 가지 않기 때문에 바빴지만 큰아이와 작은아이의 배려로 막내 아이를 데리고 백일장에 갈 수 있었다. 백일장에서 다니던 화실의 선생님을 만나곤 했는데, 선생님께서 그림 심사를 하신다고 그림을 그리라고 했지만 그림보다 글을 워낙 좋아해서 막내 아이에게 글을 쓰라고 했다. 가끔씩 막내 아이가 그림을 그리고 싶다고 해도 글을 쓸 것을 강요했다.

막내 아이는 제11회 〈양수골 문예마당〉에서 운문부문 최우수상, 제12회 〈양수골 문예마당〉에서 운문부문 우수상, 한국청소년신문사가 주최하고 환경부, 8개 지방자치단체, 12개 시·도교육청이 후원하는 제13회 〈전국 학생·일반 백일장 및 서화대전〉에서 최우수상을 받았다. 그 밖에도 여러 대회에서 크고 작은 상을 받았다. 교내 글짓기 대회에서도 여러 번 상을 받았다. 그때마다 내가 상을 받는 것처럼 기분이 좋았다. 어린 시절 나의 꿈을 아이들이 대신 이뤄주기를 바랐다.

남편과 나는 어린 시절을 가난하게 보냈기 때문에 부모님께서 먹고사는 문제를 최우선에 두셨다. 이때는 자녀교육의 개념조차 없었다. 하지만 먹고사는 문제가 차츰 해결되면서 이제는 배움이 절대적으로 우선시되는 시대가 되었다.

하지만 요즘 시대의 아이들은 먹고살기 위해 밤낮없이 힘들게 일하는 것에 대해 큰 의미를 두지 않는다. 아이들의 관심은 먹고사는 문제를 떠나 얼마나 재미있게 사는지에 옮겨져 있다. 우리의 이야기는 아이들에게 머나먼 옛날이야기일 수밖에 없다. 시대가 변하면서 아이들이 느끼는 정서도 많이 바뀌었다. 부정적 정서 중에는 절대적 결핍과 상대적 결핍이 있다. 절대적 결핍은 삶에 꼭 필요한 것들이 충족되지 않을 때 느끼는 부정적 정서이고, 상대적 결핍은 다른 사람과 비교할 때 덜 충족되어 느끼게 되는 부정적 정서이다. 우리 부부는 절대적 결핍과 상대적 결핍 두 가지 모두 결핍되어 있었다.

치킨 가게가 잘되어 돈을 벌었지만 행복감을 느끼지 못하고 늘 부족하다고 느낀 이유가 과거의 결핍 때문이었다. 과거의 이러한 결핍을 해결하지 않으면 내 안에서 계속 쌓이기 때문에 더욱 큰 부정적 감정으로 자리 잡게 된다. 인생에서 가장 중요한 것이 무엇인지 생각해보라. 우리에게나 아이에게 가장 이상적으로 여겨지는 것이 무엇인지 생각해보자. 지금 처해 있는 환경이나 상황이 어떤 것이든, 그것은 아마도 삶을 즐겁게 살아가는 것이다. 돈이 풍부하지 않더라도, 삶을 즐길 조그마한 여유는 남아 있기 마련이다.

인생에는 언제나 좌절과 행복이 함께 교차한다. 진정으로 인생의 행복을 원하는 사람은 그 행복을 다른 사람에게서 얻으려 하지 않고 오히려 이타적이 된다. 이기적인 사람일수록 남에게서 받으려고만 하고, 그 기대가 채워지지 않으면 실망하고 화를 내게 된다. 다른 사람에게서 받아야 한다는 강박관념에서 벗어나 주는 행복을 알게 될 때, 우리의 삶은 행복하게 되는 것이다.

아이들의 정서를 부모인 우리가 돌봐주어야 하기 때문에 부모인 우리의 감정 치유가 먼저 선행되어야 한다. 부모의 정서적 치유가 선행되지 않은 채 세상을 살아가다 보면 너무 많은 정보가 믹스되어 더 혼란스럽게 된다. 누구나 자유를 누리며 희망을 꿈꾸며 행복하게 살고 싶지만 방법을 아는 사람은 흔하지 않다. 내가 먼저 행복해야 아이를 행복하게 키울 수 있다.

사람들은 항상 같은 데서 넘어진다. 열심히 살아도, 환경이 바뀌어도 똑같은 실수와 실패를 반복하는 하는 경우가 많다. 사람은 누구나 자신만의 특정한 목적론을 가지고 살아간다. 그래서 그 목적론에 따라 행동하고 그로 인해 고통을 받게 된다. 이것을 이해하지 못하고 해결하지 못하면 피할 수 없는 운명이 되어버리게 된다. 프로이트, 융과 더불어 심층 심리학의 창시자인 알프레드 아들러는 "어떤 문제든 해법은 여기에 있다. 더 용기를 내고 더 협력하는 것이다."라고 말한다.

모든 해답은 우리 내면에 있다. 사람도 농작물도 모두 자연의 법칙에 따른다. 어떻게 기르는 게 잘 기르는 것인지 충분히 배워야 한다. 농작물의 특성에 따라 농사를 짓는 방법이 모두 다르듯이, 아이들도 저마다 다른 자아를 가졌기 때문이다.

내 아이를 살피고 이해하는 데서 하나하나 실마리를 풀어가야 한다. 그렇지 않고, 내 생각에만 집착해 아이들을 획일적인 방식으로 키우려는 태도는 올바른 양육이라고 할 수 없다. 부모가 원하는 방식, 원하는 모습대로 키우려는 것은 소유이다. 엄마는 가족들 뒤에서 뒷바라지만 잘하면 되는 존재가 아닌, 여전히 자신의 삶의 주인이어야 한다. 하지만 대부분의 엄마들이 자신의 못다 이룬 꿈을 대신 아이들이 이뤄주기를 바란다. 자신은 이미 늦었다고 생각하기 때문이다. 공부를 잘하고, 좋은 대학교에 들어가서 더 많은 기회를 만날 거라는 생각에 아이의 성적에 집착하고 닦달한다. 하지만 그럴 때마다 아이들은 엄마가 원하는 모습에서 더 멀어져가게 된다. 부모와 아이 모두 더 괴롭고 힘들게 될 뿐이다.

나도 마찬가지로 내가 원하는 모습으로 아이들을 키우려고 했었다. 책을 읽으며 내가 먼저 성장해야겠다는 생각을 하며 내가 가장 좋아하는 것을 찾기로 했다. 막내 아이와 백일장에 가기 전날이면 막내 아이보다 내가 더 설레서 밤잠을 설쳤다. 내가 좋아하는 일을 찾다 보니 어느새 어릴 적 동시를 쓰며 시인이 되고, 작가가 되고 싶다는 꿈을 꾸던 그 아이와 마주해 있었다. 그 아이를 따스한 마음으로 안아주고 잘 견디었다고 따스한 말을 건네며, 나는 내면아이의 꿈을 이루기로 결심했다.

꿈을 이루는 데 늦은 나이란 없다. 대니얼 디포는 59세에 최초의 장편소설 『로빈슨 크루소』를 출간했다. 찰스 부코스키는 장편 데뷔작 『우체국』을 51세에 출간했다. 30세 이전까지 한 번도 글을 써본 적 없는 마크 트웨인은 41세에 『톰 소여의 모험』을 출간했다.

세계적인 웨딩드레스 브랜드 디자이너 베라 왕은 나이 마흔이 넘어서야 디자이너로 활동했다. 디자이너를 하기 전에 그녀는 피겨 스케이팅 선수와 패션 잡지의 에디터로 일을 했었다. 베라 왕은 늦은 나이에 결혼을 준비하면서 자기가 원하는 드레스를 찾으러 다녔지만, 명품 브랜드를 돌아다녀도 자신의 취향을 찾을 수 없어서 직접 디자인하게 되었다. 그 이후 웨딩드레스에 심취해 자신의 브랜드를 론칭했고, 많은 유명 스타들에게 사랑받으며 전 세계적인 웨딩드레스 브랜드가 되었다.

늦은 나이에 꿈을 이룬 사람들의 얘기를 들으며 나도 할 수 있겠다는 자신감이 들었다. 2년 동안 읽은 책으로 갱년기 증상과 우울증에서 벗어나 기적 같은 삶을 살고 있다. 독서가 삶의 절망에서 나를 구해준 것처럼

나와 같은 아픔을 안고 살아가는 사람들에게 희망의 씨앗을 주기 위해
『평범한 사람도 특별해지는 독서의 기적』을 출간하게 되었다. 그리고 작
가가 되고 싶었던 어릴 적 꿈을 이루게 되었다.

2장

가족과 **매일** **같은 시간**에 읽어라

가족과 매일 같은 시간에 읽어라

가정에서 마음이 평화로우면
어느 마을에 가서도 축제처럼 즐거운 일들을 발견한다.

– 인도 속담 –

아이들과 함께 매일 같은 시간에 책을 읽으면서, 가정의 의미를 생각하고 가족 사랑을 나누며, 생활 속의 책 읽는 습관을 들였다. 함께 읽으며 다양한 생각을 키우고 생각의 폭을 넓힐 수 있었다. 아이들과 함께 책을 읽으며 소감을 말하고 토론을 한다. 거실 또는 집 안 숨은 공간을 찾아 서재를 만들고 휴대폰이나 컴퓨터와 같은 전자 매체는 잠시 꺼두고 가족이 함께 온전히 책 읽기만을 실천한다. 토론하는 시간은 '책 속의 숨어 있는 보물'을 찾는 시간이다. 한 사람이 찾으면 하나의 보물로 끝나지만 각자 찾은 보물들을 이야기하며 나누다 보면 많은 보물들을 얻게 되는 효과가 있다. 같은 시간에 독서를 하면서 가족의 의미를 더 새길 수 있다. 아이들은 책을 통해 성장하며 책을 통해 가족 사랑을 실천한다.

　치킨 가게를 할 적에는 가게에 TV가 2대가 있었다. 방에 한 대, 가게에 한 대. 남편은 가게에서 보고 나와 아이들은 방에서 주로 드라마를 시청했다. 아이들은 재미있는 드라마를 보다가 주문이 들어오면 실수를 자주 했다. 평소 아무리 바빠도 실수를 잘 하지 않는 아이들인데 TV만 보고 나면 아주 사소한 것에도 실수를 했다. 아이들을 보면서 TV를 보지 말아야겠다는 생각을 하게 되었다.

　5년 전 화실에 다니기 시작하면서 조용한 시간에 TV 대신 그림을 그리기 시작했다. 그림을 그리면 하루 중 내가 무엇을 했다는 성취감에 기분이 좋아졌다. 화실에 다니기 시작하면서 TV 보는 시간을 줄여나갔다. 내가 TV를 보지 않으니 아이들도 보는 시간이 점차로 줄어들었고, 큰아이와 둘째는 공부를 했고, 막내 아이는 공공 도서관에서 빌려온 책을 읽었다. 책『정리하는 뇌』에서는 우리의 뇌가 고도로 발달했음에도 불구하고, 이 시대의 정보와 물건 때문에 의사결정의 과잉 상황에 버거워한다고 말한다. 이런 인지 과부하 증상은 우리의 머릿속도 주변 환경도 산만해지는 결과로 이어진다. 신경과학자이자 인지심리학자인 대니얼 레비틴 맥길대학 교수가 정보 시대의 인지 과부하 문제의 규명과 처방을 위해 나섰다.

우리가 정보를 배우는 방식에는 세 가지가 있다. 정보를 암묵적으로 흡수할 수 있고, 명시적으로 들을 수도 있고, 스스로 알아낼 수도 있다. 지난 20년간의 학습과학 연구를 통해 우리는 명시적으로 들었을 때보다는 스스로 알아냈을 때 더 오래, 잘 기억한다는 것이 밝혀졌다.

하버드대학의 마주르 교수는 자신이 강의하는 대신 학생들이 해온 과제를 바탕으로 어려운 질문을 던진다. 학생들에게 해답을 알려주지 않고 대신 학생들에게 작은 집단으로 나뉘어 그 문제에 대해 논의해볼 것을 요구했다. 학생들은 추론을 통해 답을 얻어야 했기 때문에 개념도 머리에 더 잘 남는다고 했다. 우리가 좋은 책을 읽을 때는 전전두엽피질은 등장인물의 성격에서 나타나는 측면들을 채우고, 그들의 행동을 예측하기 시작한다. 독서는 자신만의 속도에 맞춰 진행할 수 있기 때문에 뇌가 그런 일을 할 수 있는 시간적 여유를 준다. 좋은 책은 독자로 하여금 타인에 대한 공감 능력을 향상시키고, 타인에 대한 정서적 이해를 증진시켜준다.

반면 오락물은 너무 빨리 진행되는 바람에 뇌가 깊은 생각에 잠기거나 예측 활동에 빠져들 시간이 없게 만든다. 일부 TV 프로그램이나 비디오 게임이 그렇다. 전개가 빠른 만화는 뇌의 집행 기능에 즉각적으로 부정적인 영향을 미친다는 것을 발견했다. 전개가 빠른 프로그램은 새로운 정보에 동화할 시간조차 주지 않는 것이다. 사물에 대해 생각하거나 새로운 아이디어를 좇아 자신만의 논리적 결론을 이끌어내는 인지 양식이 자리 잡지 못하게 된다.

2년 전 생존 독서를 시작하면서 독서로 내 인생을 바꿀 수 있다는 확신을 얻었기 때문에 모든 자투리 시간에 책을 읽었다. 막내 아이는 나와 함께 책 읽는 것을 유난히 좋아한다. 그래서 중학생이 된 지금도 가끔은 잠자리에 들기 전에 책을 읽어 달라고 한다. 그럴 때마다 될 수 있으면 책을 읽어준다. 주위에서 중학생인데 왜 책을 읽어주냐고 이상하게 볼 때도 있지만 나는 책을 읽어주는 시간이 좋다. 아이들은 빨리 큰다. 아이들과 함께 읽으면 궁금한 것이 있으면 바로 물을 수 있어 이해를 하고 다음으로 넘어가기 때문에 이해력이 빨라지고 사고력이 확장된다.

흔히 '엄마가 책을 읽으면 아이들이 따라서 책을 읽는다'는 말을 많이 한다. 큰아이의 경우에는 내가 독서 삼매경에 빠져 있을 때 어린이집의 교사로 일을 하고 있었다. 어린이집에서 처음 직장 생활을 하면서 원장님과의 관계, 아이들과의 관계, 선생님들과의 관계, 그리고 학부모님들과의 관계에서 많이 힘들어 했다.

책을 읽기 전에는 큰아이에게 있었던 일에 어떻게 말을 해줘야 할지 몰라 같이 흉을 보곤 했는데, 책을 읽으면서 이런저런 대처법을 이야기 해주게 되었다. 큰아이는 내가 가르쳐주는 방법을 쓰면서 인간관계가 좋아졌다고 나를 보며 신기해했다. 하지만 스스로 읽고 해결한 것이 아니기 때문에 일이 생길 때마다 나에게 의논을 했다. 그런 일이 반복되면서 큰아이에게 스스로 책을 읽고 답을 구하라고 했다. 그때 자기주도 독서의 중요성을 깨닫게 되었다.

책을 읽기 시작하면서 TV는 있어도 방에서는 아무도 켜지 않았다. 가게에서 남편만 여전히 보고 있을 뿐 아이들은 책은 읽지 않더라도 TV는 보지 않았다. 큰아이는 처음에 책 읽는 것을 힘들어했다. 내가 읽던 책을 권했는데 책만 보면 잠을 잤다. 그래서 큰아이가 읽을 만한 재미가 좀 가미된 책들을 추천해주자 흥미를 붙이기 시작했다. 『2억 빚을 진 내게 우주님이 가르쳐준 운이 풀리는 말버릇』(만화편)을 권해주었다. 저자 고이케 히로시는 실제로 의류점을 운영하면서 2천만 엔의 빚 때문에 파산 지경에 몰린 장본인이다. 벼랑 끝에서 우주와의 연결을 생각해내고, 긍정적인 말버릇으로 잠재의식을 정화함으로써 2천만 엔의 빚을 모두 변제하고 인생을 역전시키는 데 성공한다.

서른여덟 살, 직장에서 해고당하고 남친한테 차이고 거액의 빚까지 떠안은 '위기의 미혼녀'가 우주의 규칙을 배우고 말버릇을 바꾸자 인생이 술술 풀리기 시작했다는 내용의 우주 법칙을 쉽고 재미있게 풀어놓은 책이다. 큰아이는 재미있게 읽었고 몇 번을 반복해서 읽었다. 나는 아이들에게 어려운 책이 있으면 다시 책꽂이에 넣으라고 이야기한다. 넣어놓고 다른 책을 읽다 보면 어느 순간 그 책이 다시 읽고 싶어진다. 아이들은 독서에 재미를 붙이다가도 어느 순간 흥미를 잃기도 한다. 그래서 완전히 습관이 길러질 때까지 꾸준히 함께 읽는 것이 중요하다. 함께 칼국수 가게를 하며 큰아이와는 조용한 시간에 늘 함께 책을 읽는다. 그 덕분에 큰아이는 2년 동안 꾸준히 책을 읽었고, 『삶의 근육을 키우는 하루 한 권, 독서의 힘』을 출간했다.

칼국수 가게를 마치고 정리를 하고 나면 저녁 8시, 집에 오면 8시에서 8시 30분 사이가 된다. 특별한 일이 없으면 씻고, 집안일을 나누어서 하고 9시가 되면 같이 모여 20분 동안 책을 읽는다. 각자 다른 책을 읽을 때도 있고, 큰아이와 둘째 아이 같은 경우에는 나이 차이가 별로 나지 않아 같은 책을 읽을 때도 있다. 책을 읽고 나면 읽은 책의 내용을 10~15분 정도 간단하게 이야기한다. 올해 중2가 된 막내 같은 경우에는 학교에서 있었던 일을 이야기할 때도 있다. 막내는 또래 아이들에 비해 키가 작고 왜소한 편이라 중학교에 다니기 시작하면서 억울한 일을 많이 당했다. 그럴 때마다 학교 가는 것이 싫다며 학교생활에 어려움을 겪었다. 나는 책에서 읽은 내용들을 학교에서 있었던 일과 연관 지어 이야기를 해주는

데 그러면 쉽게 이해를 했다. 그리고 함께 책을 읽기 시작하면서 학교생활에 재미를 붙이고 성적이 올라가기 시작했다.

군대에서 제대를 한 둘째 아들은 그동안 긍정적으로 바뀐 우리를 보며 스스로 독서의 중요성을 깨닫고 독서를 하기 시작했다. 부모가 책을 읽지 않으면 아이들도 읽지 않을 가능성이 크다. 사람들은 자신의 경험에서 얻은 것을 바탕으로 삶을 살아간다. 책을 읽으면 그동안 내가 경험하지 못한 다른 세상을 알게 되고, 무수히 많은 생각과 다양한 사람, 다른 삶을 내가 직접 경험하지 않아도 알게 된다. 그래서 내가 가지고 있는 다양한 문제점들을 해결할 수 있고, 희망을 가지게 된다.

독서는 놀이이고, 우리가 살아가는 세상은 우리의 놀이터이다. 나를 알고, 세상을 알고 함께 살아가는 사람들이 모두 소중한 존재라는 것을 알게 되면 더 이상 세상은 두려움이 아닌 재미난 놀이터가 된다. 우리 가족은 매일 같은 시간에 책으로 놀이를 한다. 더이상 해결되지 않는 그날 있었던 감정들로 옥신각신하며 다른 사람들의 기분까지 망치지 않는다. 책을 읽으며, 그날 있었던 일을 해결하고, 함께 디저트와 맛있는 수다를 먹으며, 세상에서 가장 즐거운 시간을 갖는다. 독서하는 집에서는 아름다운 웃음소리가 흘러넘치게 된다.

퇴근 후 30분이 미래를 결정한다

가난한 사람은 책으로 인해 부자가 되고,
부자는 책으로 인해 존귀하게 된다.

– 고문진보 –

가게를 마치고 집에 오면 저녁 8시가 넘는다. 직장인들이 6시에 퇴근을 하고 식사를 하러 오기 때문에 8시에서 8시 30분까지 손님을 받으며 가게 정리를 마감한다. 집에 와서 잠들기 전까지 시간은 충분하지 않다. 다행히 저녁을 가게에서 먹고 오기 때문에 밥을 먹고 설거지하는 시간은 아낄 수 있다. 그렇다고 해도 씻고 잘 시간을 빼면 충분하지는 않다.

평범한 직장인들이 퇴근을 해서 저녁을 먹고 씻고 잘 시간을 빼면 그래도 두세 시간 정도의 남는 시간이 있다. 이 시간을 잘만 활용한다면 미래가 달라진다. 과거는 되돌릴 수 없지만 미래는 바꿀 수 있다. 더 의미 있고 행복하게 살아가기 위해서는 퇴근 후 시간을 잘 활용해야 한다.

우리는 태어나면서 이미 불평등한 게임을 하며 살아가고 있다. 부유한 집에 태어날 수도 있고, 가난한 집에 태어날 수도 있다. 좋은 집에 태어났다면 좋은 부모의 영향으로 스펙을 쌓고 미래를 준비하겠지만, 좋지 않은 환경에서 태어났다면 미래에 대한 불안감으로 미래를 걱정하며 살 가능성이 많다. 하지만 이미 정해진 상황을 불평만 하고 탓만 한다고 해서 달라지는 것은 아무것도 없다.

이런 격차를 줄이기 위해서는 남들보다 더 노력하면 된다는 것을 나는 경험했다. 우리 가족은 가게를 마치고 8시에 집으로 가서 씻고, 빨래를 하고, 모여 집 정리를 한다. 그리고 9시부터 30분 동안 독서 토론을 한다. 각자 다른 책을 읽기도 하고, 때로는 독서량이 많은 내가 아이들에게 맞게 책을 정해주기도 한다. 이 시간 동안은 각자 읽은 책에서 중요한 내용을 메모하고, 그 내용에 대해서 이야기하는 시간을 갖는다. 그리고 매주 금요일은 아이들의 의견을 물어 맛있는 것을 먹기도 하고, 책 내용이나 가족에게 하고 싶었던 말, 가족에게 바라는 것 등을 이야기 한다.

퇴근 후 시간을 어떻게 사용했느냐에 따라 삶은 달라진다. 시간은 누구에게나 똑같이 주어진다. 태어난 환경은 모두 다르지만 시간만큼은 누구에게나 똑같이 주어지기 때문에 이 시간을 어떻게 사용하느냐에 따라 미래가 달라지는 것이다.

하루 종일 일을 하고 집에 오면 누구나 피곤하다. 결혼을 하고 아이를 낳으면 더 바빠진다. 누구나 살아오면서 여러 가지 문제로 갈등을 갖게 된다. 회사에서도 집에서도 다양한 문제들이 생기게 마련이다. 그런 문제를 풀기 위해 선배들과 술을 마시고, 밥을 먹고 상사를 안주 삼고, 가족들의 문제를 풀려고 해도 문제는 풀리지 않고, 다른 사람들도 '다 이렇게 사는구나.' 하는 위로를 받으며, 세상은 그런 거야 하며 살게 된다.

우리는 더이상 아이가 아닌 어른이다. 성숙한 어른이라면 그날 문제는 쌓아두는 것이 아니라 해결을 해야 한다. 해결하지 못한 문제들은 컴퓨터의 하드디스크처럼 차곡차곡 쌓이게 되어 어느 순간 하드디스크가 과부하에 걸리게 된다. 하드디스크는 느려지면 포맷을 하면 되지만 인간의 뇌는 포맷을 할 수 없다.

우리가 사는 세상은 다양한 사람들과의 관계 속에서 소통이 이루어지고 있다. 2년 전 책을 읽기 전 남편과 아이들 그리고 주변 사람들과의 관계 속에서 늘 불편했다. 주위의 사람들을 보면 모두 좋은 관계를 유지하며 잘 지내는 것 같았는데, 어릴 적 환경으로 인해 내가 좋은 관계를 못하고 있는 것 같아서 늘 마음이 불편했다. 하지만 막상 사람들과 이야기를 해보면 다른 사람들 또한 모두 같은 문제로 갈등을 겪고 있었다. 부모는 자녀의 모델이다. 삶에 대한 가치관을 긍정적으로 심어주고, 삶을 즐겁게 만들 줄 아는 능력을 가르치고, 먼저 그렇게 사는 모습을 보여주어야 한다. 부모가 우울하고, 불만투성이고, 자신을 비하하며 사는데 자녀가 밝고, 긍정적이고, 자신을 존중하며 살 수는 없다. 부모가 먼저 즐거운 삶을 보여주어야 한다.

퇴근 후 하루 30분이면 충분하다. 칼국수 가게는 점심시간이 지나고 오후 2시 정도가 되면 점심 장사의 뒷정리가 대부분 마무리된다. 뒷정리가 마무리되고 저녁 장사 준비를 마치면 큰아이와 함께 산책을 30분 한다. 산책을 30분 하고 오면 기분도 좋아지고 몸도 가벼워진다. 점심 장사를 끝내고 점심을 먹고 가만히 있으면 피곤해지지만 산책을 하면 기분도 좋아지고 피곤했던 몸도 풀리고 밤에는 잠도 잘 온다. 퇴근 후 매일 30분 동안 독서를 하는 것은 매일 30분 동안 산책을 하는 것과 똑같은 효과를 준다. 기분이 좋아지고 머리가 맑아지고 잠도 잘 온다. 하루 30분 동안 산책을 1년 동안 하면 어떤 효과가 있을까?

30분 동안 매일 걸으면 신진대사 속도를 높이는 데 도움이 된다. 그리고 이는 지방 소모로 이어진다. 더 빨리 걸으면 칼로리가 더 많이 소모된다. 걷기는 적정 체중을 유지하고, 나아가 근육 양을 늘리고 다이어트를 하는 데에도 도움이 된다. 매일 걷는 것은 뼈를 건강하게 하고, 골밀도를 높이는 데 도움이 된다. 혈액순환도 잘 되고, 산소가 몸 전체 세포에 공급된다. 그래서 건강한 생활 습관을 유지할 수 있으며 점심 식사 후에도 더 활력 있게 지낼 수 있다. 책을 매일 30분 동안 읽으면 자연스럽게 지식이 쌓인다. 책을 충실하게 읽고 내 것으로 만들기 위해 꾸준히 읽다 보면 체계적이고 활용 가능한 지식을 얻을 수 있을 뿐 아니라 생각하는 힘까지 기를 수 있다.

경영학을 창시한 피터 드러커의 경우, 취업과 동시에 대학에 진학했지만, 학교는 한 번도 나가지 않았고, 오로지 도서관에서 책을 읽으면서 공부를 했다. 그는 일하고 있던 사무실 맞은편에 있는 공립 도서관에서 독일어와 영어책 등 종류를 가리지 않고 닥치는 대로 읽었다. 그는 3~4년마다 통계학, 중세 역사, 일본 미술, 경제학 등 분야를 가리지 않고 한 주제의 책을 집중적으로 읽었으며, 아흔이 넘는 나이에도 목표를 세워가며 꾸준히 책을 읽었다. 피터 드러커는 자신의 이력서에 "나는 도서관에서 진짜 대학 교육을 받았다"고 말할 정도다.

마이크로소프트의 창업자 빌 게이츠는 "나를 키운 것은 동네 도서관이었다"며 자신의 성공에 독서가 큰 디딤돌이 되었다고 말한다.

아이를 키우는 방법에는 '직접 지식을 가르치는 것'과 '지식을 얻는 방법에 대해 가르치는 것'이 있는데, 두 가지 방법 중에 지식을 얻는 방법에 대해 가르치는 것이 더 유용하다.

아이들에게 무조건 지식을 가르치는 것이 부모의 의무를 다한 것이 아니다. 배우는 방법까지 가르쳐야 한다. 우리나라의 교육은 일정한 양의 지식을 학생들의 머릿속에 주입시켜주고 시험에만 통과할 수 있게 만드는 것이 전부인 것 같다. 그리고 대부분의 부모들이 아이들을 좋은 학교에 진학시키는 것에 모든 기대를 거는 경우가 많다.

『탈무드』의 격언에 "돈을 빌려주는 것은 거절해도 좋지만, 책을 빌려주는 것을 거절해서는 안 된다."는 말이 있다. 이는 유태인들이 얼마나 독서를 중요시하는지 말해준다. 유태인으로서는 처음으로 미국 국무장관의 지위까지 오른 헨리 키신저는 그의 자서전에서 "어렸을 때 아버지와 늘 함께 공부했었다"고 회고하고 있다. 그의 아버지 루이는 독일의 여학교 교사로 있었는데, 식구들이 함께 거주하던 방 5개가 모두 책으로 꼭 메워졌다고 한다. 키신저의 화려한 외교 활동은 19세기 유럽 외교사에 대한 그의 깊은 학식을 바탕으로 이루어진 것이라고 알려져 있다. 어렸을 때부터 책에 파묻혀 있던 아버지의 모습을 보고 자란 것이 그를 자연스럽게 학문의 길로 이끌었을 것이다.

아이들은 '흉내 내기'에서 시작한다. 그런데 우리나라 부모들은 실생활에서 아이들이 흉내 낼 만한 모범적인 행동을 보여주지 못한다. 내 주위에서 부모들이 먼저 책을 읽는 모습을 거의 볼 수가 없다. 교육열은 세계에서 최고인데 교육은 거의 학교와 학원에서만 이루어진다. 아이들이 공부를 하지 않는 이유는 아이들에게 원인이 있는 것이 아니라 흉내 낼 만한 부모상을 보여주지 못한 부모 때문이다.

모든 사람들에게 하루는 24시간으로 공평하게 주어지지만 평범한 직장인에게 자유로운 시간은 하루 1~3시간뿐이다. 이 시간을 어떻게 쓸지 마음대로 정할 수 있지만 안타까운 점은 대부분의 직장인이 이 소중한 자유 시간을 있는지도 모르게 허투루 써버린다는 점이다. 직장에서 8~9시간 일하고 나면 파김치가 되어 그저 아무것도 안 하고 싶은 마음에 멍하니 TV나 스마트폰 화면만 뚫어지게 쳐다보기 일쑤다. 이는 어디로 가는지 모른 채 목적 없는 삶을 사는 것이나 마찬가지다.

퇴근 후 자유 시간 중 단 30분만이라도 목적 지향적으로, 가치 있게 사용한다면 1년 후, 5년 후, 10년 후 인생은 크게 달라질 수 있다. 아무리 좋아하는 일을 직업으로 선택했다 해도 매일 쳇바퀴처럼 돌아가는 일상의 직장 생활이 늘 보람되고 즐거운 것은 아니다. 많은 사람들이 돈 많은 사람을 부러워하는 것은 돈 그 자체가 좋아서라기보다 돈으로 살 수 있는 자유를 원하기 때문일 것이다.

2년 동안 책을 읽으며 나는 저녁 약속을 거의 하지 않는다. 이유 없이 저녁을 먹거나, 어울려 술을 먹고 쓸데없는 수다를 떨지 않는다. 내가 나가지 않으니 아이들도 쓸데없이 어울려 노는 일이 없어졌다. 나의 시간을 함부로 쓰는 것은 나의 가치를 떨어뜨리는 것이나 마찬가지다. 퇴근 후 30분을 어떻게 보내느냐가 지금과 같은 삶을 살게 될지 행복한 미래를 맞게 될지를 결정한다. 너무 무리하기보다 매일 꾸준히 30분을 투자해 독서 '습관'을 만드는 게 더 중요하다. 매일 빨래를 돌리지 않아도 싱크대가 항상 깨끗하지 않아도 괜찮다.

10분, 30분, 아주 작은 시간을 통제해서 사용하면 100분, 100일, 몸은 힘들지만, 이 자투리 시간들은 내가 스스로 열심히 짬을 내서 만들었기 때문에 보람도 크다. 가족 독서 토론을 생활화하면서부터 막내 아이는 공부를 더 잘한다. 학원을 보내지 않는데 성적은 올라가고 있다.

우리 가족은 마트 대신 도서관 간다

가족들이 서로 맺어져 하나가 되어 있다는 것이
정말 이 세상에서의 유일한 행복이다.

– 퀴리 부인 –

치킨 가게를 운영할 적에는 주말에는 쉬지 못했다. 치킨 가게는 아이들이 학교를 가지 않기 때문에 더 바쁘다. 평일에는 아이들이 학교에서 늦게 마치기 때문에 주문이 늦게 들어오지만 주말에는 아침부터 주문이 들어온다. 친구들은 주말이 되면 대형 마트도 가고, 큰 아울렛 매장이 있는 도시에 갔다 오곤 했는데 그럴 때마다 돈이 많이 든다며 이야기했다. 나는 주말이면 가게 때문에 나가지 못하는 아이들을 위해 맛있는 요리를 자주 해주었다. 평소 요리를 좋아해 고추 튀김, 오징어 튀김, 고구마 튀김, 감자 고로케, 감자탕, 수육, 소불고기, 잡채, 파전, 부추전 등 아이들이 해달라는 것은 모두 다 해주었다.

치킨 튀김기가 늘 가게에 있었기 때문에 튀김 종류를 할 때는 수월했다. 아이들과 함께 장을 보고, 함께 손질하고, 함께 만들면 정말 맛있다. 어릴 적 부모님께서 밭일을 나가면 저녁 늦게까지 일을 하고 오실 때가 있었다. 나는 힘든 부모님을 위해 된장찌개를 끓이고, 계란찜을 해놓았는데 아버지께서 늘 잘했다며 맛있게 드시고 칭찬을 해주셨다. 맛이 없는데도 아버지는 늘 맛있다고 칭찬을 해주셨으며, 그 덕분에 요리하는 것을 좋아하게 되었다.

우리 아이들은 늘 엄마 음식이 세상에서 가장 맛있다며 맛있게 먹어주었고, 그럴 때마다 마음이 풍성해지고 행복했다. 'ㄷ' 치킨으로 가게를 바꾸고 매출이 늘기 시작했다. 돈이 들어오는 만큼 우리의 몸은 바빠지고 지쳐가기 시작했다. 밥 먹을 시간도 없이 바쁘게 움직이며, 감정도 메말라가는 것 같았다.

남편은 비가 오나 눈이 오나 위험한 오토바이를 타야 했다. 시골이라 엘리베이터가 없는 아파트가 많아 계단을 오르내리며 다리가 아프다고 하는 날이 늘고, 나는 나대로 원인도 없이 찾아오는 배의 통증으로 고통스러웠다. 우리 집 아이들은 다른 아이들처럼 더 이상 주말을 기다리지 않았다. 아침부터 자정까지 일을 해야 하기 때문에 일이 끝나는 시간이면 모두 파김치가 되었다.

처음 몇 년 동안은 치킨 장사를 하며 주말이면 놀러 다니는 사람들을 부러워하지 않았다. 다른 사람들이 마트를 가고 쇼핑을 가는 동안 우리 가족은 가게에서 맛있는 것을 해먹으며 돈을 벌고 있다고 생각을 했다. 하지만 시간이 지나 돈이 점점 늘면서 마트를 가고 여행을 가는 사람들이 부러워지기 시작했고, 내 삶이 무언가 억울하다는 생각이 들기 시작했다.

남편을 졸라 아이들과 안동까지 차를 몰고 가서 마트에서 옷도 사고 장도 보고 돌아오는 길에 맛집에서 밥을 먹었지만, 돌아오는 길은 또 무엇인가 허전했다. 5명의 가족이 움직이니 사는 것이 별로 없는데도 생각보다 돈은 많이 나갔다.

중요한 것은 가게에서 돈을 벌고 있어도, 다른 사람들처럼 쇼핑을 해도 마음은 항상 공허하기만 했다. 힘든 환경에서도 아이들은 잘 자랐고, 장사가 잘되어 돈도 잘 벌고, 주변에서도 참 열심히 산다고 인정을 받는데 내 마음은 늘 우울하고 사는 것이 행복하지 않았다. 에어로빅을 다니고 수채화를 그려도 마음은 늘 공허하고 우울했다.

곰곰이 생각을 해보니 내가 하고 싶은 일보다 주변 사람들을 의식하며 사는 내가 보였다. '내' 인생에 '내'가 없고, 남편과 아이들 그리고 주변 사람들을 위한 역할을 해내면서 정작 가장 중요한 나를 잊고 있었던 것이다. 내 인생에 가장 중요한 것을 놓치고 살았음을 알게 되었다. 바로 나 자신을 위해 살아가는 나의 역할이었다. 결혼 후 '나' 대신 얻은 엄마, 며느리, 아내라는 역할에 집착해 가장 소중한 나를 잊고 살았다.

그때부터 나는 잃어버린 나를 되찾고 삶을 행복하게 만들어줄 '나'를 찾기 위해 고민하기 시작했다. 이때부터 '나' 자신을 사랑하고 더욱 아끼기 위한 수단으로 독서를 하기 시작했다. 가게 가까운 곳에 공공 도서관이 있어 주말이면 막내를 데리고 가서 책을 빌렸는데 가게에 신경 쓰느라 늘 급하게 책을 고르고 쫓기듯 가게로 와야 했다. 작년 7월 큰아이와 칼국수 가게를 오픈하며 일요일에는 마트 대신 막내 아이와 산책을 하고 공공 도서관에서 책을 읽었다. 배가 고프면 함께 떡볶이도 먹고, 김밥도 먹었다. 막내 아이는 분위기 좋은 곳을 좋아해서 가끔 경양식 레스토랑에서 둘만의 시간을 가지며 행복한 일상을 보냈다. 내가 좋아하는 일에 돈과 시간과 열정을 쏟으며, 엄마로서의 역할도 병행했다.

독서를 시작하며 내 불행의 원인이 어릴 시절 가난 때문이라는 것을 알았다. 가난 때문에 부모님께 "이건 어떻게 할 수가 없어. 불가능해!" "너희들 때문에 못 살겠어! 왜 이렇게 엄마를 힘들게 하니?"라는 말을 자주 듣고 자랐다. 그런 부정적인 말들을 들으며 늘 움츠러드는 소극적인 아이가 되어버렸다. 아이들은 바로 부모가 어떤 태도로 살아가느냐에 따라 그대로 크는 것이다. 부모는 감정을 절제하고 자신이 아이의 모델이 되고 있다는 사실을 잊으면 안 된다. 삶을 비판적으로 평가해버리는 말을 함부로 내뱉어서도 안 된다. 일상생활에서 긍정적인 말을 많이 사용할수록 아이들의 태도 또한 긍정적으로 변하게 된다. 지금 환경에서 더 즐겁게 생활할 수 있는 사람이 바로 행복한 사람이 된다.

마트 가는 대신 책을 읽으며 나만의 인생의 의미를 찾게 되었고, 예쁜 옷이 아닌 삶의 진정한 가치에 의미를 두는 삶을 살게 되었다. 그동안의 독서를 통해 얻은 것은 인생을 탓하기보다 내가 지금까지 살아오면서 내 인생에서 배울 것은 무엇일까를 생각하는 힘이다. 부모님을 원망하는 대신 내가 좋은 부모가 되면 되는 것이다. 가난해도 부자가 될 수 있고, 장애를 가지고 태어났다고 해도 비난하며 사는 사람이 있고, 장애를 극복하고 자신의 장점을 살려 성공한 사람들도 많다. 아이들이 말썽을 피운다면 짜증을 내고 화를 내는 대신 그 이유가 무엇이고 나에게도 원인이 있지 않을까 하고 자문을 하고, 그 이유를 찾으면 삶은 풍성해진다.

세계 최고의 부자 워런 버핏은 "원금에 붙는 이자는 적지만 그것이 쌓이고 쌓여 그 이자에 이자가 붙는 복리의 힘은 어느 투자 원칙보다 경제 관념보다 강력한 힘을 가지게 된다"고 했다. 시간 때우기 식으로 마트를 가고 다른 사람들과 함께 어울려 밥을 먹고 카페를 간다면 가랑비에 옷이 다 젖을 때까지 모르는 것처럼 우리의 소중한 인생을 낭비하고 있는 것인지도 모른다. 매일 꾸준히 읽는 책에는 이자가 붙는 복리의 힘이 있다. 한 권, 두 권 읽을 때만 해도 삶이 변할까 하는 마음으로 읽기 시작했는데 꾸준히 읽으면서 내가 바뀌고 하는 일도 바뀌었다.

우리가 하는 일은 인생의 많은 부분을 채우게 된다. 우리가 진정으로 만족하는 일을 찾고, 우리가 하는 일과 가족을 사랑하는 것이 행복한 삶이다. 만일 그것을 아직 찾지 못했다면, 계속해서 찾으면 된다. 우리의 시간은 한정되어 있다. 그러므로 다른 사람의 삶을 사느라고 더 이상 시간을 허비하지 말자.

책을 읽겠다고 마음만 먹으면 시간은 얼마든지 낼 수 있다. 출퇴근 시간 지하철에서 읽을 수도 있고, 차로 운전을 한다면 오디오북으로 들어도 된다. 마트 가고, 친구들과 밥 먹고, 술 먹는 시간, TV보는 시간, SNS 하는 시간, 유튜브 보는 시간, 모두 줄이면 하루에 두세 시간은 번다. 막내 아이에게 한 시간마다 무엇을 했는지 노트에 기록을 하라고 했었는데, 막내 아이는 자신 있게 하루를 알차게 쓰고 있다고 말을 했다. 하지만 막상 노트에 적으면서 자신이 많은 시간을 흘려보내고 있다는 것을 알게 되었다.

그 이후부터는 시간을 허투루 쓰지 않으려고 노력한다. 큰아이와 나는 오전 9시에 가게 문을 열고, 저녁 8시에 문을 닫는다. 집에 오면 빨래, 청소의 집안일을 함께 하며 책을 읽고 책을 쓴다. 주말에는 유튜브, 블로그도 배우러 다닌다. 막내 또한 학교를 마치고 곧장 가게로 와 조용한 시간에는 책을 읽거나 숙제를 하고, 함께 음식 준비를 돕고, 함께 저녁을 먹고, 음식물 쓰레기를 버리는 등 가게 일을 도와준다. 아이들은 가게 일을 도우면서 엄마의 힘든 것을 느끼며 돈도 아껴 쓰고, 가족을 돕는 소속감에 마음에 안정도 찾는다.

책 읽는 시간과 목표, 이 두 가지를 확실히 정하면 그 다음은 생각보다 쉽게 풀린다. 하루 한 권을 읽겠다고 목표를 정하면 일어나는 시간, 일하는 자투리 시간, 밥 먹고 남는 시간, 저녁 먹고 쉬는 시간, 잠을 자기 전 시간을 활용하게 되고, 하루 한 권 독서할 시간은 나온다.

처음 책을 읽는 사람은 노트에 깨어 있는 시간을 한 시간 단위로 무엇을 했는지 적어서 저녁에 보면 허투루 쓰고 있는 시간을 정확하게 알 수 있다. 그 시간을 정확히 알고 그 시간을 잘 활용해 책을 읽고 나를 찾고 내가 원하는 인생을 찾을 수 있다면 지금과는 다른 진정 행복한 삶을 살수 있다. 시간은 끊임없이 사라져간다. 아무도 시간을 잡아둘 수는 없다. 시간은 찾아내고, 긁어 모아야 만들어지는 것이다. 시간도 돈처럼 절약하고 모으는 비결을 알아야 유용하게 쓸 수 있다. 우리는 자기의 시간과 에너지의 75%를, 필요 없는 부분에 소비해버리기 때문에 성과가 없고 의욕이 일어나지 않는 것이다.

우리 가족은 마트 대신 도서관에 가면서 시간을 벌고, 돈을 쓰지 않아 돈을 번다. 2년 동안 읽은 책은 복리로 돌아와 행복한 가정과 희망 그리고 우리가 원하는 삶을 선물로 받았다. 다양한 책을 읽으면 사고의 폭이 넓어지기 때문에 자동으로 시야가 넓어진다. 가족과 일만 생각했던 나 역시 2년 동안 책을 읽으며 세상에 대한 이해가 생기고, 사람들에 대한 이해가 생겼다.

사람들에 대해 이해를 하게 되면 세상이나 사람들에 대한 두려움이나 부정적인 것은 모두 몰라서 생긴 것이라는 것을 알 수 있게 된다. 이해도가 높아지면 안 보이던 것들이 보이게 되고, 보이게 되면 더 큰 것을 볼 수 있는 안목이 생긴다. 책은 우리에게 많은 것을 가르쳐준다. 남들을 사랑하고 그들을 위해 책임을 감수하는 것, 책임감 있는 사람으로 만들고 지성과 감성을 갖춘 사람이 된다.

가족은 나를 보는 거울이다

모든 행복한 가족들은 서로 서로 닮은 데가 많다.
그러나 모든 불행한 가족은 그 자신의 독특한 방법으로 불행하다.

– 톨스토이 –

삶은 문제와 고통의 연속이다. 이것은 진리이다. 진정으로 삶이 힘들다는 것을 알게 되면, 그 사실을 이해하고 받아들이게 되면 그것을 뛰어넘을 수 있게 된다. 나는 책을 읽고 그 사실을 이해하고 받아들이면서 삶이 힘들다는 사실은 더 이상 나에게 문제가 되지 않았다.

대부분 사람들은 삶이 힘들다는 이 진리를 제대로 깨닫지 못한다. 그래서 자신이 지닌 어려움과 걱정 그리고 문제가 엄청나게 크게 느껴져 끊임없이 불행하다고 느끼는 것이다. 대부분 사람들은 스스로가 겪는 어려움이 가난한 부모님과 빽도, 스펙도 없는 현실 때문이라고 생각한다.

삶은 문제의 연속이다. 끊임없는 문제를 해결하는 이 모든 과정 속에 삶의 의미가 있으며, 삶의 성패를 가르는 것은 문제에 부딪치면 용기와 지혜를 발휘해 문제를 해결하는 데 있다. 우리가 성장하는 길은 오로지 문제를 해결하는 능력을 자극하고 지원하는 것이다. 이는 학교에서 의도적으로 아이들에게 풀어야 할 문제를 던져주는 것과 같다. 우리가 무언가를 배우는 것은 바로 문제를 직시하고 해결하는 고통을 통해서다.

우리가 반드시 독서를 해야 하는 이유는 삶의 문제들을 해결하기 위해 필요한 것은 훈육이기 때문이다. 훈육 없이는 아무것도 해결할 수 없다. 독서를 통해 자신의 문제가 무엇인지 직시하고 지금까지 쌓아두었던 문제들을 하나씩 해결해나가는 것이다. 삶이 힘들다는 것은 문제를 직면하고 해결하는 과정이 고통스럽다는 것을 말한다. 나는 문제가 생기면 두렵고, 슬프고, 후회, 분노, 걱정, 좌절 같은 감정을 느꼈다. 이러한 감정들로 인해 내 마음은 늘 불편했었다.

벤자민 프랭클린은 "고통을 느껴야 배운다"고 말한다. 현명한 사람들은 문제를 두려워하지 않고, 해결하고 이겨냄으로써 더 나은 삶을 살아갈 수 있다는 것을 알고 있다. 우리는 대부분 그렇게 현명하게 살지 못한다. 대부분의 사람들은 당면한 문제를 두려워하면서 피하려 든다. 문제를 질질 끌면서 저절로 사라지기를 바라며, 문제를 무시하고 잊어버리고 문제가 없는 것처럼 행동한다. 심지어 문제를 잊기 위해 약을 복용하고, 결국에는 더 큰 고통 속으로 자신을 밀어 넣는다. 문제와 이에 따르는 고통의 감정을 피하려는 마음이 정신병의 근본 원인이다. 고통을 피하려고 하면 할수록 더 고통스러워진다는 것이다.

15년 전 남편과 치킨 가게를 시작할 때 언니가 부부가 함께 일하면 안 된다며 반대를 했었다. 언니는 서울에서 형부와 소파 공장을 함께 하고 있었는데, 함께 일하면서 늘 힘들어 했다. 소파 공장에 직원이 있어, 어린 아이 둘을 데리고 밥을 해서 작은아이는 등에 업고, 한쪽 손은 큰아이 손을 잡고, 다른 한쪽 손에는 점심을 들고 공장으로 갔다.

부부가 함께 일을 하는데 저녁에는 언니 혼자 집안일하며 아이들을 돌봐야 했다. 언니는 힘든 경험 때문에 같이 일하는 것을 적극적으로 반대했었다. 하지만 나는 그런 상황이 오지 않을 것이라고 언니에게 걱정하지 말라며 장담을 했었지만, 남편은 가게를 오픈하고, 치킨 가게를 인수하는 데 도움을 준 동네 형과 장사를 마치기도 전에 가게에서 함께 술을 먹기 시작했다. 늦은 시간 혼자 치킨을 튀겨 배달을 가기 시작했는데, 그것이 불행의 시작이었다. 다정하던 남편은 매일 밤 그 형이 찾아오면 새벽 늦게까지 술을 먹었고, 그럴 때마다 나는 혼자 배달을 다녔다. 그 일로 남편과 여러 차례 다투었고, 그럴 때마다 남편은 무섭게 화를 내었다.

가게를 오픈하고 1년이 지나 막내 아이를 임신하게 되었고, 입덧이 심한 상황에서도 일을 하는 나에게 미안했던 남편은 그 이후부터 그 형과 술을 먹지 않았다. 그 대신 장사를 마치면 혼자서 매일 술을 먹었다.

남편과의 문제를 해결하려고 하기보다는 피하고, 다른 사람들에게 감추기 위해 밖에서는 더 밝은 척, 더 열심히 사는 척했다. 하지만 거짓으로 사는 것은 어떤 식으로든 드러나게 되어 있다. 나의 내면에 문제가 생기기 시작했다. 해결되지 않는 문제는 차곡차곡 쌓아두니 어느 날부터 갱년기 증상과 함께 우울해지고, 사는 것이 재미가 없고 무기력해졌다.

아이들에게도 마음과 달리 험한 말이 나오기 시작했고, 신경이 날카로워지고, 남편을 보면 모든 것이 남편 때문인 것 같아, 그동안 쌓아왔던 마음을 풀기 시작했다. 남편과 하루 종일 함께 일을 하며 우리는 부부가 아닌 같이 일하는 동업자 같았다. 꼭 필요한 말 외에는 하지 않았고 말이 곱게 나가지 않았다. 남편에게 화풀이를 하고 나면 그 당시만 마음이 시원할 뿐, 뒤돌아서면 가슴이 답답하고, 우울해졌다.

자정까지 일을 하고도 불면증에 시달려야 했고, 잠을 자다가도 답답하고 화가 올라와 밖으로 나가 미친 듯이 달리다 속이 시원해지면 다시 들어와 잠을 자고는 했다. 남편과 아이들은 나의 눈치를 보기 시작했다.

처음 장사를 하던 때가 그리웠다. 3천만 원의 빚을 내고 처음 장사를 했을 때는 지금처럼 장사가 잘되지 않아 함께 웃으며 밥도 먹고, 주말이면 나는 아이들을 데리고 가까운 산에 가고, 남산공원도 산책하고, 인라인스케이트를 타곤 했다. 돈은 없었지만 아이들만 있으면 행복했었다. 하지만 돈을 벌어 땅도 사고, 더 좋은 것을 먹고, 더 좋은 집에 살고 있는데, 행복하지는 않았다. 그런 내가 밉고, 미운 나를 자책하며, 나 스스로에게 벌을 주고 있었다. 가족은 나의 거울이다. 나는 마치 내가 세상에서 가장 바르고 깨끗한 사람이라도 되는 것처럼, 남편과 아이들의 행동에 대해 시시비비를 분별하였다. 처음 책을 읽었을 때는 내 마음이 오히려 책을 읽기 전보다 더 불편해지기 시작했다. '우물 안의 개구리'는 바로 '나'였다. '나'를 돌아보고 나 자신을 가두고 있는 그 마음을 버리면 버릴수록 가족 모두가 나의 거울임을 인정할 수밖에 없었다. 그럴 때마다 그것을 인정하지 않으려 하는 나 자신과 치열한 싸움을 해야만 했다.

우리는 모두 같은 세상에 살고 있는 것 같지만 사실 우리는 모두 각자 자기만의 세상 속에 살고 있다. 세상은 딱 내 마음 속에 가지고 있는 만큼만 보인다. 남편이나 아이들이 나를 '무시한다는 생각'이 들었던 것도 내 안에 '무시한다'는 마음이 있었기 때문이다. 누가 그런 마음을 가지라고 한 적도 없는데 나 스스로 그 마음을 만들어내고 가지고 있었던 것이다.

세상은 곧 나이다. 세상이 어두운 것은 내 마음이 어둡기 때문이며, 세상이 슬퍼하고 있는 것 또한 내 마음이 과거의 어떤 상처로 두렵기 때문이다. 자제가 안 되는 아이들일수록 가정에서 부모의 훈육을 받지 못하고, 어린 시절 자주 심하게 벌을 받아왔을 가능성이 크다. 나는 어린 시절 사소한 실수에도 엄마에게 혼이 많이 났었다. 부모 자신들이 훈육이 안 되면 아이들에게 제대로 된 행동을 보여줄 수가 없다. 어린아이들의 눈에 비친 부모는 신과 같은 존재다. 그래서 아이들은 부모가 하는 대로 행동한다. 만일 부모가 자제하고 조심스럽고 품위 있는 행동으로 질서 정연한 생활 능력을 보여준다면, 아이들은 마음속 깊이 이것이 사는 방식이라고 느끼게 된다. 하지만 반대로 부모가 무질서하게 제멋대로 산다고 해도 아이들은 마음속 깊이 이것이 삶의 방식이라고 믿게 된다.

사람은 각자 자신의 삶을 살아간다. 그 삶 안에서 수많은 경험을 하게 되는데, 모든 경험이 다 가슴 깊이 남거나 사무치지는 않는다. 유독 자신에게 영향을 미치는 일일수록 뇌리에 강하게 남아 있어 나의 마음을 건드리게 된다. 한 심리학 이론에 따르면, 과거의 경험에서 충분히 소화하지 못했거나 상처로 남은 '미해결된 감정'은 무의식적으로 그 부분을 해결하려는 시도를 꾸준히 한다고 한다. 그래서 현재의 내 일상에 영향을 미친다는 것이다. 남편과 나는 모두 어린 시절 자주 비난받고 꾸중하는 말을 들으며 우리도 모르게 위축되는 경험으로 작은 자극에도 영향을 받았던 것이다. 쪼그라들고 싶지 않은데 비슷한 상황에서 자꾸 작아지는 나 자신이 마음에 들지 않아 나 스스로에게 화가 나는 것이다.

심리 치유에 관련된 책들을 읽으며 아이들과의 갈등이 나의 문제임을 정확하게 인식하게 되었다. 어린 시절 상처 입은 나 자신을 다독이며 위로하고, 나 스스로를 치유했다. 문제가 있어 보이는 '나'이지만 기꺼이 받아들이고 사랑함으로써 자신감을 되찾게 되었다. 대부분의 부모님은 아이가 문제를 일으키거나 반항을 하면 아이의 문제로만 돌리는 경향이 있다. 비판은 자신에 대한 믿음을 떨어뜨리게 된다. 비판하면 할수록 아이는 그 비판을 피하기 위해 아예 행동하지 않으려 한다.

아이가 행복하고 엄마도 행복해지기 위해서는 그것이 아이들만의 문제인지 혹은 나의 생각과 태도에는 아무런 문제가 없는지를 먼저 돌아봐야 한다. 아이들을 가치 있는 나무로 키우기 위해서는 가치 있게 씨앗을 심어야 한다. 스스로 가치 있게 여겨야 자신을 존중하는 마음이 생긴다.

아이들은 세상을 살아가면서 여러 시련들을 거치며 자기 것이 된다. 시련이 닥칠 때마다 자신을 가치 있게 여기지 않는다면 시련에 견디기 어려울 것이고, 그럴 때마다 자신을 비하하게 된다. 가치 있는 사람으로 키우기 위해서는 반드시 부모가 아이를 가치 있게 대해야 한다.

가족은 나를 보는 거울이다. 거울을 통해 문제의 근원을 볼 수 있어야 한다. 겉으로는 아이만의 문제인 것 같아도 그 뿌리는 엄마에게서 시작된다. 마음이 아픈 아이 뒤에는 마음이 아픈 엄마가 있다.

인간으로서 자기를 어떻게 평가하느냐 하는 문제는 중요한 문제이다. 부모와 형제와 친척, 그리고 이웃이 나를 가치 있고, 중요하게 생각하는 것보다 내가 나를 어떻게 평가하느냐 하는 것이 더 중요하다. 어릴 적 들었던 것들은 모두 내려놓고, 내가 지금 하는 행동에 대해 평가를 하고 제대로 된 행동을 실천하면 된다. 우리의 생각은 마음속에서 나온다. 과거에 들었던 모든 것들이 마음에 저장되어 나의 생각들을 불러일으킨다. 과거의 생각에서 만들어진 프로그래밍을 독서를 통해 긍정적인 프로그래밍으로 바꾸면 된다.

독서는 최고의 인성 교육이다

황금을 상자에 가득 채우는 것이 자식에게 경서 한 권을 가르치는 것만 못하고,
자식에게 천금을 주는 것이 그들에게 한 가지 재주를 가르치는 것만 못하다.

― 반 고흐 ―

작년에 막내 아이가 중학교에 들어가고, 교복을 사기 위해 교문 앞에서 기다리고 있었다. 학교를 마쳤다며, 바로 나오겠다고 했는데 막내 아이는 30분이 지나 눈물까지 글썽이며 나왔다. 조용한 시간이라도 장사를 큰아이에게 맡기고 나왔기 때문에 화가 났지만 사정이 있을 것 같아 화가 난 이유를 물었다.

막내 아이는 몸집이 작아 중학생이 되면서 친구들의 괴롭힘을 종종 당했다. 그날도 점심을 먹는데 막내 아이의 식판에 있던 떡볶이를 친구가 말도 없이 집어 먹었다. 그런 일이 여러 번 있어 막내 아이는 점심을 다

먹고 나오면서 그 친구가 육개장을 수저로 떠먹을 때 팔을 쳐서 육개장 국물이 옷에 묻게 했다.

교실로 가려고 하는데 그 친구가 따라와 멱살을 잡았고, 막내 아이도 함께 멱살을 잡았다. 친구들이 가까스로 싸움을 말렸고, 결국 교무실에 가서 혼이 났다. 수업시간에 수업도 못 하고 그 친구와 함께 복도에서 손을 들고 있어야 했다. 지나가는 선생님들의 눈총을 받으며 막내는 너무 화가 나고 억울하다며, 하소연을 했다. 화가 나 있는 막내 아이에게 "친구 때문에 많이 속상했겠네. 엄마도 같은 상황이라면 화가 났을 거야."라고 다독여주고, 교복을 사서 가게로 왔다. 막내 아이에게 얼마 전에 읽은 『리더의 말공부』에서 읽은 한신의 이야기가 생각이나 들려주었다.

한신은 한고조 유방이 항우를 제압하고 천하를 제패하는 데 큰 공을 세운 장수이다. 그는 젊은 시절 무척이나 가난하여 자주 굶었다. 그런 한신을 업신여겼던 동네 젊은이들이 한신에게 시비를 걸었다.

"네 놈이 죽음이 두렵다면 내 바짓가랑이 밑으로 기어가라."

한신은 묵묵히 건달의 바짓가랑이 밑을 기어서 갔다. 이를 본 사람들은 한신을 겁쟁이라고 비웃었다. 후에 제후의 자리에 오른 한신은 자신을 욕보인 젊은이를 불러 벼슬을 주고는 부하들에게 말했다.

"이 사람이 내게 모욕을 주었을 때 내가 어찌 죽일 수 없었겠느냐? 그를 죽인다 해도 얻을 것이 없었기에 참고서 오늘의 공을 이룬 것이다."

순간의 화를 참고 끝까지 인내할 수 있었기 때문에 한신은 자신이 원하는 자리까지 오를 수 있었다.

막내 아이에게 한신의 이야기를 해주며, 오늘 있었던 행동들을 천천히 다시 생각해보라고 했다. 막내 아이는 순간의 화를 참지 못해 수업시간에도 못 들어가고, 다른 친구들에게도 피해를 주었다. 한때의 화를 참으면 백날의 근심을 면한다고 했다.

친구와 싸우게 되면 친구들은 누구 편에도 서지 못한다. 그 마음은 얼마나 불편할까? 화가 나는 상황은 맞지만 내가 화를 내면 상대방은 또 화를 내게 되어 있다. 막내 아이에게 "친구의 팔을 쳤을 때 기분이 어땠어? 좋았어?" 하고 물었더니 친구가 복수할까 봐 마음이 계속 불편했고, 마음이 불편하니 수업시간에 집중도 되지 않고, 하루 종일 우울하고 기분이 좋지 않았다고 한다.

막내 아이에게 기분 나쁘고, 화가 나는 게 당연하지만 한신이라고 생각하고 참으라고 했다. 며칠 뒤 막내 아이가 학교를 마치고 뛰어 들어오며 학교에서 친구들이 또 괴롭혔는데 좋은 말로 그러지 말라고 하고 참았더니 신기하게 화가 금방 가라앉고 기분이 좋아져 수업도 잘 받았다며 좋아했다.

수많은 인생의 단면 중에 특히 청소년의 시기를 아쉬워하는 까닭은 무엇일까? 청춘은 그 자체만으로도 아름답고, 꿈을 꿀 수 있으며, 무엇이든 도전할 수 있는 나이다. 아무런 고민 없이 게임만 하고, 어울려 놀기만 하다가 '어?' 하는 사이 순식간에 인생은 가버리고 후회만 남는다.

무엇이 잘못되었는지 알지도 못하고, 남 탓을 하게 되며 늘 후회하는 인생을 살게 되고, 세상을 원망만 하며 살게 된다.

안중근은 옥중에서 "한결같이 부지런하면 세상에 어려울 것이 없다"는 말을 남겼다. 해야 할 일을 미루지 않고 성실하게 노력하는 자세가 부지런함이다. 부지런함과 반대되는 말이 게으름이다. 부지런함이 단순히 부산스럽거나 바쁘게 사는 것을 의미하지는 않는다. 부지런함은 해야 할 일을 미루지 않고 꾸준하게 해나가는 자세이다. 현대인들은 시간에 쫓기며 바쁘게 살아가고 있다. 그래서 자신이 무엇을 하고 있는지도 잘 모르게 되어 정작 중요한 것을 놓치며 살아가게 된다. 요령을 피우지 않고 성실히 꾸준한 마음으로 목표를 향해 나아가야 한다.

부모의 반응이 아이에게는 자신의 행동을 결정하는 기준이 된다. 아이들에게 부정적 영향을 미치는 일들은 피해야 한다. 부모의 반응이 과하거나 부족한 경우에 아이에게는 어떤 식으로 영향을 미치게 될까를 생각하며 아이에게 긍정적인 영향을 주어야 한다.

청소년기는 아동기에서 성인기로 이행되는 시기이다. 이때는 자기 정체감, 삶의 목표, 삶의 의미를 명료화하는 데 발달적 갈등이 집중된다. 새로운 역할이나 성인으로서의 모습 등 자신의 실체나 역할에 대해 다양하게 생각하게 된다. 부모는 청소년 자녀에게 다양한 역할과 활동을 탐색할 기회를 제공함으로써 긍정적인 정체감 형성을 도와줄 수 있어야 한다. 정체감을 잘 형성하지 못하면 내 역할에 대해서 혼미해진다.

자신의 아이가 부정적 성취를 하는 것을 바라는 엄마는 없다. 하지만 주위에는 긍정적 성취 대신 부정적 성취를 되풀이하며 자란 아이들이 적지 않다. 나는 어릴 적 정체감과 자아 정체성을 제대로 배우지 못해 부모님과 친구, 사회에서 받는 스트레스에 의해 내가 원하는 삶을 살지 못했다. 2년 동안 매일 책을 읽으며, 마음속 깊이 감춰두었던 열등감을 해소하고 자존감을 향상시킬 수 있었다.

인생의 설계도는 살아가면서 변화무쌍한 움직임을 보인다. 성공의 열쇠를 쥘 수 있는 사람은 결국 나 자신이다. 매사에 낙천적인 사람들은 전체적으로 느긋하고 낙관적인 태도를 보인다. 낙관적인 아이로 키우려면 아이에게 칭찬을 해줄 때 외부적인 가치보다 내면적인 보상에 가치를 둬야 한다. 점수가 높다거나, 상장을 받아왔다거나, 시합에서 이겼을 때 무조건 칭찬하기보다 자신의 성취도에 비추어 칭찬해야 한다. 다른 사람과 비교한다거나 누구를 이겼다는 것에 관심의 초점을 두지 말아야 한다. 발달된 것과 향상된 것, 이루어낸 것 자체에 초점을 두도록 해야 한다. 물질적 기준에 자신을 비교하게 해서는 안 된다. 무엇보다 가장 중요한 것은 아이의 내면적인 부분을 칭찬하고 격려해주는 것이다.

플라톤은 "인간이란 의미를 찾아다니는 존재이다."라고 말했다. 성공한 삶을 사는 사람들은 인생에서 강한 목적의식을 지니고 있다. 인간적인 욕구와 가치를 지니고 있으며 진리와 아름다움, 정의 평화와 같은 긍정적인 의미를 찾는다. 자신이 추구하는 것에서 물질적인 가치보다 내면의 의미에 중점을 둔다. 사람을 겉모습이나 물질로써 평가하지 않는다. 아이에게 의미가 있고 가치가 있는 삶에 대한 감각을 심어주어야 한다. 삶의 의미를 느끼지 못하고 살아가는 사람은 자신이 왜 존재하는지 모르며 늘 후회하는 삶을 살게 될 수밖에 없다. 아이들이 무한한 가능성의 사람으로 성장하도록 늘 도와야 한다. 자신만을 생각하고 위하는 것이 아니라 나아가 다른 사람에게 도움이 되고, 그로 말미암아 사랑받을 수 있도록 길러야 한다. 다른 사람과 세상에 도움이 되는 삶을 살 수 있어야 한다.

세기의 부자 록펠러는 인류 역사를 통틀어 최고의 갑부였다. 하지만 상상을 초월하는 부자이면서도 늘 부족하다고 생각했다. 그래서 경쟁사들을 무자비하게 합병하고, 남아도는 인력은 인정사정없이 잘라버렸다. 그가 세운 석유회사 스탠더드오일은 엄청나게 커져, 마침내 미국 전체 석유 생산량의 91%를 장악했다. 하지만 47세가 되던 해부터 갑자기 소화가 안 되고, 머리카락부터 온몸의 털이 빠져나가기 시작했다. 50대 중반에 온몸의 털이 완전히 다 빠지고 수염도 사라졌다. 눈썹과 속눈썹까지 빠졌다. 입술은 얇아지고 마치 80대 노인처럼 피부도 주름이 많아졌다. 어느 날 그는 의사로부터 1년을 넘기기 어려울 것 같다는 말을 듣고, 잠을 이루지 못하고 괴로워했다.

자신이 죽어가고 있는데 많은 재산이 무슨 의미가 있을까 괴로워하다가 자신의 욕심만 채우며 살았다는 것을 깨닫고 후회한다. 록펠러의 인생은 그때부터 달라졌다. 끊임없이 모으려는 마음을 버리고 베풀기로 한 것이다. 교회를 짓고, 가난한 사람들을 돕기 위해 재단을 만들어 자신의 재산을 몽땅 쏟아 부었다. 그때 뉴욕에 지어진 교회가 바로 유명한 리버 사이드 교회다.

이렇게 남들을 위해 따뜻한 마음을 가지기 시작하면서 록펠러의 얼굴에는 수염이 다시 자라났고, 눈썹도 나기 시작했다. 의사들로부터 55세를 넘기기 어려울 것이라는 진단을 받았던 그는 100세 생일을 불과 26개월 남겨놓고 얼굴 가득히 미소를 지으며 세상을 떠났다.

돈은 인생을 살기 위한 소모품이다. 돈 자체는 아무런 가치도 없다. 돈은 타인에 대한 사랑이 담겨 있을 때 진정한 가치를 지닌다. 과학 기술의 발전과 함께 우리 앞에는 무한한 가능성을 지닌 신세계가 펼쳐졌다. 그러나 우리의 사고 수준은 그것을 따라가지 못하고 있다. 우리의 생각과 태도가 과학 기술에 걸맞은 진화 과정을 겪지 못하고 있다. 현실에 대한 잘못된 인식과 헛된 믿음이 이미 사고 자체를 잠식해버렸기 때문이다.

돈과 행복은 별로 관계가 없다. 오히려 돈만을 위해서 일하는 것은 불행으로 가는 지름길이다. 일을 하는 이유가 단순히 더 많은 돈을 벌기 위한 것이라면 완벽한 만족과 성취감은 얻기 힘들다. 올바른 가치관과 삶의 목표를 찾아나가는 시간을 가져야 한다.

하버드대 캠퍼스에는 여러 개의 출입구가 있는데 그중에서도 '덱스터 게이터'라는 작은 문이 있다. 이 문은 캠퍼스로 들어가는 방향에는 '들어가서 지혜를 키워라(Enter to grow in wisdom).'라고 쓰여 있고, 밖으로 나오는 방향에는 '나가서 나라와 인류를 섬기라(Depart to serve better thy country and thy kind).'라고 쓰여 있다.

필립스 엑스터는 전인 교육, 인성 교육을 통해 학생들을 세상에 유익함을 줄 수 있는 사람, 즉 다른 사람들을 위하여 사는 사람으로 성장시키는 것을 최고의 목표로 삼고 있다. 그래서 학생들에게 엘리트주의와 우월감을 경계하고, 배려와 봉사를 실천하도록 지도한다. 학생들 역시 모든 학교생활에서 'Non Sibi'를 실천하는 것을 진정한 필립스 엑스터 학생다운 행동으로 여긴다. 라틴어 'Non Sibi'는 영어로 'Not for one's self'라는, '나만을 위해서가 아닌'이라는 의미다.

"인성 교육"이란 자신의 내면을 바르고 건전하게 가꾸고 타인·공동체·자연과 더불어 살아가는 데 필요한 인간다운 성품과 역량을 기르는 것을 목적으로 하는 교육을 말한다. 인성 교육에 관한 구체적인 프로그램이 미흡하기 때문에 독서를 통해 인성 교육을 할 수 있다.

세계 1%의 사고방식을 배워라

오늘의 나를 있게 한 것은 우리 마을 도서관이었다.
하버드 졸업장보다 소중한 것이 독서하는 습관이다.

― 빌 게이츠 ―

남의 생각만 퍼 나르는 사람에게 세상은 기회를 허락하지 않는다. 내 의견 없이 정해진 답만 찾아서는 살아남을 수 없는 시대를 우리는 살아가고 있다. 클릭 몇 번으로 얻을 수 있는 지식이 아닌 나만의 생각을 펼치는 방법을 찾아내야 한다. 학교 시험을 달달 외워서 '정답이 하나'인 문제에 답하는 능력만으로는 더이상 살아남을 수 없다. 세상은 '자기 머리로 생각하는 힘'을 갖추지 못한 사람에게는 더이상 기회를 주지 않는다.

세계 최고 명문대 출신의 1% 인재들은 철학적으로 생각한다. 생각만

하는 게 아니라 그것을 논리적으로 다른 사람에게 전달한다. 신문에서 읽은 기사, 방송에서 본 내용, SNS에 남이 올린 글이 아닌, 온전히 스스로 생각하고 체계화한 '나만의 논리'로 말한다는 것이다.

빌 게이츠, 워런 버핏, 짐 로저스, 마크 저커버그 등 우리가 잘 알고 있는 세계 최고의 부자들은 대부분 독서광이다. 그 중 빌게이츠는 2014년 세계 부자 순위에서 5년 만에 1위를 다시 차지하였다. 재산 규모는 700억 달러이며, 우리 돈으로는 약 84조 원에 달한다. 그런 그에게 있어 독서는 모든 성장의 기본이자 토대가 되어주었다. 그는 일곱 살 때 백과사전을 끝까지 읽었고, 루즈벨트, 나폴레옹, 뉴턴 등 유명한 사람들의 전기를 읽었다. 또한 공상 과학 소설을 좋아하여 컴퓨터 프로그래머로 성장하는 데 있어 큰 역할을 해준 것 역시 독서라고 말한다. "오늘의 나를 있게 한 것은 우리 마을의 도서관이었으며, 하버드 졸업장보다 소중한 것이 독서 습관이었다."라며 자녀를 교육하는 것에 있어서도 자녀를 독서광으로 키우라고 독서의 중요성을 말하고 있다. 그는 지금도 매일 신문을 처음부터 끝까지 읽고 관심 분야를 넓히고 있다. 아무리 컴퓨터가 모든 일을 다한다고 해도 책만큼 완전히 대체하지는 못할 것이라고 한다.

컴퓨터로 성공한 그가 무엇보다 먼저 책을 가까이하는 것은 매우 인상적이며 흥미로운 것이라 말할 수 있다. 그만큼 독서는 사람을 깨우쳐주고 생각과 행동을 이끌어주는 가장 좋은 스승이 되어주기 때문이다.

일본의 최고 부자 사이토 히토리는 일본에서 여러 해 연속 '납세액 1위'를 기록하고 있는 거부로 알려져 있다. 일본에서 유일하게 1993년부터 2005년까지 12년간 일본 사업소득 전국 고액 납세액 총 173억 엔(약 1,600억 원)이라는 전대미문의 기록으로 일본 1위에 올랐다. 중학교 졸업이 학력의 전부지만 일본 최고 부자이자 성공한 사업가로 주목받고 있는 그는 언론에 얼굴 등 자세한 신상이 공개되지 않아 '괴짜 부자', '별난 사업가' 등으로도 불린다. 그는 꿈을 가지는 것이 중요하다고 생각하면서도 실제 꿈을 이루기 위해 가장 중요한 것이 행동 습관이라고 말한다. 마음속의 생각을 행동으로 옮기는 일은 엄청나게 중요하다. 행복도 성공도 행동하지 않고서는 성취할 수 없다고 한다.

'성공'을 '대성공'으로 이어지게 하는 비결 5가지

첫째, 생각이 가난하면 결코 부자가 될 수 없다.

둘째, 해결하지 못할 문제는 없다.

셋째, 실패란 단지 과정에 지나지 않는다.

넷째, 행동이란 신이 상을 주기 위한 수단이다.

다섯째, 작심삼일도 계속 이어나가면 성공할 수 있다.

인간이 생각하는 파동은 실제 현실을 만든다. 그래서 가난하다거나 힘들다는 생각을 하면 그대로 실현된다. 가난한 사고방식으로는 결코 부자가 될 수 없다. "나는 이래서 안 돼."라고 변명하는 사람은 행동하기 싫어서 갖가지 핑계를 대는 것이다. 하지만 막상 행동을 해보면 재미가 있다. 그 재미를 몰라서 행동을 하지 않는 것이다. 독서를 하게 되면 책의 성공자들이 말하고자 하는 것을 나 자신도 모르게 행동하게 된다.

여러 권의 책을 읽게 되면 같은 말들이 반복되는데 그러면 그 내용들이 중요하다는 것을 알게 된다. 책을 여러 번 반복적으로 읽었기 때문에 행동을 하게 되고 행동을 하면 내가 원하는 결과가 나오게 되고 그때부터 하는 행동들이 재미가 있어지는 것이다.

신이 우리에게 문제를 안겨준 이유는 그 사람의 정신을 성장시키기 위해서이다. 따라서 해결책이 없는 문제는 절대로 나오지 않는다. 실패로부터 배우고 성장한 끝에 성공이 있다. 그리고 그 여정의 도중에 개선을 거듭하며 성공을 향해 나아가는 성공자가 되는 것이다. 막상 행동하려는 마음이 있어도 첫걸음을 내딛지 못하는 경우가 많다. 작심삼일도 목표로 하면 된다. 그래서 나흘간 행동이 이어졌다면 그때 다시 개선점을 찾으면 된다. 그리고 행동과 개선에 성공할 때까지 멈추지 않는 것이다.

책을 읽기 전에는 나 또한 마음은 있었지만 막상 무엇을 해야 하는지 몰라 힘들었다. 꾸준히 책을 읽으며 내가 가지고 있는 문제들을 하나씩 생각하고 고민하면서 해결책을 찾을 수 있었다. 자신에게 주어진 '고난'을 해결하면 그것이 '성공의 씨앗'이 되는 것이다.

인터넷만 검색하면 나오는, 누구에게나 열려 있는 지식은 내 것이 아니다. 그것을 발전시켜 자신만의 생각과 행동으로 연결시킬 줄 아는 사람만이 세상의 중심에 설 수 있다. 스스로 주체적으로 답을 생각하고, 이를 위해 때로는 의견 충돌도 마다하지 않을 것을 요구해야 한다. 그렇지 않으면 미래는 없다. 현대 시대에 절실히 요구되는 것이 정답 없는 문제에 관해 생각하는 사고방식이다. 대부분의 사람들은 어떤 문제에 맞닥뜨렸을 때 정해진 답을 찾느라고 애쓴다. 정답을 발견하지 못하면 쩔쩔맨다. 사고 회로가 멈춰서 더 이상 앞으로 나아가지 못한다. 학교에서 배우는 교육만으로는 '생각하는 힘'을 기르는 데 한계가 있기 때문에 스스로 이 능력을 키우는 데 가장 좋은 방법은 독서이다.

명문대라 불리는 하버드나 옥스퍼드 같은 학교에서는 끊임없이 "당신은 어떻게 생각하는가?", "당신의 관점은 무엇인가?"를 묻고 이 질문에 답하려고 애쓰면서 학생 스스로 생각하도록 이끈다. 남의 지식이 아닌 내 머리로, 스스로 생각하도록 유도한다. 확고한 '내 생각'이 있어야 온전히 '내 삶'을 살아갈 수 있다.

미국의 〈석세스〉지는 1953년에 예일대학교 졸업생들을 대상으로 한 설문 조사 연구를 시행했다. 그들은 그해 졸업생들에게 다음과 같은 세 가지 질문을 던졌다.

1. 세워둔 목표가 있는가?
2. 목표를 기록해두었는가?
3. 목표 달성을 위한 계획표를 세웠는가?

1번 문항에만 '그렇다'고 답을 한 한생은 전체의 13%, 1~3번 모두 '그렇다'고 답한 학생은 전체의 3%였다. 나머지 84%는 즐겁게 사는 것 외에 특별히 구체적인 목표가 없다고 대답했다.

이후 22년이 흘러 1975년이 되었다. 1953년 졸업생들을 추적 조사하여 발표한 결과, 1~3번에 모두 '그렇다'고 답한 3%의 학생들이 1번 문항에만 답한 학생들을 포함한 전체 학생 97%의 소득보다 열 배 이상의 소득을 올리고 있었다. 똑같은 명문대를 졸업한 우수한 학생들이었지만, '자신의 목표를 세우고 기록하고, 구체적인 방안을 써보았는지의 여부에 따라 미래가 달라지는 것이다.

자신의 목표를 세우고 기록하고 전력을 다해야 한다. 훌륭한 능력을 갖췄는데도 전력을 다하지 않는다면 성공하지 못하는 것이다.

세계 1%의 사고방식을 가진 유대인들의 하루는 해가 진 뒤부터 시작된다고 말한다. 우리나라 사람들은 퇴근을 하고, 하루 일과가 끝이 났다고 생각을 하며 사람들과 어울려 저녁을 먹고 술자리를 가진다. 유대인들은 방금 낭비한 5분, 10분도 아깝다고 말을 한다. 유대인들은 그들이 성공하는 이유에 대해 "밝을 때 시작해서 어두울 때 끝나는 것보다 어두울 때 시작해서 밝을 때 끝나는 것이 낫다"며 시간 개념의 중요성을 이야기한다. 유대인들에게 시간을 물으면 "12시쯤 됐어."라고 이야기하지 않는다. "12시 15분 20초"라고 정확하게 말을 한다. 어려서부터 제대로 된 시간 개념을 키워줘야 자라서도 미루는 습관을 갖지 않게 된다. 다른 사람과 비교하지 않고, 그 행동이 최선이라면 매번 목표를 세우고, 매번 전력을 다한다면 최고의 결과를 가져올 수 있다.

세계 1%의 성공한 사람들이 성공한 최고의 비결은 정해진 시간 안에 해야 할 일이 있다면 반드시 계획대로 하는 것이다. 미래는 정해져 있는 것이 아니라 만들어가는 것이다. 그러므로 미래는 정답이 없다. 정답이 없기 때문에 나의 생각과 의지가 중요할 수밖에 없다. 시간을 소중히 여기면 업무 효율이 올라가지만 시간을 질질 끌게 되면 업무 효율이 계속

떨어지게 된다. 하버드대학교의 한 연구진이 미국 사회의 발전에 대한 연구를 수년간 진행했다. 어떤 사람들은 나날이 부유해지는데 어떤 사람들은 가난해지는가를 연구했다. 각기 다른 조건으로 수년간 실험을 한 결과 하나의 결론에 이르렀다.

세계 1%의 성공한 사람들은 시간에 대한 태도가 남다르다는 것이다. 어떤 계획이든 행동해야 최고의 열정과 에너지를 그 일에 쏟아 부을 수 있다. 독서를 통해 세계 1%의 사고방식을 배우자. 청춘과 시간은 빠르게 지나간다. 1분 1초를 미루지 말고 최선을 다해 일을 한다면 절약한 시간만큼 미래를 버는 것이다. 한 시간이라도 더 노력한다면 결국 그만큼 더 빨리 목적지에 닿을 수 있고, 그만큼 자유로워질 수 있는 것이다. 다른 사람이 이미 주장한 의견, 이것 아니면 저것이라는 양자택일의 좁은 시야에서 벗어나 나만의 또 다른 관점을 가지려고 노력하다 보면 이전에는 미처 생각지도 못한 다양한 지식을 접할 수 있게 된다.

함께 읽으면 더 멀리 간다

형제는 수족과 같고 부부는 의복과 같다.
의복이 헤어졌을 경우 다시 새 것을 얻을 수 있으나,
수족이 끊어지면 잇기가 어렵다.

– 장자 –

요즘처럼 자녀교육이 어려운 시대도 없는 것 같다. 자녀교육 방법에 대한 의견이 너무나도 많기 때문이다. 책마다 권하는 방법도 다 다르고, 이웃마다 키우는 방식도 다 다르다. 초보 엄마의 경우 자신의 아이에게 어떤 교육 방법을 적용해야 할지 좀처럼 갈피를 잡기 어렵다.

자녀교육은 예술 작품을 만드는 것과 같다. 따라서 아무리 노력해도 완벽한 자녀교육이란 있을 수가 없다. 아이들 셋을 키워보니 내가 낳은 아이라고 해도 키우기 수월한 아이가 있고, 어려운 아이가 있다. 하지만 아무리 힘든 아이라도 그 원인을 알면 대처 방법도 생겨나게 된다. 우리는 영·유아기를 지나고 청소년기를 지나 20년에 걸쳐서 어른이 된다. 이 20년이란 세월 동안 부모가 어떻게 자녀에게 인생의 길을 잘 안내해 주느냐에 따라 아이들의 미래가 달라지게 되는 것이다.

아이들에게 있어서 엄마는 가장 좋은 가정교사다. 사랑과 정성을 통해서 행해지는 가정 교육, 즉 인간관계의 핵심인 '인성 만들기'의 교육은 엄마에게 있는 것이다. 그러나 현실적으로는 가장 좋은 엄마가 되고 싶어도 될 수 없는 엄마들이 많다. 나 또한 아이들 셋을 낳으면서 독서를 하기 전까지 제대로 된 양육 방법을 몰라 곤혹을 치렀다.

아이 셋을 낳았지만 첫째 아이와 둘째 아이 때 해결되지 못한 일들은 셋째 아이를 낳고도 남아 있었다. 셋째 아이를 낳고 해결하지 못한 문제들을 책을 통해 해결하기 시작하면서 아이들은 하루가 다르게 변해갔다. 자녀교육은 힘든 일이다. 나 또한 아이들 때문에 괴로워서 울기도 하고 한숨을 쉬는 일도 많았다. 부모의 마음속에 동심이 없다면 눈앞의 자녀를 이해할 수가 없다. 어른이라는 껍질에 싸여 아이들의 입장에서 아이들의 세계를 볼 수 없기 때문이다. 아이를 이해할 수 없다는 것은 아이를 교육할 수 없다는 말과도 같다. 따라서 아이들의 감정을 이해하기 위해서는 독서를 통해 우리 마음속에 있는 동심과 접촉하는 길밖에 없다. 동심의 눈으로 바라볼 수 있을 때 자녀교육은 훨씬 쉬워진다.

아이가 태어나서 자라나 성인이 되는 그 모든 과정은 협력이다. 협력은 삶에 있어서 굉장히 중요한 역할을 한다. 엄마와 아이의 관계도 곰곰이 생각해보면 협력이라는 관계 아래에 놓여 있다. 세상에 태어나기 위해 엄마와 아이는 엄청난 노력을 한다. 아기를 임신했을 때부터 엄마는 아기에게 영양분을 주기 위해 영양가 있는 음식을 섭취하면 아기는 탯줄을 통해서 열심히 영양분을 섭취하게 된다. 아기가 태어날 때는, 온 가족이 온 마음을 다해 아기가 세상에 무사히 나오기를 바란다. 그리고 그 염원 속에서 아기는 무사히 가족들을 만나게 된다. 아기는 엄마와 협력하여 고통을 이겨내, 엄마를 만나고 세상을 만나는 기쁨을 맛보게 된다. 아이들이 커가면서 보여주는 재롱은 최고의 기쁨과 행복을 선물한다.

생각해보면 아이들과 나는 늘 협력하며 일상을 만들어왔다. 좋은 일이든 나쁜 일이든 늘 함께해왔다. 어느 하루도 서로의 협력 없이는 순조롭게 자라나기 어렵다. 아기의 탄생과 양육 과정 중에 엄마 혼자만으로 순조롭게 이루어지는 일은 그리 많지 않다. 젖 먹는 일도 아이들이 먹어줘야 가능한 일이다. 아이를 키우면서 일어나는 아기와의 모든 일은 상호 협력이다. 눈을 맞추고, 아기가 하는 옹알이에 대답해주고, 이유식을 먹이는 상호 협력에서 무한한 사랑과 기쁨이 서로의 눈과 감촉을 통해 전달되면서 함께 안정감과 행복감을 만끽하게 된다. 독서 또한 마찬가지로 상호 협력이 일어나야 한다.

아이들이 독서를 즐기도록 만들어야 한다. 아이들이 몇 번이고 되풀이해서 가지고 노는 장난감처럼 몇 번이고 되풀이해서 읽어볼 때까지 함께 읽어야 한다. 그리고 집안의 경제 사정이 어떻든 간에 아이를 위해 반드시 책을 사야 한다. 시카고 대학의 심리학 교수 벤저민 부룸 박사는 여러 가지 실험을 종합해본 결과 지능의 50%는 네 살 때까지 만들어진다고 한다. 그래서 가난한 가정의 아이는 유치원이나 초등학교에 들어갔을 때 이미 중산층의 아이들보다 뒤떨어져 있으며, 그 격차는 좀처럼 메워지지 않는다고 한다. 될 수 있는 대로 많은 지적 자극을 주어야 한다. 이러한 자극이 많으면 많을수록 아이들은 머리가 좋아지고 지적으로 되며, 좋은 어른으로 성장하게 된다.

TV와 스마트폰의 보급으로 아이들이 독서를 좋아하지 않는다. 따라서 부모들은 예전에 비해 배 이상으로 노력을 해야 한다. 부모들의 끊임없는 관심 어린 지도가 있어야 한다. 학교에서도 독서의 중요성을 이야기하고 있지만 성적 위주로 아이들을 평가하는 지금의 학교 제도에서는 독서지도를 학교에 의존할 수만은 없다. 책을 읽으며 큰아이와 막내 아이이가 힘들어하는 문제들을 하나씩 해결해줄 수 있었다.

하지만 언제까지 내가 옆에서 해결해줄 수는 없다. 자신의 일을 스스로 해결할 수 있는 사고 능력을 길러야 한다. 자신의 자식에게 자신이 쌓은 부를 물려주고 싶어 하는 부모의 마음은 전 세계 어디에서나 마찬가지다. 옛말에 '부자가 삼대를 못 간다.'라는 속담이 있다. 부모가 아이들에게 물려주는 '부'는 단순히 물질적인 것뿐만이 아니라 스스로 부를 일궈나가는 기술과 자질을 물려주는 것이 진짜 '부'이다. 아이 스스로 책을 읽어야 아이도 함께 성장하게 된다. 함께 읽고 모르는 것을 질문하며 스스로 사고력을 키워야 한다. 책을 좋아하는 아이로 만들려면 아이가 책을 볼 때 엄마가 옆에서 칭찬해주고 격려해주어야 한다.

1920년대에 하버드대학의 맥두걸 교수는 쥐들이 미로를 어떻게 헤쳐나가는지 유심히 관찰해보았다. 어미 쥐들은 무려 165번의 실패를 거친 뒤에야 헤매지 않고 미로를 완벽하게 찾아갈 수 있었다. 그러다가 어미 쥐들이 새끼를 낳았고, 새끼들이 자라 120번 만에 성공을 했다. 다시 새끼들이 성장해서 또 새끼를 낳고 몇 세대를 거치자 쥐들은 불과 20번의 시행착오만 거친 뒤 미로를 찾아갔다. 놀라운 사실은 아무도 새로 태어난 쥐들에게 미로를 찾는 법을 가르쳐주지 않았다. 오로지 스스로의 시행착오만으로 미로를 찾아가도록 했다. 그런데도 새끼 쥐들은 세대를 거치면서 어떻게 선조들보다 점점 더 빨리 미로를 찾아갈 수 있었을까? 선조들이 터득한 미로 찾기 정보의 지혜가 뇌에 저장돼 있었기 때문이다. 양자물리학자들은 저장된 선조들의 문화적 정보가 시공간을 뛰어넘어 후손들에게 대대로 전달되는 것으로 분석하였다.

기러기는 살기 위해서 먹이와 따뜻한 곳을 찾아 4만km를 날아간다. 기러기는 리더를 중심으로 V자 대형을 그리며 머나먼 여행을 한다. 가장 앞서 날아가는 리더의 날갯짓은 기류에 양력을 만들어 뒤에 따라오는 동료 기러기가 혼자 날 때보다 71% 정도 쉽게 날 수 있도록 도와준다.

이들은 먼 길을 날아가는 동안 끊임 없이 울음소리를 내며 앞에서 거센 바람을 가르며 힘들게 날아가는 리더를 응원한다. 제일 앞에서 나는 기러기가 지치고 힘들어지면 그 뒤의 기러기가 선두로 나서 리더와 역할을 바꾼다. 이같이 기러기 무리는 서로 순서를 바꾸어 리더의 역할을 하며 길을 찾아 날아간다. 만약 어느 기러기가 총에 맞았거나 아프거나 지쳐서 대열에서 이탈하게 되면 다른 동료 기러기 두 마리도 함께 대열에서 이탈해 지친 동료가 원기를 회복해 다시 날 수 있을 때까지 또는 죽음으로 생을 마감할 때까지 동료의 마지막을 함께 지키다 무리로 다시 돌아온다.

과학자들은 추운 겨울 남쪽나라에서 지내기 위해 기러기 떼가 일정한 형태로 줄을 지어 날아가는 이유에 대한 연구를 통해 이 같은 사실을 밝혀냈다. 기러기 무리의 이 같은 비행 행태는 공동 목표를 가지고 협동정신으로 함께 일하면 목표를 쉽게 달성할 수 있다는 지혜를 가르쳐주고 있다는 점에서 우리에게 많은 깨달음을 준다.

보통의 재능을 지닌 사람이라도 꾸준히 자신의 능력을 계발한다면 자신이 원하는 인생을 살 수 있게 된다. 아이를 독립적인 인격체로서 홀로 서게 하는 동시에 부모의 손을 잡게 하려면 부모와 자식 간의 끈끈한 유대 관계가 먼저 형성되어야 한다. 그리고 이러한 유대 관계를 형성하려면 부모와 아이들이 함께 즐거운 시간을 보내야 한다. 즐거운 시간은 결코 거창하지 않다. 즐거운 시간이란 부모와 아이들이 함께 독서를 하며, 서로를 성장시키는 것이다. 함께 읽고 함께 이야기하며 공동 목표를 가지고 협동정신을 발휘할 때 더 멀리 갈 수 있는 것이다.

3 장

책을 읽고 나서
가족이 **변화된 것**들

인생철학이 생긴다

내가 인생을 알게 된 것은 사람과 접촉해서가 아니라
책과 접하였기 때문이다.

– A. 프랜스 –

　자녀가 책을 좋아하고 잘 읽었으면 하는 마음은 모든 부모의 바람이
다. 그런데 거기에 선행되어야 할 조건은 부모가 먼저 본보기를 보여야
한다는 것이다. 아이들은 부모를 거울삼아 성장해나간다.

　온 가족이 함께 모여 책을 읽는 것은 누구나 꿈꿔보지만 쉽지 않다. 우
리 가족은 예기치 않게 다가온 위기에서 책을 만나 책과 함께 이겨냈다.
엄마는 아이들을 키우면서 그때그때 대처해야 할 상황들이 참 많다.

　나는 아이를 어떻게 키우고 싶은 걸까? 아이를 키우는 일은 세상의 어

떤 엄마에게도 어렵고 난해한 일이다. 상담심리학을 가르치는 교수님들이나 심리 상담사들조차도 당신 자식만큼은 도무지 마음대로 안 된다고 한다.

가족이 변하기 위해서는 어떤 기준과 원칙이 있어야 한다. 가족만의 인생철학이 있어야 한다. 인생을 살아가는 데 매뉴얼이 있다면 좋겠다는 생각을 했다. 칼국수 가게를 하면서 매뉴얼을 만들어 그대로만 하면 일은 빠르게 하면서 늘 같은 맛을 유지할 수 있었다. 인생을 살아가는 데도 인생 매뉴얼이 있다면 쉽게 좌절하지도, 후회하지도, 자책하지도 않고 잘 살아갈 수 있을 텐데 하는 생각이 든다.

아이들을 행복하게 키우는 부모의 두 가지 태도

1. 아이의 성적보다 어떤 사람이 될지를 고민해야 한다

아이의 성적이 올랐다고 해서 기쁨에 휩싸이게 되면 결국 아이에게 불행한 삶을 가르치게 된다. 아이가 공부를 잘하든 못하든 흔들리지 말고 좋은 충고를 해주어야 한다. 아이가 받은 성적에 연연하지 말고 어떤 사람이 될지를 고민해야 한다. 성적이 오르면 원하는 것에 빨리 도달할 수 있고, 성적이 떨어지면 그만큼 시간이 지체될 것이라고 알려주면 된다. 그래야 더욱 노력하게 된다.

2. 아이를 당당하게 키우고 싶다면 부모가 먼저 당당해져야 한다

당당한 부모가 되기 위해서는 부모가 먼저 당당한 행동을 해야 한다. 당당한 사람은 이웃을 보면서 부러워하고 배 아파하지 않는다. 자신의 양심과 도덕에 따라 판단하고 행동한다. 스마트폰이 대중화되면서 세상은 더 빠르게 변해가고 있다. 아이들에게 스마트폰을 사주어야 하는지에 대해서 고민하는 부모들이 많다. 무조건 스마트폰을 빼앗는다면 세상을 살아가는데 세상의 흐름을 부정하는 것이 될 수밖에 없다. 그 속에서 어떻게 인간다운 삶을 추구할지 가르쳐야 한다. 아이들이 물질적인 것에 흔들리지 않고 정신적인 행복에 기뻐하도록 키워야 한다.

책을 읽으며 엄마가 중심을 잡은 가정은 흔들리지 않는다는 것을 깨달았다. 엄마의 역할 범위는 과연 어디까지일까? 남편과 나는 크게 많이 배운 것도 아니고, 좋은 부모를 둔 것도 아니며, 스펙이 좋은 것도 아니다. 오히려 친정과 시댁을 도우며 살아왔다. 치킨 가게를 하면서 힘이 들어도 주위에 조언을 구할 사람도 없었다. 주위에는 나와 비슷한 사람들뿐이다. 모두 힘들다고 말만 할뿐 무엇을 해야 하는지 모르고 있기는 마찬가지다. 그러다 보니 우리의 역할 즉, 부모의 역할, 가장의 역할, 엄마의 역할에 대해 제대로 된 모습을 본 적도 배운 적도 없다. 삶에서 긍정적인 것, 도움이 되는 것을 현명하게 선택하는 일조차 매우 서툴렀다. 남편은 정직하고 부지런했지만 우리 가족에게는 권위적인 모습을 보였다. 너무 착해서 주변 사람들의 요구를 다 들어주는데 정작 우리 가족들이 요구하는 것은 외면했다. 2년 동안 책을 읽으며 뒷바라지가 엄마의 역할의 전부가 아니라는 것을 알게 되었다. 책을 읽으며 용기를 낼 수 있었다. 남편을 대신해 가장의 역할도 마다하지 않고 적극적으로 나서기로 마음먹었다. 흔들리는 아이들을 보며 양육에 대해서도 큰 그림을 그렸다.

대학교를 졸업하고 직장 생활로 힘들어하는 큰아이에게 책을 읽으라고 권했다. 책을 읽기 전 아이들이 힘들어해도 원인을 찾지 못하고 아이들의 문제를 들어주고 같이 비난해주는 것이 전부였다. 그런데 책을 읽으면서 문제도 파악하게 되고, 조언도 해주게 되면서 큰아이 또한 나를 신뢰하게 되었고, 내가 권하는 책들을 읽기 시작했다. 큰아이와 산책을 할 때면 함께 읽은 책들을 이야기하고, 그것을 삶에 적용하면서 개선된 것들을 이야기했다. 둘째 아이는 군에 입대를 했는데 휴가를 나올 때마다 달라진 집안 분위기에 흐뭇해했다. 막내는 원래 책을 좋아해서 나와 함께 공공 도서관에서 책을 자주 빌렸다. 공공 도서관에서 책을 자주 빌린 덕분에 여섯 살 때 한글을 혼자 깨우쳤다. 공룡 책을 너무 좋아해서 다섯 살부터 공룡 책을 빌렸다. 막내 아이는 자기가 좋아하는 책은 여러 번 반복해서 읽는 것을 좋아했다. 어린이집에서 글자를 배워오면서 공룡 이름을 묻고 따라 하며 자연스럽게 글을 읽게 되었다. 공룡 이름이 어려운 데도 자신이 좋아하는 글자라서 금방 익혔다. 아이들은 좋은 것이든 나쁜 것이든 금방 물이 든다. 그래서 늘 아이들에게 관심을 가져야 한다. 어떤 아이들과 어울리는지 항상 알고 있어야 한다. 막내 아이를 태권도 도장에 보내며 말이 거칠어질 때마다 책을 소리 내어서 읽어보라고 했다. 자신의 목소리에 깜짝 놀라 다시 차분하게 읽으면 신기하게 눈빛과 행동들도 차분해진다.

엄마가 책을 읽고 중심을 잡으면 아이들에게 큰 영향을 미치게 된다. 자신이 배우지 못했고, 잘 알지 못하는 것을 혼자서 억지로 떠맡아 우왕좌왕하기보다는 책을 읽고 물질적, 정신적 역할을 배우고 익혀 엄마의 역할을 제대로 해낼 수 있어야 한다. 엄마는 가족들 뒤에서 뒷바라지만 하는 존재가 아니다. 엄마는 자신의 삶에 주인이 되어야 한다. 많은 엄마들이 자신의 못다 이룬 꿈을 아이들이 대신 이뤄주기를 바라고 있다. 나 또한 부모님이 내 뒷바라지를 못 해주어서 내가 잘 살지 못하는 것 같아 부모님 탓으로 돌렸다. 하지만 책의 성공자들은 나보다 더 가난했고, 심지어 장애를 가지고 있는 사람도 있었다.

『닉 부이치치의 허그』의 닉 부이치치는 사지가 없는 몸통만 있는 아이로 태어나, 8세 이후 세 번이나 자살을 시도하였으나 부모의 전폭적인 지원과 사랑 아래 양육 받았다. 사람들은 그가 태어났을 때 '생존 자체가 불가능한 장애아'라는 낙인을 찍었다. 정상적인 인생을 살리라곤 상상조차 못했다. 하지만 그는 지금 멀쩡한 팔다리를 가진 사람들보다 훨씬 앞서 나아가 전혀 다른 차원의 인생을 살고 있다.

『당신이 축복입니다』의 저자 숀 스티븐슨은 자신이 '세상에서 가장 행복한 남자'라고 믿는다. 그는 뼈가 계란껍데기처럼 부서지는 희귀병인 '골성형부전증'을 안고 태어나 차라리 죽는 게 더 낫다는 선고를 받았다. 실제 뼈가 200번도 넘게 부러졌으며, 평생 걸을 수 없어 휠체어에 의지해야 하고, 다 자란 그의 키는 90cm, 몸무게는 20kg밖에 안 된다. 그러나 그는 이렇게 말한다. "키 90cm는 자신을 설명하는 2%일 뿐"이라고 말한다. 즉 삶이라는 커다란 선물 상자를 여는 방법에 대해, 자기 파괴와 자학의 욕망에서 벗어나 삶을 어떻게 바라보느냐에 따라 삶이 달라지는 것이다. 그는 심리상담소를 운영하는 카운슬러이자, 전 세계적으로 유명한 동기부여 강사다.

그들은 평범한 사람들의 눈으로 보면 저주받는 사람 같지만 스스로의 눈으로 자신들을 특별한 사람이라고 생각한다. 그들은 말한다. "온 세상 사람들이 저를 비웃고 손가락질하더라도 저는 전혀 흔들리지 않아요. 왜냐하면 그 모든 게 각자의 삶이니까요." 자신의 삶을 기꺼이 받아들이는 사람들은 자신을 남과 비교하지 않는다. 사람들의 삶은 저마다 다르다.

연극에서는 저마다 맡은 배역에 충실할 때 최고의 기쁨을 느끼게 된다.

남이 왕자 역을 맡든, 공주 역을 맡든 그저 자신이 맡은 역에 최선을 다할 때 큰 보람과 즐거움을 느낄 수 있다. 하지만 자신의 삶을 거부하고 다른 사람들의 삶만 부러워한다면 삶은 고통스러울 수밖에 없다. 우리가 이 지구별에 태어난 것은 나름대로 맡은 배역이 있기 때문이다. 자신의 삶을 받아들이지 못하면 방황할 수밖에 없다. 다른 사람들과 비교하지 않고 자신의 삶을 겸허하게, 감사히 받아들이고 최선을 다하게 된다면 누구나 행복하게 살 수 있다.

인생을 살아가는 데에는 자신만의 철학이 있어야 한다. 자신만의 철학이 있다면 어떤 어려움이 닥치더라도 헤쳐나갈 수 있다. 책을 읽다 보면 나만의 인생철학이 생긴다. 타성에 젖어 무기력해질 때, 우리가 할 수 있는 최고의 방법은 책에 귀를 기울여 영감을 얻고, 당당히 맞서 싸우며 전진하는 법을 배우는 것이다. 숀 스티븐슨과 닉 부이치치는 내게 '영웅'이다. 그들의 책을 읽고 나면 당신 역시 그들을 '영웅'으로 받아들일 것이다. 고통 속에서 삶이 선사한 선물을 찾아낸 그와 그의 친구들의 이야기는 현대를 살아가는 우리에게 용기를 불어넣어준다. 그리고 무엇보다도 건강, 커리어, 관계 맺기 등에 어떻게 자신감을 쌓고 대해야 하는지 간파할 수 있게 해준다.

미니멀리스트 가족이 되다

엄밀하게 말해서 사람들은 보관하지 않는다.
다만 버리지 못할 뿐이다.

– 쿠르트 부콜스키 –

독일 작가 쿠르트 투골스키(Kurt Tucholsky)는 "엄밀하게 말해서 사람들은 보관하지 않는다. 다만 버리지 못할 뿐이다."라고 말한다. 사람들은 물건을 잘 버리지 못한다. 하지만 집안일을 줄이는 방법은 잘 버리는 것이다. 책을 읽기 전 나도 물건을 잘 버리지 못했다.

책을 읽으며 1년 이상 입지 않는 옷, 신지 않는 신발, 가지고 놀지 않는 장난감, 더 이상 보지 않는 책, 불필요한 앨범 등을 모두 버리기 시작했다. 아무리 좋은 옷이라도 1년 이상 입지 않는 옷은 앞으로도 입지 않을 가능성이 많다. 옷장을 열어보면 입는 옷만 입고 신발도 신고 다니는 신발만 신는다. 아무리 귀한 책도 지금까지 보지 않은 책은 앞으로도 보지 않는다.

세계 최고의 기업 '애플'을 만든 스티브 잡스와 '페이스북'의 창시자 마크 주커버그에게는 공통점이 있다. 이들은 매일 같은 옷을 입는다. 수조 원의 재산을 가진 그들이 돈이 없어서나 패션 감각이 없어서 매일 같은 옷을 입는 것은 아니다.

SNS에 공개된 마크 주커버그의 옷장을 보면 똑같은 회색 티셔츠가 여러 벌 걸려 있는 것을 볼 수 있다. 회색 티셔츠뿐만 아니라 회색 후드티도 똑같은 옷이 여러 벌 있다. 이 옷장이 공개되기 전까지 많은 사람들이 주커버그에게 왜 매일 한 벌의 옷을 입는지 궁금해했다.

주커버그는 한 대학 강연에서 자신이 똑같은 옷을 입는 이유에 대해서 업무에 집중하기 위해서라고 했다. 사람들은 매일 수많은 선택과 고민을 하게 된다. "아침으로 무엇을 먹을까? 옷은 어떤 것으로 입을까?" 하는 식의 선택을 한다. 하지만 작은 선택 하나가 쌓이게 되면 그것은 피로와 스트레스를 만든다. 실제로 그는 인생을 살면서 최대한 단순하게 살려고 노력한다고 말했다. 불필요한 요소들을 최대한 제거하고, 모든 에너지를 페이스북에 쏟기 위해서 매일 같은 옷을 입는다.

심리학자들에 따르면 천재들이 같은 옷을 즐겨 입는 이유는 옷을 쇼핑하고 고르는 시간과 에너지를 다른 곳에 쓰기 위해서라고 한다. 불필요한 것을 고민하거나 에너지를 낭비하는 것까지 신경 쓰는 그들은 어쩌면 성공할 수밖에 없었는지 모른다. 옷을 고르는 시간, 먹을 것을 고르는 시간도 아끼고 두뇌도 아끼는 습관이 사업을 성공시키기 위한 것이다. 이것이 바로 스티브 잡스와 마크 주커버그가 똑같은 옷을 입는 이유다.

스티브 잡스 역시 수십 년 동안 같은 옷을 입었다. 스티브 잡스가 검은 터틀넥에 청바지를 입게 된 것은 일본의 소니를 방문한 것이 계기가 되었다고 한다. 잡스는 직원들이 동일한 유니폼을 입은 것을 신기하게 여겨서 이유를 물었는데 사원들이 유니폼을 입고 난 후 소니만의 특징이 생겼고, 서로 단결하는 계기가 되었다.

이를 흥미롭게 여긴 잡스는 유니폼 디자이너였던 미야케 잇세이와 인연을 맺고, 잡스의 트레이드 마크인 '검은 터틀넥과 청바지'를 입었다.

스티브 잡스는 20년 넘게 이 패션을 고수해왔다. 멋을 부릴 줄 몰라서가 아니라 그것은 전략이기도 했다. 지루하다 싶을 정도로 일관성 있는 패션을 보여줌으로써 자신이 소개하는 애플 제품을 오히려 더 도드라지게 했다. 그에 따라 그의 스타일을 따라 하는 패션이 유행했을 정도다.

미술 비평가인 정준모 청주국제공예비엔날레 총감독은 "세상 사람의 취향을 이런저런 것을 장식하는 것을 좋아하는 사람 절반과, 모든 것을 덜어내는 것을 좋아하는 사람으로 나눈다. 잡스는 그 중 모든 것을 덜어내는 것으로 선택했다. 절반은 포기하고 절반만 선택한 것"이라고 평했다. 그는 "흔히들 디자인을 장식의 의미로 생각하는데 잡스는 디자인이 추구해야 할 경지까지 넘어서며 오로지 본질을 추구했다. 뼛속까지 단순함을 추구한 미니멀리스트였다. 그 결과 오늘날 애플을 만들었다"고 밝혔다.

독서를 하며 우리 가족은 마트에 잘 가지 않는다. 마트에 가더라도 목록을 적어 꼭 필요한 것 외에는 사지 않는다. 현명한 소비자라도 대형 마트에서 파는 상품 하나하나의 가격을 꿰고 있기는 쉽지 않다.

대형 마트가 친절하게 가격 변동 추이를 알려주는 것도 아니다. 오히려 일부 상품 가격에 '꼼수'를 썼다가 2016년 공정거래위원회에 적발됐다. 1+1 묶음 판매 가격이 낱개로 2개를 살 때와 같거나 오히려 더 비쌌기 때문이다. 1+1 행사 가격이 싼 경우도 많았지만, 할인율은 크지 않았다.

박순장 소비자주권시민회의 팀장은 "소비자들은 사흘 전이든 일주일

전이든 바뀌는 가격을 잘 알지 못한다. 대형 마트의 가격 결정 자율권은 어느 정도 인정하지만 (1+1 행사 가격의 변동 폭이) 소비자가 이해할 수 있는 수준인지는 모르겠다"고 지적했다. 할인을 한다고 하면 대부분 필요 없는 것까지 사게 된다. 하지만 냉장고나 냉동실에 넣어놓으면 잘 먹지 않게 된다.

백종원은 그의 책『백종원의 장사 이야기』에서 저장고에 넣어두는 재료량은 하루에 필요한 양의 1.5배가 가장 적당하다고 말한다. 많은 양을 한꺼번에 구입하면 저렴한 가격으로 재료를 살 수 있다는 생각에 저장고를 자꾸 키우게 된다. 재료를 저렴하게 살 수는 있겠지만 재료를 너무 쌓아두면 오히려 독이 되는 경우가 많다. 냉장고에 쌓아놓고 있는 재료 중의 3분의 1은 가게에 전혀 필요 없는 것이다. 음식을 할 때 신선한 재료를 써야 하는데 재고가 쌓이다 보면 오래된 것부터 사용할 수밖에 없어져 맛이 떨어진다.

큰아이와 나는 칼국수 가게의 장을 볼 때 그날 꼭 필요한 것만 산다. 육수도 그날 팔 양만큼만 끓인다. 모든 재료를 필요한 양만 사면 냉장고를 뒤질 일도 없고, 매일 신선한 재료를 쓸 수 있어 기분이 좋다. 가게에서 저녁까지 먹고 집에 들어오기 때문에 우리 집 냉장고는 텅 비어 있다. 우리는 살면서 많은 물건들을 손에 넣는다. 새로운 물건들은 새로운 기능을 삶에 가져다줄 것만 같아 하나둘씩 들인다. 그것들로 인해 우리는 좀 더 편리하거나 멋있는 삶을 살 수 있을 것만 같지만, 막상 물건이 쌓이다 보면 관리하는 데 시간도이 많이 걸리고, 처음에는 크게 느껴졌던 집이 비좁게 느껴진다. 미니멀리스트는 완전한 무소유를 뜻하는 게 아니다. 불필요한 물건을 버림으로써 자신의 내면에 집중할 수 있는 여유를 가지는 것이 바로 미니멀리스트다.

미니멀리스트의 장점 6가지

1. 물건을 찾을 필요가 없어 시간이 절약된다.
2. 시간 여유가 많이 생겨 독서 시간이 늘어난다.
3. 어떤 일이든지 정한 순서에 대한 끈기가 생긴다.
4. 집이 깨끗해지고 넓어진다.
5. 쇼핑 유혹에서 자유롭고 돈이 모인다.
6. 부정적인 감정들이 사라진다.

우리의 머릿속은 옷장과 같다. 옷장을 정리해야 하는 것처럼 머릿속도 정리해야 한다. 옷장을 열어보면 마음에 드는 옷, 필요 없는 옷, 어울리지 않는 옷이 있다. 옷장을 정리하려면 필요한 것과 필요 없는 것을 구분한 후, 소중하게 간직해야 할 것만 간직하고, 필요 없는 것은 버려야 한다. 내 머릿속의 감정도 노트에 끄집어내어 필요한 감정인지 아닌지 판단해야 한다. 필요 없는 생각과 감정, 아무짝에도 쓸모없는 먼지와 쓰레기는 당장 버리고 소중한 생각, 간직하고 싶은 감정들만 소중히 간직해야 한다. 부정정적인 것을 버리고 긍정적인 것을 찾아 채워야 한다. 많은 사람들이 하찮은 일로 매일 반복되는 일상에 스트레스를 받으며 바쁘게 살아간다. 무엇이 중요하고, 무엇이 중요하지 않은지 구분하지 못하기 때문이다.

워런 버핏에게는 플랜트라는 전용 조종사가 있었다. 조종사 플랜트는 버핏과 함께 10년을 넘게 일했다. 워런 버핏은 90조가 넘는 재산을 가지고 있는데 그는 자신의 성공 비결을 '시간 관리'를 잘 해왔기 때문이라고 말을 한다. 워런 버핏과의 점심 식사가 경매로 20억에 낙찰되기도 했는데 플랜트는 조종사라는 자신의 직업 덕분에 버핏과 자주 대화를 나눌 수 있었다.

어느 날 플랜트는 자신의 커리어와 목표에 대해 버핏과 이야기를 나누게 되었다. 버핏이 플랜트에게 목표가 무엇인지 현재 가장 중요한 목표 25가지를 노트에 적어보라고 했다. 플랜트는 고민 끝에 25가지 목표를 완성하고 버핏에게 보여주었다. 버핏은 25가지 목표를 다 적었다면 이제 그중에서 가장 중요한 5가지 목표를 체크하라고 했다. 플랜트는 또 한 번의 고민 끝에 5가지 목표에 체크를 했다.

"아, 이제 제가 당장 해야 할 일이 무엇인지 알겠습니다. 가장 중요한 5가지 목표에 집중하겠습니다."

플랜트의 말에 버핏은 "그럼 동그라미 치지 않은 나머지 목표들은 어떻게 할 것인가?"라고 다시 묻는다. 플랜트는 동그라미 친 5가지야말로 집중해야 할 목표이지만 5가지 목표에 가진 시간의 대부분을 투자하고, 나머지 20가지도 놓칠 수 없으니 시간이 날 때마다 틈틈이 노력해서 이루겠다며 말한다.

그 말에 워런 버핏은 말했다.

"아닐세. 그게 아니야. 자네는 지금 실수하고 있는 거야. 자네가 동그라미 친 다섯 가지 목표 외의 목표들은 어떻게든 버려야 하고 피해야 할 목표들이야. 자네가 가장 중요하다고 생각하는 5가지 목표를 전부 달성하기 전까지는 나머지 20가지 목표들에 대해서는 절대 어떤 관심도 노력도 기울여선 안 되네."

따라서 성공 전략의 본질은 '목표를 어떻게 이룰 것인가.'가 아닌 '무엇을 하지 않을 것인가?'를 선택하는 데 있다. 중요하지 않은 일에 시간과 힘을 낭비하고 있는 것이 우리가 진정으로 원하는 목표를 달성하지 못하는 이유이다.

나는 아침에 중요한 일을 정하고, 중요한 시간과 덜 중요한 시간도 정해놓는다. 중요한 시간은 집중할 수 있는 시간이고, 덜 중요한 시간은 자투리 시간이다. 오전에는 가게 일을 준비해야 하므로 자투리 시간이 많다. 그래서 오전에는 블로그와 카페, 유튜브에 댓글을 달고 간단한 명언을 읽는다.

점심시간이 지나면 3시까지 설거지와 저녁 장사 준비까지 마무리한다. 3시부터 5시까지는 조용한 시간이기 때문에 큰아이와 30분 정도 산책을 하고 나머지 시간에는 책을 읽거나 원고를 쓴다. 8시가 되면 퇴근을 하고 씻고 집안일을 나누어서 다 같이 하면 9시 정도가 된다. 그리고 9시부터 아이들과 함께 20분간 책을 읽고 10~20분 정도 독서 토론을 하고 잠자리에 들기 전까지 책을 읽기도 하고 글을 쓰기도 한다. 이 세상 어떤 사람도 모든 일을 다 잘 해낼 충분한 시간은 없다.

책을 읽은 후로 아침에 일어나면 내가 할 일을 정해놓는다. 그러면 쓸데없이 수다를 떤다거나 아이들에게 잔소리한다거나 시간 낭비하는 것을 막을 수 있다. 미니멀리스트가 되어 얻은 교훈 중 하나는, 더 많은 것들을 갖고 있다고 해서, 모든 것이 의미가 있지는 않다는 것이다.

사실, 내가 옷장에 많은 옷들을 쌓아놓는다고 해도, 옷장에 걸려 있는 옷들 중 일부는 특별한 행사가 있는 날들에만 입는 옷도 있었다. 결국 제대로 입는 옷들은 서너 벌 정도뿐이었다.

사용하지 않은 것을 없애고, 내가 진짜로 좋아하는 것만을 사야 한다. 옷도 내 미래 가치에 두고 비싸더라도 내가 꾸준히 입을 옷을 산다. 워렌 버핏의 이야기는 시간에 맞춰 계획을 세우는 것이다. 무엇을 이룰 것인가를 고민하기 전에 무엇을 버려야 할 것인가를 먼저 아는 것이 성공하는 비결이다. 오늘 내가 할 일을 정하고 그것들을 하나씩 실천해간다면 소중한 하루를 맞을 수 있다. 긍정적인 생각과 꿈을 안고 하루를 살아간다면, 온종일 기분 좋은 상태를 유지하며 살아갈 수 있다.

▼
3

중2, 한 달 만에 평균 20점 올리다

책은 인생의 험준한 바다를 항해하는 데
도움이 되게 남들이 마련해준 나침반이요,
망원경이고 육분의고 도표이다.

– 제시 리 베넷 –

아이를 키우는 일은 세상 그 어느 엄마에게도 어렵고 난해하다. 나의 큰 바람은 아이들이 잘 자라는 것이었다. 다른 무엇보다 아이들을 잘 키우고 아이들이 잘 자라는 게 가장 큰 소망이었다. 그런데 '잘 키우는 것'과 잘 '자란다는 것'은 어떤 의미일까? 대부분의 엄마들에게 의미를 물으면 "잘 키우는 것", "걱정 없이 행복하게 사는 것"이라고 말한다.

나도 책을 읽기 전에는 더 이상 구체적으로 떠올리지는 못했다. 아이들을 잘 자라게 하려면 구체적인 목적과 그에 맞는 방법이 있어야 한다. 배에 목적지가 없으면 어떻게 될까? 목적지가 없으면 바다를 떠돌게 된다. 언제, 어디로 그리고 어떻게, 어떤 목적으로 가는지를 분명하게 알고, 또 그에 따라 목표를 세우고 준비를 해야 한다. 아이가 무엇인가를 이루려면 그에 맞는 목표와 방법, 그리고 행동이 뒤따라야 한다. 내 아이를 어떻게 키우고 싶은지 모르면 공부를 하고 방법을 찾고 꾸준히 실천해야 한다. 이것이 엄마의 가장 중요한 역할이다.

올해 코로나19로 인해 모든 학생들의 수업이 온라인 수업으로 바뀌어 중학생 막내도 온라인 수업을 했다. 나는 가게에서 장사를 했고, 막내 아이는 집에서 컴퓨터로 화상수업을 했다. 그런데 반 아이들이 선생님 몰래 카톡방을 만들어 막내 아이를 초대했고, 함께 모여서 하는 RPG 게임을 했다. 몇몇 아이들만 빼고 거의 대부분의 아이들이 게임을 했다.

저녁에 가게를 마치고 들어오면 막내 아이의 표정이 점점 어두워졌다. 말대꾸도 하고 조금만 잔소리를 해도 화를 내고 짜증을 내었다. 5월부터 큰아이와 함께 책을 쓰며 막내 아이에게 신경을 제대로 쓰지 못했다. 온라인 수업을 시작하기 전까지 막내 아이는 가게를 도우며 늘 웃고 밝은 모습을 보였는데 온라인 수업 한 달 만에 다른 아이가 된 것 같았다.

급기야 코로나19에도 불구하고 아이들과 피시방을 가고 평소와 다른 행동을 보이기 시작했다. 그러던 어느 날 집에 볼일이 있어 왔는데 막내 아이가 게임하는 것을 보게 되었다. 수업 중에 게임을 하지 말라고 했더니 화를 내며 집을 나가겠다고 했다. 그 순간 어떻게 해야 할지 몰라 막막했지만 얼마 전에 읽은 『내 아이를 위한 칼 비테 교육법』의 내용이 생각이 났다. 칼 비테는 극단적인 면이 있었다. 아이들은 나쁜 친구들에게 금세 물들기 때문에 그는 아들이 친구를 사귀는 것을 별로 좋아하지 않았다.

칼 비테가 사는 당시 독일의 농촌 마을은 먹고살기가 쉽지 않았다. 대기근도 일어나고 과격한 시위들도 많았다. 미래에 대한 희망이 없으면 사람들은 쉽게 타락하게 된다. 그렇다 보니 아이들도 도박을 하고 술을 마시는 일이 흔했다. 바르게 자라던 아이들이 그런 친구들에게 순식간에 물드는 것을 보면서 칼 비테는 아이들이 친구를 사귀는 것을 막을 수밖에 없었다고 한다.

칼 비테는 몰락의 기운이 가득한 나라의 시골 마을에서 살고 있었다. 하지만 그런 환경에서도 칼 비테는 자녀교육에 모든 것을 걸었다. 칼 비테의 아이는 조금 모자라게 태어났지만, 그는 그런 아이를 보면서도 믿음을 가졌다. 아들에 대한 자신감과 믿음이 바로 칼 비테 교육의 핵심이었다. 나는 칼 비테 교육법을 읽으며 아이를 어떻게 교육할지 생각하기에 앞서 내가 어떤 부모인지를 생각해보았다. 칼 비테처럼 내공에 충실한 사람인지, 아니면 남의 흉내만 내는 사람인지에 대해 평가해보았다.

부모는 자신의 아이를 잘 안다고 생각하지만 사실 그렇지 않다. 대부분의 부모들은 아이가 자신을 어떻게 생각하는지도 전혀 예상하지 못하고, 막연히 아이들이 자신을 좋아할 것이라고 생각한다. 어릴 적에는 아이들은 부모를 세상의 전부라고 생각한다. 그러나 아이들은 빠르게 성장한다. 하지만 부모는 아이의 성장을 눈치 채지 못하고, 아이가 여전히 순수하게 부모를 좋아할 것이라고 착각한다. 생각해보면 대부분의 사람들이 어린 시절에는 부모님이 최고라고 생각하지만, 학교를 들어가고 다른 부모님과 비교를 하면서 자신의 부모를 부끄럽게 생각하는 경우도 많다.

그런데 아이가 바라보는 나의 모습을 전혀 모른다면 교육은 전부 헛것이다. 관계가 좋지 않으면 신뢰 회복이 우선이다. 그러므로 아이의 교육에 대해 생각해보기 전에 우선 나는 어떤 사람인지부터 알아야 한다. 아이는 나를 어떻게 생각하는지 아이의 눈에 비친 나의 모습은 어떤 모습인지 되새겨 보아야 한다. 어떤 모습이든 괜찮다. 아이를 알고 나를 아는 것이 진정한 교육의 시작이다. 과연 막내 아이의 눈에 내가 어떻게 비쳤을까? 사랑하는 엄마를 속이며 게임을 한 아이는 나를 보는 것이 얼마나 괴로웠을까 하는 생각이 들었다. 상처를 입은 것은 내가 아닌 막내 아이였다.

온라인 수업 동안 몰래 게임을 한 결과 중간고사의 모든 성적이 엉망이었다. 당연한 결과이지만 막내 아이는 엄마의 괜찮다는 말에도 풀이 죽어 있었다. 막내 아이를 위해 환경을 바꿔주기로 했다. 수업은 가게에서 노트북으로 하고, 휴대폰은 집에 두고 다니고 저녁에 시간을 정해서 보기로 했다. 막내 아이는 다시 가게에 나오면서 활기를 조금씩 찾았지만, 마음을 잡지 못하고 불안해 보였다. 게임이라는 것이 한번 하면 끊기 쉬운 것도 아니고, 반 아이들의 거의 대부분이 하고 있기 때문에 다른 동기부여가 필요했다.

책을 읽으면서 작년에 막내 아이에게 교환학생에 대해 이야기를 해준 적이 있었다. 교환학생 프로그램은 보통 고등교육을 받고 있는 학생이 다른 나라에 거주하여 6~10개월 동안 언어, 문화 등을 배우는 프로그램을 말한다. 여기서 '교환'은 이 프로그램에 참여하는 다른 나라들의 학생들이 서로 오고가는 교류를 말한다. 말 그대로, 서로 다른 나라의 학생들이 같은 학교에서 공부하고, 경험을 쌓는 것을 교환학생이라고 한다.

막내 아이에게 자기경영 도서 키라 시리즈를 모두 사주었다. 그 중에 『열세 살에 마음 부자가 된 키라』에 교환학생 이야기가 나오기 때문에 영호는 이미 교환학생에 대해 알고 있었다. 막내 아이는 키라 책을 읽으며 교환학생을 가보고 싶다는 생각을 하고 있었다고 했다. 작년에 교환학생에 대해 알아보고 미리 조사를 했기 때문에 막내 아이와 함께 교환학생 프로그램 운영하는 곳을 찾아 서울로 갔다.

　미국 교환학생 프로그램에 대해서 듣고 선생님들과 이야기하며 막내 아이는 교환학생에 가기로 마음을 정했다. 좋아하는 아이를 보며 끝까지 믿어주고 밀어주리라 굳게 마음먹었다. 교환학생을 진행하면서 2주에 한 번씩 혼자 스스로 새벽에 일어나 버스를 타고 서울까지 다녀온다. 버스터미널에서 혼자 지하철을 타고 센터에 갔고, 올 적에도 혼자 지하철을 타고 버스를 타고 온다. 대견했다. 좋아하는 것이 생기니 동기부여가 되어 하루가 다르게 성장했다. 혼자 하는 것이 많아질수록 스스로 공부도 하고 집안일과 가게일도 잘 도왔다. 학교를 마치고 가게를 돕고 음식물 쓰레기까지 치우며 싫은 내색도 하지 않았다.

　막내 아이에게 가족은 서로 도와주고 가족 모두가 함께 성장해야 한다고 늘 이야기해준다. 막내 아이는 주말에도 친구들을 만나지 않고 내가 글을 쓰고 있을 때에는 방해하지 않고 책을 읽거나 공부를 했다. 칼 비테는 독서에서 얻는 가슴이 끓어오르는 행복을 알지 못하면 이 세상에서 가장 불행한 사람이라고 말한다. 독서 중에 느끼는 가슴이 열리고 성장하는 느낌을 행복이라고 표현한다. 성장하지 않는 삶은 무의미하다. 아무리 행복하다고 해도 공허한 행복일 뿐이다. 칼 비테는 아들이 책을 읽으면서 매일매일 성장하는 행복을 느끼게 해주고 싶었던 것이다. 나 또한 책을 읽는 이유가 매일 성장하면서 행복을 느끼기 때문이다. 칼 비테의 말처럼 아이들은 금방 물들고 또 금방 좋아진다. 막내 아이가 매일매일 나아지는 것을 보며 행복했다. 중간고사를 치고 한 달이 지나 기말고사 시험을 쳤다. 놀랍게도 평균점수가 20점 올랐고, 영어 성적은 50점이나 올랐다. 그동안 온라인 수업을 제대로 하지 않아 수행평가가 낮게 나와 시험점수가 조금 낮게 나왔는데도 한 달 만에 놀라운 결과가 나왔다. 교환학생을 가기 위해서는 성적이 평균 70점이 넘어야 하고, 특히 영어 성적의 비중은 더 크다. 교환학생에 대한 동기부여가 막내 아이를 스스로 공부하게 만들었다.

막내 아이는 수행평가 때문에 점수가 낮아졌다며, 지금은 온라인 수업을 열심히 하고 있다. 가게에서 수업을 하고 있으면 점심 때가 되지 않았는데도 손님들이 들어올 때가 있다. 손님들이 시끄럽게 하면 주방에 있는 창고에 불평 없이 노트북을 들고 들어가 열심히 공부한다. 요즘은 온라인 수업을 열심히 해서 매일 상점을 받는 막내 아이가 대견하기만 하다. 내가 인생을 알게 된 것은 책을 접하였기 때문이다. 인생의 모든 역경을 딛고 일어설 수 있는 힘은 책에서 나온다. 책을 읽지 않고서는 험한 인생의 가시밭길을 헤쳐나갈 수 없다. 책은 사람을 만드는 가장 훌륭한 스승이다.

중2 아들, 게임 중독에서 북 윔 되다

어머니란 스승이자 나를 키워준 사람이며 사회라는 거센 파도로 나가기에 앞서
그 모든 풍파를 막아주는 방패막 같은 존재이다.

– 스탕달 –

맞벌이 부부가 증가하고 부모가 자녀들과 함께 보내는 시간이 줄어들면서 아이의 이상 행동을 제대로 관찰하기 어려워지고 있다. 또 혼자 있는 시간이 많아질수록 TV나 스마트폰 또는 인터넷 게임 등에 지속적으로 노출되기 쉬워 두뇌 발달에 부정적인 영향을 끼칠 수 있다. 독서는 지식만을 습득하는 것이 그 목적은 아니다. 책은 책 속의 인물과 사건을 통해 자신을 돌아보고 또 세상을 보는 마음의 눈을 키워주는 지혜의 창이다. 세상을 보는 마음의 눈은 현실의 문제를 풀어나가는 데 있어서 가장 중요하다. 독서를 통해 나만의 이기적인 생각을 걷어내고 타인을 보는 시각을 가지게 된다. 그리고 공동의 이익을 우선시하고 창의적인 해결

방법을 제시하는 리더로 성장하게 되는 것이다. 바로 책을 읽는 사람이 세상을 읽는 리더가 될 수 있다.

막내 아이는 유튜브 채널 〈엄마 책 사주세요〉를 운영하고 있다. 막내 아이가 읽었던 좋은 책들을 소개도 해주고, 학교에서 힘들었던 일들을 나와 함께 대화를 하면서 풀어내는 이야기도 담고 있다. 그중 〈게임 중독이었던 내가 영어 점수를 50점 올릴 수 있었던 비결〉은 코로나19로 인해서 온라인 수업으로 수업 대신 게임을 해서 성적이 내려가고 한 달 만에 50점의 영어 점수를 올릴 수 있었던 비결을 올린 내용이다.

막내 아이는 운동을 좋아한다. 초등학교에 다닐 적에는 배드민턴 교내 선수로 활동하며 관내 대회에서 우승을 해 도 대회에 나갔고, 교내 축구 대표로 활발하게 활동을 했다. 중학생이 되어서도 배드민턴과 축구를 열심히 했지만 코로나19로 친구들과 운동을 하지 못하고 있다. 초등학교 1년부터 시작한 태권도는 3품을 땄으며, 올해 6월에 4품에 도전할 계획이었다.

온라인 수업으로 게임을 하면서 태권도에 다니는 아이들과 어울리며 피시방을 갔고, 점점 더 어두워지는 막내 아이를 보며 처음에는 '중2에 사춘기라서 그렇겠지.'라고 생각했다. 주변에서도 시간이 지나면 괜찮아진다는 말에 그냥 지켜만 보고 있었지만, 화를 내고 거칠어지는 말투가 점점 심해졌다. 결국 결단을 내려 태권도를 끊었다. 코로나19가 길어지면서 4품 심사가 계속 연기되는 상황이었고, 처음에는 4품을 따고 태권도를 끊으려고 했지만, 막내 아이를 보며 과감히 끊었다. 자연스럽게 아이들과 멀어지면서 다시 표정도 밝아졌고, 스스로 할 일을 찾기 시작했다.

인터넷이 가능한 스마트폰을 아이에게 사주는 것은 보통의 장난감을 사주는 것과 무엇이 다를까? 일반적인 장난감은 상호작용이 아닌 아이의 상상력이 동원되어 재미있는 놀이가 되지만 스마트폰은 그런 상상을 차단한다. 대개의 놀이는 다른 사람과의 정서적인 교류를 동반하는 반면 인터넷 게임으로는 상대와의 교감이나 갈등 조절을 경험하지 못한다. 레벨 업이나 아이템을 얻는 성취감은 느낄 수 있지만 친구나 가족 간의 상호작용을 통한 타협, 논리력이나 끈기 등을 배우기는 어렵다. 전 국회의원 신의진 교수는 인터넷 게임 등 미디어를 마약, 알코올, 도박(이하 3대 나쁜 중독)과 같은 중독성이 강한 매체로 보고 4대 중독 예방의 입법을 추진했다. 신의진 교수는 저서『디지털 세상이 아이를 아프게 한다』에서 자신의 자녀가 게임 중독으로 고생했음을 밝히고 있다.

우리 세대만 해도 성인이 돼서 인터넷을 접하고 미디어의 편의성을 알게 되었지만 지금의 아이들은 태어나는 순간부터 TV나 스마트폰, 인터넷 환경 시대에 살고 있다. 성인조차 인터넷 혹은 게임 중독이 되기 쉬운데 자기 조절력이 부족한 아이들의 경우 처음부터 제대로 된 매체의 사용에 대해 배우지 않으면 쉽게 중독될 수밖에 없다.

온라인 수업으로 인해 스마트폰 사용을 못 하게 하는 것은 너무 심한 것 같아 스마트폰을 잘 사용하는 방법을 막내 아이와 함께 찾기 시작했다. 나와 큰아이가 유튜브 채널을 운영하고 있었기 때문에 막내 아이에게 유튜브 운영을 권했다. 책만 읽으면 아이들이 지루해할 수도 있는데 유튜브에 읽은 책을 소개하기도 하고, 좋은 내용은 읽어주면 지루하지 않고, 구독자가 많아지면 동기부여도 받을 수 있다. 스마트폰으로 영상을 찍고, 바로 편집까지 가능하기 때문에 큰아이가 가르쳐주기로 했다.

일주일에 2개 정도의 영상을 올리고, 스스로 편집을 해나가면서 꾸준히 유튜브를 찍고 있다. 처음에는 책을 소개하고, 좋은 내용을 올리다가 지금은 엄마인 나와 함께 운영하고 있다. 친구들이 학교에서 힘들어 하는 부분들에 대해 이야기하고, 나와 함께 이야기하면서 해결된 부분들을 친구들에게 이야기해준다.

영호가 교환학생으로 미국에 가면 1년 정도 영호의 유튜브 채널을 운영하지 못할 것 같아, 지금부터 나와 함께 운영을 하면 영호가 교환학생을 가더라도 영호의 이야기를 궁금해 하는 사람들에게 내가 대신 전해주면 된다. 영호의 성장 과정을 꾸준히 영상으로 올려 많은 친구들에게 동기부여를 주고, 영호가 돌아와서도 계속 운영할 수 있도록 할 계획이다.

디지털 혁명으로 현대인들은 4차 산업혁명 시대에 살고 있다. 4차 산업혁명은 우리의 삶에 급진적인 변화를 예고하고 있다. 그중 컴퓨터와 스마트폰의 발달로 유튜브의 기세가 대단하다. 검색부터 채팅, 교육, 취미, 유희에 이르는 생활 전반은 물론 정치, 경제까지 동영상 세상을 만들고 있다. 유튜브 천하가 되어가고 있다.

한국인의 유튜브 사용 시간은 2016년 3월 79억 분에서 2년 만에 3배 이상 늘었다. 앱 조사기관 와이즈 앱이 국내 안드로이드폰 사용자들을 표본 조사한 결과, 2018년 2월 한 달간 유튜브 총 사용 시간은 257억 분이었다. 모바일 앱 가운데 압도적인 1위를 차지했다.

다른 앱들의 사용 시간이 주춤하거나 줄어드는 가운데 홀로 치고 나갔다. 같은 기간 '국민 메신저' 카카오톡은 유튜브에 한참 못 미쳤다. 189억 분에서 179억 분으로, 네이버는 109억 분에서 126억 분에 머물렀다. 페이스북은 49억 분에서 42억 분으로 오히려 줄었다.

한국인의 모바일 앱 월 사용 시간 도표 (단위 : 억 분)

구분	유튜브	카카오톡	네이버	페이스북
2016.3	79	189	109	49
2016.9	117	184	111	62
2017.3	185	239	144	58
2017.9	206	201	130	56
2018.2	257	179	126	42

[Source : 와이즈앱]

시대가 빠르게 변하는 만큼 육아에 있어 과도한 제재와 자유 사이에서 부모는 늘 고민하게 된다. 비단 게임뿐만 아니라 학습도 마찬가지다. 대부분의 엄마들이 제약보다 자유를 허용하는 것이 더 좋다고 하지만 스스로 사용법을 배우도록 자유를 주는 것과 방임은 분명 다르다. 디지털 매체의 유해성에 대해 아무것도 모르는 아이에게 스스로 알아서 하라고 할 수는 없으며 그래서도 안 된다.

아이들이 TV, 인터넷, 스마트폰을 제대로 사용하도록 초기에 잘 만들어주어야 한다. 규칙과 제재를 가하며 내 아이의 속도에 맞춰 스스로 통제할 수 있도록 미디어를 제대로 활용할 수 있도록 도와야 한다. TV에서 PC, 스마트폰 등으로 매체의 활용 범위를 넓혀나가도록 도와야 한다. 올바로 사용하는 법을 만들어주고 범위를 넓혀나가는 것이 제대로 된 엄마의 역할이다.

게임을 하거나 독서를 많이 하면 뇌 회로가 달라진다. 태어나서 평범한 게임만 하는 사람의 인지 능력을 측정해보면, 사고력과 인지력이 매우 낮아서 정상적인 판단과 생각을 할 수 없게 될지도 모른다. 그래서 인생을 낭비하며 살아가게 된다. 독서를 많이 하면 하루하루 어떻게 살아야 할지에 대해서 더 많이 깨닫게 되고 삶의 가치와 의미에 대한 인식이 넓어지고 깊어진다.

인류 최고의 천재 레오나르도 다빈치는 20대 중반까지 높은 교육도 받지 못한 평범한 젊은이에 불과했지만, 엄청난 양의 독서를 통해 500년 전에 이미 비행기와 컴퓨터, 로봇과 잠수함 등을 설계했다. 인간의 뇌에는 밤하늘에 떠 있는 별보다 더 많은 뉴런(neuron)과 시냅스(synapse)가 존재한다. 1,000억 개의 별에 100조 개가 되는 다양한 연결 회로가 연결되어 있는 것이 바로 인간의 뇌다.

신비한 뇌를 잘 쓰지 않고 TV를 많이 보고, 게임만 하면 삶의 방향을 잃게 되어 어떻게 살아야 하는지 모르게 되기 때문에 삶의 질은 낮아질 수밖에 없다. 책을 읽으면 인간은 외부 세계와 격리된 채 자기 내면에 집중하는 '몰입 상태'에 돌입하게 된다. 『생각하지 않는 사람들』에서 니컬러스 카는 말한다. "독서가 열어준 조용한 공간에서 인간은 연관성을 생각하고, 자신만의 유추와 논리를 끌어내며, 고유한 생각을 키운다." 글을 읽어 지식을 얻는 일보다, 이 일을 계기로 뇌를 특정 상태로 가져가는 일이 더 중요하다. 생물학적 뇌를 인문학적 뇌로 진화시키는 일이야말로 독서의 진짜 효능이다. 인간은 깊이 읽을 때만 깊이 생각할 수 있다. 검색이나 영상으로는 깊이가 불가능하다.

2008년 미국 보스턴대학교 연구팀은 18~24개월 사이 아이들한테 책을 읽어주면 학교에서 높은 학습 능력을 보인다는 사실을 밝혀냈다. 책 속 낱말들이 평소 쓰는 말들보다 다양하므로 인지 능력 발달에 도움을 준 덕분이다. 2015년 미국의 한 연구를 통해 부모 무릎에서 이야기를 들으면서 아이들이 이를 시각화한다는 것이 알려졌다. 문장을 듣거나 읽으면서 이를 머릿속으로 떠올리는 능력이 상상력이다. 부모와 함께 책을 읽는 경험은 큰 영향을 끼친다. 혼자 읽을 때보다 어른들이 읽는 것을 들을 때 아이들은 더 많은 상상을 하는 것이다.

우리 인생의 목적과 가치는 한 번뿐인 삶을 개선시키며 더 나은 삶을 만들어 행복하게 사는 데 있다. 꾸준한 독서로 인해 편협한 생각에서 벗어나 다양하고 폭넓은 생각을 함으로써 의식을 확장해나가야 한다. 중2 막내 아들을 게임 중독에서 벗어나 북 웜이 되게 해준 것은 모두 책의 힘이다. 2년 전부터 매일 읽은 책들이 꾸준히 새로운 생각들을 만들었고, 결국 막내 아이가 힘들어 할 때 삶의 방향을 잡게 해주었다.

5

사소한 말투의 기적

현명하고자 한다면 현명하게 질문하는 방법과 주의 깊게 듣는 태도,
그리고 더 이상 할 말이 없을 때 침묵하는 방법을 알아야 한다.

– 레프 톨스토이 –

'아 다르고 어 다르다'는 속담이 있듯이 같은 말이라도 어떻게 하느냐에 따라 상대방이 받아들이는 의미는 천차만별이다. 아이들을 키우는 부모는 자신의 한마디가 아이를 이끌어주는 길이 되기에 말을 할 때에는 신중해야 한다.

옛말에 '말 한마디에 천 냥 빚을 갚는다.', '가는 말이 고와야 오는 말이 곱다.' 등 우리는 말과 관련된 수많은 격언과 속담을 들으며 자라왔다. 사람들과 관계를 이루며 살아가야 하는 세상에서 가장 중요한 역할을 하는 것은 어쩌면 '다정한 말투'가 아닐까?

한 어머니가 어린이집 모임에 참석하였다. 어린이집 선생님은 그 어머니에게 아이에 대해 이렇게 말을 했다.

"아드님은 산만해서 단 3분도 가만히 앉아 있지 못해요."

하지만 어머니는 아들과 집으로 돌아오는 길에 아들에게 이렇게 말했다.

"선생님께서 너를 무척 칭찬하셨어. 의자에 앉아 있는 걸 1분도 못 견디던 네가 이제는 3분이나 앉아 있다고 칭찬하시네. 다른 엄마들이 모두 엄마를 부러워하더구나!"

그날 아들은 평소와 달리 밥투정을 하지 않고 밥을 두 공기나 맛있게 먹었다. 시간이 흘러 아들은 초등학교에 들어갔고, 학부모회에 참석한 어머니에게 선생님이 말했다.

"아드님 성적이 몹시 안 좋아요. 검사를 한번 받아보세요."

이런 말을 듣자 어머니는 눈물이 쏟아졌다. 하지만 집에 돌아와서는 아들에게 전혀 내색하지 않았다.

"선생님께서 너를 믿고 계시더구나. 넌 절대 머리가 나쁜 학생이 아니라고, 조금만 더 노력하면 이번에 21등 한 네 짝도 얼마든지 제칠 거라고 하셨어."

어머니의 말에 아들의 어두웠던 표정이 환하게 밝아졌다. 훨씬 착하고 의젓해진 듯했다. 또 아들이 중학교를 졸업할 즈음에는 담임 선생님이 이렇게 말했다.

"아드님 성적으로 명문고에 들어가는 건 좀 어렵겠습니다."

이번에도 어머니는 교문 앞에서 기다리던 아들과 함께 집으로 가며 이렇게 말했다.

"담임 선생님께서 너를 무척 자랑스럽게 생각하시더라. 네가 조금만 더 열심히 하면 명문고에도 들어갈 수 있다고 하셨어."

이러한 믿음 덕분인지 아들은 끝내 명문 대학 합격통지서를 받았다.

아들은 대학 입학허가서가 든 우편물을 어머니의 손에 쥐어드리고는 울며 이렇게 말했다.

"어머니! 제가 똑똑한 아이가 아니란 건 저도 잘 알아요. 어머니의 격려와 사랑이 오늘의 저를 만든 것이에요. 고맙습니다. 어머니!"

이 글은 우리나라 최초의 범죄심리분석관인 표창원 경찰대 전 교수님이 소개한 실화이다.

자기 자식이 많이 부족하고 문제가 있고, 뒤쳐진다는 말을 듣고 이 엄마는 어떤 마음이었을까? '만약 나였다면 화가 나고 속이 상했을 텐데.'라는 생각이 들었다. 화를 내고 야단을 친다고 해서 아이들이 변하지는 않는다. 나도 아이들이 잘못을 했을 때 화를 내고 언성을 높이다가 몇 번의 낭패를 본 적이 있다.

가끔 큰아이와 막내 아이가 다툴 때가 있다. 큰아이와 작은 아이는 12살의 나이 차이가 나지만 다툴 때 보면 똑같다는 생각이 든다. 몇 일 전 큰아이가 생선의 가시를 발라내고 생선살을 먹으려고 하는데 막내 아이가 말도 없이 누나가 발라놓은 생선살을 냉큼 집어 먹었다. 큰아이는 화가 나서 짜증을 내기 시작했고, 막내 아이 또한 그런 누나를 보며 같이 짜증을 냈다.

화가 난 누나가 "너 누나가 12살이 많으니까 이제부터 함부로 말하지 말고 존중하며 말해."라고 말하자, 그 말을 들은 막내 아이가 "누나가 나보다 12살이나 많으니까 누나가 나를 먼저 존중해야 내가 누나를 존중하지."라며 대꾸했다. 옆에서 보다 못한 둘째 아이가 "둘 다 잘한 것 없어. 서로 사과해."라고 했지만 큰아이와 막내 아이는 사과를 하지 않고 화가 난 채로 저녁 식사가 끝이 났다. 가게를 마치고 집에 와서도 두 아이의 냉전은 계속되었고, 둘째 아이까지 두 아이의 눈치만 보고 있었다. 큰아이와 막내 아이를 불러 문제에 집중하지 말고 문제의 해결에 초점을 맞춰보라고 했다. 하지만 두 아이 모두 계속 서로의 탓으로만 돌렸다.

"그 생선이 뭐라고, 지금까지 이렇게 싸워야 해?"
"더 좋은 방법은 없었을까? 과연 최선의 방법이었을까?"

내 말에 두 아이 모두 아무 말을 하지 못했다.

"다음에 먹을 때는 생선을 각자 나누어서 먹으면 아무 문제없을 텐데."라고 말하자 두 아이 모두 잘못했다고 사과를 했다. 그리고 다음부터는 아무리 화가 나도 참고 "누나는 이렇게 먹으면 기분이 좋지 않아. 다음부터 조심해줘.", "누나, 내가 잘못한 것은 맞지만 그렇게 말하니까 기분이 나쁘다." 두 사람 중 한 사람이라도 다정한 눈빛으로 말을 건넨다면 상황은 개선된다. 우리는 화가 나면 문제의 본질을 해결하기보다 그 일어난 문제만 생각하기 때문에 문제가 해결은 되지 않고, 같은 상황만 반복하게 된다. 다른 사람이 내게 독설을 해도 마찬가지다. 독설에만 귀를 기울이면 도저히 견디기 힘들고 나도 모르게 같이 흥분해 진흙탕에 뛰어들게 된다. 하지만 독설 뒤에 숨겨진 진실을 캐내겠다고 마음먹으면 독설은 시냇물처럼 그냥 흘러가 들리지 않게 된다.

죽을힘을 다해 알을 깨고 세상 밖으로 나온 오리 새끼 중에 유난히 크고 볼품없는 오리 새끼 한 마리가 눈에 띄었다. 미운 오리 새끼는 하루하루 더 못생겨졌다. 가엾게도 오리 새끼는 모두에게 따돌림을 당하고 쫓겨 다니며 결국에는 언니와 동생들에게도 미움을 받는다. 그리고 늘 "넌 고양이에게 잡아먹혔으면 좋겠어! 정말 기분 나빠."라는 말을 듣고 자랐다. 엄마 오리마저 "어디 먼 곳으로 가버려라."라는 말을 한다. 다른 형제 오리 새끼들도 자신들과는 다른 외모를 가진 오리 새끼를 주둥이로 콕콕 찍어가며 구박까지 했다. 급기야 미운 오리 새끼는 가족의 구박을 참지 못해 농가에서 가출을 감행하여 숲속으로 들어갔다. 하지만 숲속에서도 미운 오리 새끼는 동물들의 놀림거리가 되었다. 그 후 미운 오리는 호수에서 자신의 외모와 닮아 있는 백조인 엄마를 만나고서야 그동안 자신이 오리답지 못했던 이유를 깨닫게 된다. 이처럼 아름다운 백조도 주위의 반응에 따라 자신을 '미운 오리 새끼'라고 생각한다. 이 미운 오리 새끼는 주위의 반응을 의심할 수도, 그렇다고 무시하지도 못한다. 그리고 자기 스스로 '미운 오리 새끼'라는 자기 이미지를 만든다.

아이들은 자신이 '다른 사람들을 귀찮게 하는 존재'라고 생각하면 자신감을 잃게 되어 다른 사람과 사귈 수 없고, 남의 눈치를 보며 살게 된다. 이런 부정적인 말을 듣고 자란 아이들은 성인이 되어서도 친구가 없다. 반대로 아이들에게 "네가 있어 행복해." 하고 말해주면 아이는 안정적으로 성장할 수 있다. 엄마의 사소한 말투가 아이들을 성장시킨다.

치킨 가게를 할 때 택배를 배달하던 청년이 있었다. 늘 어두운 얼굴로 말 한마디 없이 택배를 '툭' 던져놓고 그냥 갔다. 그런 청년을 보며 남편은 나쁜 말을 했다. 남편이 매일 그 청년의 흉을 보니 나도 그 청년의 표정을 보며 그 청년을 좋게 보지 않았다. 칼국수 가게를 하고 그 청년은 지금도 택배를 갖다 주지만 나를 보면 웃으며 택배 물건을 준다. 가끔 무거운 물건이 있어 주방까지 넣어달라고 하면 웃으며 넣어준다.

말투에 관한 책을 읽으며 말투의 중요성을 인지하게 되었다. 그 청년이 택배를 가져오면 내가 먼저 문을 열어주고, 반갑게 웃어주고, 더울 때는 시원한 음료수도 챙겨준다. 비가 오는 날이면 비가 오는 날에 물건이 와서 미안하다고 하고, 갈 때도 항상 수고하라고 말해주자 어느 순간 나를 보고 웃기 시작했다.

아이들은 칭찬을 받으면 자신이 칭찬받은 부분에 대해 자신감을 갖게 되고, 스스로를 신뢰하게 된다. 아이들에게 칭찬을 하기 시작하면서 내가 먼저 긍정적인 사람으로 바뀌게 되었다. 아이들에게 좋은 말을 하면서 마음이 편안해지고, 하루 종일 기분이 좋아졌다. 아이들을 좋은 시선으로 바라보게 되고, 아이들 또한 나에게 편안함을 느꼈다. 칭찬은 칭찬받는 사람과 칭찬하는 사람 모두에게 긍정적인 영향을 미친다.

막내 아이는 나와 공부하는 것을 좋아한다. 자습서의 문제를 풀고 엄마에게 채점해달라고 하면 나는 흔쾌히 채점해준다. 화를 내는 대신 틀린 것이 많아도 "괜찮아, 좀 틀려도 돼, 괜찮아, 지금은 연습이야."라고 말하며 대신 맞춘 문제에 대해 "어려운 것도 잘 풀어내는구나."라고 말하면 좋아서 다른 문제도 찾아서 푼다. 시험을 잘 치기 위해 미리 공부를 하는 것이기 때문에 이래라 저래라, 간섭하지 않고 말투를 조금만 부드럽게 하고 부드러운 표정으로 봐준다면 아이들은 자부심을 가지게 된다.

"그렇게 열심히 노력하는 네가 엄마는 참 대견하고 믿음직스러워!"

작고 사소한 말투가 아이를 긍정적으로 변화시킨다.

"오늘은 그릇을 깨끗하게 씻어놓았네. 이것만 봐도 평소 엄마를 배려

하는 마음을 알겠구나. 엄마는 너의 그런 모습이 참 대견스럽고 믿음직
스럽단다."

칭찬은 자신을 알아주는 마음이다.

엄마의 칭찬은 아이들의 마음을 따뜻하고 편안하게 해주기 때문에 아
이들의 삶에 큰 영향을 주게 된다. 아이들은 엄마의 칭찬을 먹으며 자란
다. 일을 마치고 피곤해도 아이들과 함께 책을 읽고 함께 이야기하는 시
간이 너무 좋다. 어릴 때부터 늘 아이들과 친구처럼 지냈더니 아이들은
지금도 나를 편하게 대한다. 격의 없는 대화가 자녀 문제를 해결해주는
비결이다. 좋은 가족 관계는 말투에서 시작되어 말투로 완성된다.

경매 책 읽고 꿈에 그리던 집을 사다

아들을 사랑하는 아버지는 최소한의 재산이라도 물려주려고 한다.
하지만 실제로 아들을 어떻게 사랑해야 하는지 아는 아버지는 드물다.

– 체스터필드 경 –

3천만 원의 빚을 지고 시작한 치킨 가게에는 큰 방이 하나가 있어 씽크대를 넣고 생활을 했다. 큰아이와 둘째 아이는 친정 엄마가 혼자 살고 있었기 때문에 친정에서 생활을 했다. 어릴 적 가장 부러웠던 것이 좋은 집에 사는 친구들이었다. 어릴 적 살던 집은 방이 3개뿐이었다. 부모님과 5남매, 총 7명의 식구들이 살기에는 집이 좁아 늘 불편했다. 옛날 집이라 겨울에는 너무 추워 이불 밖으로 나오기가 싫었다.

어릴 적 살았던 환경의 영향으로, 어릴 적부터 집에 대한 로망이 컸다. 그래서 제대로 된 집 마련은 큰 숙제처럼 항상 나를 따라다녔다. 어릴 적

2층 집에 사는 꿈을 꾸었다. 결혼을 하면 1층에서 남편과 살고, 2층에서 아이들과 함께 행복하게 사는 것이 꿈이었다. 결혼을 하고 내가 집을 구해야 하는 나이가 되었다. 부모님이 겪었던 책임과 부담감이 이젠 내게 온 것이다. '왜 우리만 이렇게 살아야 하지?'라며 부모님을 향한 원망이, 이해가 되고 연민으로 다가온다.

집의 사전적 의미는 '벽과 지붕이 있어 바깥 환경으로부터 우리를 보호하는 곳'이지만 실제로 우리가 느끼는 집에 대한 단상은 단순한 물리적 의미에만 국한되지 않는다. 태어나 처음 가족을 만나는 곳, 인생에서 가장 긴 시간을 보내는 장소, 추억을 함께하는 주체. 이렇듯 집은 우리의 기억과 정서에 농밀하게 연결된 소중한 공간이자, 고단한 몸을 뉘일 수 있는 삶의 터전이다.

쇼핑몰이나 백화점에는 창문이 없다. 고객의 동선도 상품 진열에 맞추어 빈틈없이 짜놓았다. 공간과 건축이 인간의 사고와 행동에 미치는 영향을 측정하고 이를 바탕으로 더 나은 건축을 탐색하는 학문을 '신경건축학'이라고 한다. 정신과 전문의면서 신경건축학을 전공한 에스더 M. 스턴버그는 건축과 공간이 인간의 스트레스를 줄이고 힐링과 치유에 이르게 한다고 말한다. 우리가 특정 장소나 공간에 대해 갖는 감정과 기억은 보고, 느끼고, 냄새 맡고 듣는 모든 감각을 거쳐 만들어진다. 가령 뇌의 활동과 호르몬의 영향 등에 따라 우리의 감정과 기억이 지배를 받는다. 우리의 심신이 지치고 아플 때 우리의 감정과 기억을 편안히 쉬게 하거나 회복할 수 있는 공간, 즉 물리적 공간이 치유에 도움이 될 수 있다는 견해는 약 30년 전에 처음 발표되었다. 이 결과에 의하면 병실 창으로 자연 풍경이 내다보일 때 환자들은 더 빨리 회복되었다. 사실 어둡고 비좁은 장소에 사람들로 가득해서 소음이 끊이지 않는 곳에 살고 있다면 스트레스를 받을 것이다.

친구나 가족으로부터 멀리 떨어져서 혼자 살아도 스트레스를 받을 것이다. 스턴버그는 공간과 건축이 인간의 몸과 마음에 미치는 영향에 대해 면밀히 파악해서 정서적 건강과 신체적 건강을 동시에 향상시키는 공간을 짓는 데 투자해야 한다고 제안한다. 행복한 공간을 위한 심리학 책 『공간이 마음을 살린다』는 집의 중요성을 이야기하고 있다. 여름휴가철, 일과 사람에 치인 마음을 달래는 데 탁 트인 자연만 한 게 없다는 듯이 사람들은 산과 바다를 찾아 떠난다. TV 특집 프로그램에서는 도시와 아파트의 역습에 멍든 도시인들의 삶을 조명하면서 '방이 사람을 만든다'고 말한다. 다시 말해, 환경의 건강함은 개인의 행복과 밀접하게 연관되어 있는 것이다. 우리가 어떤 공간에서 삶을 영위해야 행복할지에 대해 생각해보아야 한다. 지금껏 우리가 한 번도 던져본 적 없는 질문인, "나는 어떤 장소에서 가장 행복한가?"에 대해 진지하게 생각하게 되었다. 우리를 둘러싼 외부 환경과 몸속의 변화, 감정과 기억 사이에서 어떤 놀라운 상호작용이 일어나는 것이다. 우리가 숨 쉬고 살아가는 공간이 우리의 몸과 마음에 영향을 끼치는 것이다.

치킨 가게를 할 때에도 남편은 자신이 정한 일을 했지만 칼국수 가게를 하면서도 남자는 이런 일을 하는 것이 아니라며, 제대로 일을 도와주지 않고 바쁜 점심시간이 지나면 혼자 집에 들어갔다. 그런 남편에게 다른 일을 찾기를 권했다. 큰아이와 둘이서 충분히 할 수 있기 때문에 지금까지 못 했던 자신의 일을 찾기를 바랐다.

남편은 텔레비전을 보고 술을 마시면서 시간을 만들어 책을 읽고 있는 나에게 시간 있으면 살림이나 하고, 애나 잘 키우라고 한다. 가게 일과 아이들의 육아로 힘들어서 책에서 힘을 얻으려고 하는 것인데, 오히려 책을 읽기 때문에 가사와 육아를 잘 못하는 것처럼 말한다. 그런 남편에게 책을 읽히기 위해 여러 권의 책을 가져다 주었지만 책에 있는 내용을 다 안다며 읽지 않았다.

그런 남편을 위해 특단의 조치로 평소에 관심이 있던 경매 책을 사주었다. 다행히 남편은 경매 책에 관심을 가졌지만 읽지는 않았다. 작년 8월 남편은 집의 에어컨이 고장 나 에어컨을 고치다가 2층 베란다에서 떨어져 다리를 다쳤다. 오른쪽 복숭아뼈 밑이 살짝 금이 갔고, 양 발 모두 혈관이 망가져 한 달 동안 병원에서 깁스를 하고, 퇴원을 하고 집에서도 또 한 달을 깁스를 해야 했다. 집에서 TV만 보던 남편은 지루해져 경매 책을 보기 시작했다. 경매 책을 열심히 읽고 이해가 가지 않는 부분은 유튜브를 통해 찾으면서 경매에 관한 공부를 본격적으로 하기 시작했다.

형편이 나아지면서 외할머니와 함께 사는 아이들이 불편해해서 전세 집을 따로 마련했다. 우리가 사는 집은 다가구 주택이었는데 햇볕이 들어오지 않아 겨울에는 몹시 추웠다. 워낙 추위를 많이 타 겨울이면 늘 감기를 달고 사는 편이다. 남편이 다리를 다쳐 집에 있으면서 가장 좋았던 점이 가게를 마치고 집에 들어가면 8시가 넘는데 항상 썰렁하던 집이 따뜻해져 있어서 좋았다. 기름보일러여서 난방비가 많이 들어 보일러도 많이 돌리지 못하지만 보일러를 돌려도 공기가 워낙 차가워서 이불을 덮어쓰고 책을 읽어야 했다. 시골이라 큰 아파트와 시내를 제외하고는 도시가스가 들어오지 않은 곳이 많이 있다. 우리가 살고 있던 집이 전세여서 오래된 창문을 고치고 싶어도 내 집이 아니라 불편한 채로 지내야 했다. 이사를 몇 번 하면서 안 사실은 내 집이 아닌 이상 같은 돈으로 얻을 수 있는 집은 어디나 다 똑같다는 것이다. 남편에게 내가 원하는 집을 사서 가지 않는 이상 불편하더라도 이제 더 이상 이사를 다니지 않겠다고 했다.

작년 9월 작은 아파트를 경매로 구입을 했지만, 노부부가 모두 요양병원에 있고 딸이 한 명 있는데 연락이 되지 않아 집에 있는 짐을 치울 수 없어 결국 포기를 했다. 남편에게 모든 것이 경험이라고 괜찮다고 계속해서 해보기를 권했다. 우리는 실수를 통해서 무엇인가를 배우고 알아가기 때문이다. 작년에 안동에 있는 작은 아파트를 경매를 통해 첫 낙찰을 받았다. 그리고 시내 곳곳에 현수막이 붙어 있었는데 그 현수막을 유심히 본 남편이 공매에 관한 현수막이라고 말해주었다. 자세히 읽어보니 공매로 내놓은 아파트들이었는데 사람들이 공매를 잘 모르는 것 같아 계속 걸려 있는 것 같다며 공매를 공부하기 시작했다.

공매로 아파트가 여러 곳 나왔는데 남편은 우리 가게와 걸어서 3분 거리에 있는 빌라를 사고 싶어 했다. 남편은 빌라를 공매로 사서 팔려고 했다. 작년에 큰아이에게 "엄마는 이제 원하는 집이 아니면 이사 안 갈 거야."라고 했는데 큰아이가 엄마는 어떤 집을 원하느냐고 물었다. 강변이 보이고, 방이 3개 이상, 그리고 욕실이 2개, 그리고 따뜻하고 햇볕이 잘 드는 집이라고 이야기해주었는데, 남편이 경매로 산 집이 내가 원하던 집과 일치했다.

남편과 그 집을 보는 순간 내가 늘 큰아이에게 이야기하던 집이라서 깜짝 놀랐다. 남편에게 우리가 들어와 살고 싶다고 이야기했다. 나와 아이들의 성화에 못 이겨 남편은 이사를 하자고 했고, 올해 1월 그간의 설움과 상상 속에서 꿈꿔왔던 집에 이사를 올 수 있었다. 처음으로 우리가 원하는 집에서 살게 되어 우리 가족은 모두 행복했다. 가게를 마치고 저녁에 들어오는 집은 더 아늑하고 보는 야경은 더 예쁘다. 꼭 펜션에 놀러 온 것 같아 하루의 피곤함을 잊게 해준다. 안방 침대에 누워서 밖을 보면 강변 위로 비치는 야경은 매일 행복한 느낌을 준다. 바라던 집에 대해 오랜 숙원을 이룬 지금, 거실에 앉아 창밖을 본다.

전래동화 『며느리 뽑는 시험』에 아들 하나를 둔 부자가 집안 살림을 지킬 며느리를 구하기 위해 공고를 냈다. 세 명의 여인이 찾아왔는데 며느리가 되려면 테스트를 거쳐야 했다. 머슴 몇 명과 한 달 치 양식을 주고 석 달을 살아야 했다.

첫 번째 여인은 한 달 만에 양식이 다 떨어져 버티지 못하고 돌아갔다. 두 번째 여인은 죽만 끓여 먹으며 버티다 결국 석 달을 채우지 못하고 돌아갔다. 그런데 세 번째 여인은 한 달 치 양식을 받아 밥을 넉넉히 지어 머슴에게 배불리 먹인 뒤 나무를 해오게 하여 팔아서 다시 양식을 마련하였다. 그리고 자신은 일감을 사와 돈을 벌었다. 시간이 갈수록 집 안에 양식이 쌓여갔다. 이를 본 부자는 곳간 열쇠를 세 번째 여인에게 주었고, 살림을 모두 맡겨 더 큰 부자가 되었다. 어떤 일에서든 결과를 내는 일은 중요하다. 무조건 열심히 한다고 해서 좋은 결과가 나오는 것도 아니고, 무조건 아끼는 것이 능사는 아니다.

남편과 자정까지 일을 하며 주말에도 쉬지 않고 15년 동안 치열하게 살아왔다. 나의 머릿속은 육아, 재테크, 일에 대한 생각으로 가득했다. 하지만 그중 무엇보다 가장 많은 부분을 차지하고, 내 삶의 모든 부분에 가장 큰 영향을 주는 것은 나의 아이들이다. 내가 살아온 환경은 결핍의 환경이었지만 아이들에게는 늘 좋은 것만 해주고 싶었다.

부모님들이 하는 대로 무조건 아끼고 열심히만 하면 잘살 줄 알았는데 책을 읽으며 시대가 변했음에도 우리는 인지를 하지 못하고 살던 대로 살고 있었다. 남편은 공매를 통해 시세보다 3천만 원이나 저렴하게 집을 샀다. 남편은 경매 책을 읽고 꿈에 그리던 집을 샀다. 꿈꾸는 삶을 위해 공부하고 노력을 해서 경제적 자유를 만들어야 한다.

모녀 작가, 강연가 되다

책을 읽는다는 것은 많은 경우
자신의 미래를 만든다는 것과 같은 뜻이다.

– 랄프 왈도 에머슨 –

우리는 끊임없이 자신에게 물어야 한다. 무엇을 해야 하는지, 어떤 사람이 되어야 하는지, 무엇을 얻기 위해 분투해야 하는지 그리고 무엇에 가치를 두어야 하는지 말이다. 과학과 기술이 아무리 발달한다고 해도 삶의 가치를 찾지 못한다면 우리의 삶은 공허할 수밖에 없다. 멋진 물건이 넘쳐나고 좋아지는 것들이 점점 많아지고 세계 여행을 마음껏 다니고, 우리가 원하는 것은 무엇이든 얻을 수 있는 데도 불구하고 여전히 마음 한 구석은 허전하고 불안하고 또 무엇인가를 갈망하고 있다. 삶에 대한 목적과 가치를 지니고 산다는 것은 정말로 인간을 훨씬 가치 있고 행복하게 만들어준다.

코로나19로 바쁘던 가게가 일순간 모든 것이 정지된 것 같았다. 매일 활기를 뛰던 가게는 조용하고 막내 아이까지 학교를 가지 않으면서 우리가 할 수 있는 또 다른 것을 찾았다. 독서로 삶을 바꾸었고, 큰아이까지 바뀌는 것을 보며 독서의 힘을 알 수 있었다. 그러나 오늘날 한국 사회에서는 독서의 전면 후퇴가 일어나고 있다. 독서량이 떨어지면서 서점은 문을 닫고 도서관은 비어간다. 책을 읽지 않는다는 것은 사회가 퇴락하는 것이며, 인간이 도태되는 것이다. TV와 컴퓨터 그리고 스마트폰의 등장으로 독서량은 계속해서 감소하고 있다. 사람은 평생 하나의 삶을 살아간다. 하지만 책을 읽으면 간접적으로 다른 삶을 살 수 있다. 한 권의 책을 읽는다는 것은 그 책 속에 들어 있는 하나의 삶을 배워 내 삶을 더 풍요롭게 만드는 과정이다.

한 권의 책 속에 하나의 삶이 있다면, 10권의 책 속에는 각기 다른 열 가지의 삶들이 있다. 책을 읽음으로써 다양한 삶을 살아볼 수 있는 것과 같다. 문자가 생겨나고 인쇄술이 발전하면서 매일 엄청나게 많은 책들이 쏟아져 나오지만, 그중에서 한 권의 책을 만난다는 것은 기적이다. 이렇게 만난 책 한 권이 내 인생을 일으켜주고, 내 인생을 송두리째 바꿔놓는다.

"인류는 책을 읽도록 태어나지 않았다. 독서는 뇌가 새로운 것을 배워 스스로를 재편성하는 과정에서 탄생한 인류의 기적적 발명이다." 미국 신경심리학자 매리언 울프의 『책 읽는 뇌』에 나오는 말이다. 호모 사피엔스가 지구 위에 나타난 것은 약 20만 년 전, 문자가 발명된 것은 고작 8,000년 전이다. 인류의 대부분은 문자 없이 살아왔다. 우리 유전자엔 독서 능력이 새겨져 있지 않다. 하지만 우리는 자원을 투자해 사람들을 '책 읽는 사람'으로 훈육했다.

생각이 근본적으로 바뀌어야 한다. 그래야 새로운 행동이 나오고, 그 행동이 인생을 변화시킨다. 사람은 보통 적당히 게을러지고 싶고, 적당히 재미있어지고 싶고, 적당히 편해지고 싶어 한다. 그러나 그런 적당히에서 빠져나오지 못해 귀중한 시간을 헛되이 빠져나가게 한다.

사람은 다 비슷한 조건에서 출발한다. 그런데 어떤 사람은 성공하고, 어떤 사람은 실패하고, 또 어떤 사람은 그럭저럭 살아간다. 평범한 사람들은 출발이 비슷했다는 것도, 노력과 차이가 있었다는 것도 모르고 결과만을 놓고 세상이 불공평하다고 이야기한다. 나도 마찬가지였다. 가난한 어린 시절에 갇혀 출발이 비슷하다는 것도 모르고, 이미 늦었다고 결과만을 놓고 세상을 불공평하다고 여기며 다른 사람들을 비난했다. 인생을 살면서 늦은 나이는 없다. 후회하고 있을 때가 무언가를 시작할 때다. 막내 아이에게 해가 진다고 이야기하면 "엄마, 해가 지는 게 아니라 달이 뜨는 거에요.”라고 말을 한다. 인생을 후회할 때는 늦었다고 생각하기 때문에 후회를 하는 것이다. 해가 진다고 무기력하게 있는 것이 아니라 뜨는 달을 생각하며 다시 활기차게 떠오르면 된다. 어떤 것이든 다시 도전하면 된다. 지레 포기부터 하기 때문에 무엇인가를 하겠다는 생각을 하지 못하는 것이다.

지금 이 삶에서 어떤 것을 배우느냐에 따라 우리의 다음 삶이 달라진다. 지금 또 귀찮거나, 무엇을 해야 할지 몰라 아무것도 하지 않는다면 미래 또한 지금과 같을 수밖에 없다. 씨를 뿌리고 물을 주고 꽃을 피우고 열매를 맺고, 그 열매가 잘 익을 때까지 기다렸다가 수확해야 제대로 된 열매를 얻을 수 있다. 성공한 사람들도 우리와 똑같은 고통을 느꼈고, 똑같은 한계를 극복했다는 것만 알면 무엇이든 못 할 것이 없다.

우리는 모두 행복하고 즐거운 삶을 바란다. 인생에서 행복해지기 위해서는 자기가 살 수 있는 최고의 삶을 살면 된다. 그러기 위해서는 먼저 자기 자신에 대해 알아야 한다. 자신에게 가장 중요한 것이 무엇인지 알면, 이를 성취하기 위해 목표를 세우고 행복감을 키울 수 있다. 우리 가족은 책을 읽는 가족이다. 책을 읽으면서 부지런히 몸을 움직여 무엇이라도 할 일을 찾는다. 그리고 그 속에서 ‘도전’이라는 씨앗의 싹을 심고, ‘꿈’이라는 꽃을 활짝 피우기 위해 매일 노력하고 있다.

마흔여덟 꽃을 피우기 위해 큰아이와 함께 독서의 기적, 책을 쓰기 위해 〈한국책쓰기1인창업코칭협회(이하 한책협)〉에 등록을 했다. 오전 9시부터 저녁 8시까지 장사를 하며 자투리 시간마다 책을 읽고 퇴근하고 새벽 2시까지 글을 썼다. 주말에는 큰아이와 함께 책 쓰는 법을 배우기 위해 왕복 5시간 거리를 오갔다. 일요일에는 하루 종일 원고를 쓰며 노는 시간을 아꼈다. 우리는 모든 열정을 쏟아 부었다. 나와 큰아이는 토요일이면 책 쓰기를 배우고, 강연 과정을 이수했다. 그렇게 열심히 노력한 덕분에 나는『평범한 사람도 특별하게 만드는 독서의 기적』을, 그리고 큰아이는『삶의 근육을 키우는 하루 한 권 독서의 힘』을 출간할 수 있었다.

2년 전 책을 만나면서 다양한 분야의 책을 읽으니 자연스럽게 복합적인 생각을 할 수 있게 되고, 사고의 폭과 깊이가 그 전과 달라졌다. 타인의 말에 끌려 다니는 삶이 아니라 나 스스로 삶의 방향을 잡고 진짜 원하는 것이 무엇인지, 삶의 우선순위에 무엇을 둬야 하는지를 알게 되었다. 책을 읽으면 읽을수록 호기심은 자꾸만 커져서 더욱더 많은 책을 읽게 되었다. 매일 책을 읽으면서 자존감을 회복하고 나를 사랑하게 되었다.

2년 동안 책을 읽으며 깨달은 것은 모든 사람은 축복받으며 태어났고, 행복하게 살아갈 도구들을 가지고 태어났다는 것이다. 다만 그 방법을 모를 뿐이다. 모든 사람 안에는 무한한 가능성이 담겨 있다. 성공한 사람들과 보통 사람들의 다른 점은 외부적인 것이 아니라 내부적인 것이다. 대부분의 사람들이 과거에 사로잡혀 문화적·사회적 패러다임에 자신을 끼워 맞추며 "이게 아닌데." 하면서도 다수의 사람들에 자신을 끼워 맞추며 다른 사람들의 삶을 살아간다. 내 삶의 의미를 찾게 되면 모든 사람에게 사명이 있다는 걸 깨닫는 순간 나의 삶뿐만 아니라 타인의 삶도 존중할 수 있게 된다. 『평범한 사람도 특별하게 만드는 독서의 기적』을 출간하며 많은 사람들에게 도움이 되기를 바랐다. 아직 부족한 점이 많지만, 꾸준히 배우고 노력하며 내 꿈을 향해 나아간다. 모든 짐을 내려놓고 진정 자신이 원하는 것이 무엇인지 찾는 용기를 내기를 바란다.

얼마 전 막내 아이가 학교에서 친구에게 얼굴을 맞고 집으로 왔다. 막내 아이의 말에 선생님께 전화를 드렸고, 선생님께서는 다음 날 두 아이를 함께 불러 자세한 이야기를 듣고 전화를 주셨다. 그런데 막내 아이가 맞은 것이 맞는데 정작 때린 아이는 자신이 때린 줄 모른다고 했다. 집에서 부모님께 늘 혼이 나는 아이인데, 그래서인지 막내 아이의 얼굴을 때린 것이 아니라 스친 것이라고 이야기를 했다. 학교 폭력으로 들어가면 부모님께 이야기해야 하고, 그러면 또 혼이 날 것 같아 막내 아이에게 정식으로 사과를 요청했다. 그리고 토요일은 오후 2시가 되면 조용하기 때문에 우리 가게에서 매주 한 달 동안 2시간씩 책을 읽는 것으로 마무리를 하였다.

세상에 나쁜 아이들은 없다. 나쁜 부모가 있을 뿐이다. 첫 번째 토요일이 되어 그 아이는 친구 한 명과 함께 가게에 왔다. 유근용 작가의『1일 1행의 기적』을 추천해주었고, 첫 날이라 한 시간 동안 읽으라고 했다. 책을 읽으며 마음에 와 닿은 문장에 밑줄을 그으라고 했다. 다 읽고 그 문장이 왜 와 닿았냐고 물었더니 책의 저자의 어머니가 아들을 위해 가난한 형편에도 전집을 사주었는데, 그 아이의 어머니는 책을 한 번도 사준 적이 없다는 것이었다.

그리고 막내 아이의 말로는 외동아들인데 부모님이 집에 잘 안 들어오고 대신 용돈을 많이 준다고 했다. 그 얘기를 듣고 마음이 아팠다. 책을 읽는 순간 사람은 겸손해진다. 주위의 사람들을 보면 나만 불행한 것 같고, 그래서 억울한 마음이 생긴다. 하지만 저자들의 삶을 보며 내 고통은 고통도 아니라는 것을 알게 되면, 숙연한 마음이 생긴다. 그 아이도 그랬다. 겨우 한 시간 동안 책을 읽었을 뿐인데 얼굴이 밝아지면서 말이 많아졌다. 막내 아이도 신기하다며 독서의 중요성을 또 한 번 느꼈다고 했다.

책이 재미있다고 해서 그 아이에게 책을 빌려주며 읽고 다음 주에 올 때 가져오라고 했지만 그 다음부터 그 아이는 오지 않았다. 아마도 피시방에 있을 거라는 막내 아이의 말을 듣고 피시방에 갔는데 열심히 게임을 하고 있었다. 내가 몇 번이나 가자고 했지만 그 아이는 끝내 오지 않았고 나 혼자 돌아와야 했다. 아직도 그 아이를 보면 마음이 아프다. 그 마음으로 세상을 살아가면 얼마나 험난한 인생을 살 것인지 눈에 보이기 때문이다.

무엇을 잘못한지도 모른 채 세상을 살아간다는 것은 암흑세계에서 사는 것과 같다. 그래도 나와 함께 읽은 책이 언젠가 한 번이라도 생각이나 인생의 터닝포인트가 되길 늘 간절하게 기도한다.

막내 아이와 유튜브 〈엄마 책 사주세요〉를 운영하며 학교생활의 힘든 점을 조언도 해주고, 청소년들에게 좋은 책도 소개시켜주고 있다. 책이 출간되고 큰아이는 다니던 대학교 교수님께 책을 들고 인사를 하러 갔다. 대단하다는 교수님의 칭찬과 다음 선배 특강 시간에 강연을 해달라는 요청을 받았다. 그리고 내 책과 우리 아이 책 모두 학교 도서관에도 신청한다고 하셨다. 2년 동안 하루도 쉬지 않고 읽은 책으로 우리 모녀는 작가가 되었고, 강연가가 되었다. 그리고 많은 사람들에게 평범한 사람도 특별하게 만드는 독서의 기적을 이야기하고 있다.

인생의 멘토를 만나다

최고의 선생님은 무엇을 봐야 할지가 아닌,
어디를 봐야 할지를 가르쳐주는 사람이다.

– 알렉산드라 K. 트렌퍼 –

신비주의자이자 명상가, 사업가로 막대한 부를 이룬 찰스 해널
(Charles F. Haanel)은 "지배적인 생각이나 마음가짐은 자석처럼 비슷한
것을 끌어당기는 법이므로, 마음가짐이 어떠하든 그에 어울리는 조건이
삶에 나타날 수밖에 없다"고 말한다. 그의 말처럼 우리의 생각은 거대한
자석과도 같아서 상상하고 꿈꾸는 것은 삶에서 현실화된다고 했다.

우리가 상상하는 모든 것들은 실현된다. 우리가 상상할 수 있는 것들
은 현실로 만들 수 있다. 모든 사람들의 내면에는 위대한 잠재력이 잠들
어 있다. 잠들어 있는 그 잠재력을 깨우기만 하면 된다. 세상에서 가장

귀하고 가치 있는 것이 한 사람이 살아온 인생 스토리다. 책을 읽는 일은 지혜의 도서관을 짓는 일이다. 한 권의 책이 그 사람의 현재는 물론이고 미래까지 송두리째 바꿔놓을 수 있다. 나아가 가족까지 바꿔놓을 수 있다는 것을 우리 가족을 통해 경험했다.

책에 들어 있는 지식과 경험, 지혜는 너무나 소중하다. 절대 함부로 여겨서는 안 된다. 삶을 귀중하게 여기는 사람은 사람들과 어울려 밥을 먹고 시간 때우기 식으로 폰을 만지거나 TV를 보지 않는다. 인생이 개선되지 않고 갈수록 힘든 이유는 아무것도 모르는 사람들의 지식과 경험을 입력해왔기 때문이다. 주변 사람들에게 들은 지식과 경험은 내 것이 될 수 없다. 성공한 사람들이 시련과 고통을 이겨내고 얻은 지식과 경험, 삶의 지혜와 깨달음은 최고의 유산이다. '구슬이 서 말이라도 꿰어야 보배.'라는 말처럼 보이지 않는 최고의 보석을 담아서 내 것으로 만들어야 나의 가치가 격상되는 것이다. 우리의 삶은 너무나 소중하다.

상처와 좌절을 감싸 안고, 우리가 또다시 살아갈 수 있는 치유의 힘을 가진 스승, 그것이 바로 독서를 하는 이유다.

우리는 누구나 성장통을 앓고, 현실의 벽에 부딪혀 좌절하거나 각각의 고민을 안고 살아간다. 우리의 선조들 또한 마찬가지였고, 미래의 후

손들 또한 그럴 것이다. 이 성장통을 혼자 앓고 있다면 얼마나 괴로울까. 이러한 고민을 책에서 찾고 싶을 때, 우리는 책을 통해 명확한 해결 방법을 찾을 수 있다. 나와 같은 상황에서 다른 사람의 본보기를 찾고, 희망을 찾는 길이 바로 책이 제시하는 길이며, 목표다. 바쁜 생활로 책꽂이 속에 잠들어 있는 책들을 깨워 꿈을 꾸게 하고, 희망을 찾아야 한다. 그래서 독서의 가치를 찾고, 우리의 삶을 관통하는 메시지를 전달하려는 것에 초점을 맞춰야 한다.

책은 현실과 동떨어져 있다고 느끼게 되는 우리 삶의 순간순간의 상황과 접목시켜 말하고 있다. 나를 정확히 알고 도전하려는 나에게, 생각의 힘을 키워 세상을 보는 안목을 키워주고, 실패와 좌절을 딛고 일어서려는 나에게 책 속의 멘토는 속삭인다. 수십 년, 수백 년을 이어져 내려온 삶의 비밀을 안고 있는 책들을 통해 우리 자신을 성장시킬 수 있다고. 성장은 결코 거창하지 않다. 나를 다시 일어서게 하는 힘이 성장이며, 타인을 향해 먼저 손을 내밀 수 있는 용기도 성장이다. 우리는 현재의 자신에게 만족하지 않고, 성장하고 변화해야만 한다. 그런 의미에서 책 속의 멘토를 만나는 것은 성장을 꿈꾸는 우리에게 참된 선물이 될 것이라 믿어 의심치 않는다.

우리가 살아가면서 겪는 좌절과 고통, 기쁨, 행복, 깨달음, 지혜는 소망을 성취하기 위한 과정이다. 나는 '나'를 찾기 위해 시작한 독서로 '희망'을 만났다. 책을 읽게 되면 주변에 만나게 되는 사람도 다른 사람들로 변한다. 그런 만남들로 인해 인생의 터닝포인트를 맞게 된다. 큰아이와 책 쓰기를 등록하고 김태광 작가님을 만났다. 〈한책협〉의 김태광 작가님은 책을 써서 운명을 바꾼 사람이다. 열등한 환경 속에서도 1만 권의 책을 읽으며, 작가로 거듭났다. 글을 쓴 지 7년 만에 작가의 꿈을 이루고 중국과 대만에 저작권이 수출되었고, 초 · 중 · 고등학교의 16권의 교과서에 글이 수록되었다. 35세에 저서 100권을 집필한 공적을 인정받아 '제1회 대한민국기록문화대상' 개인 부문 대상을 수상하는 등 사회에 공헌하는 일을 많이 하고 있다.

오롯이 나의 경험을 이끌어내어 책을 쓸 수 있도록 정교하게 가르쳐주었다. 막내 아이가 온라인 수업 시간에 게임을 해서 가장 힘들어하던 시기에 토요일이면 책 쓰기를 배우러 갔기 때문에 막내 아이를 혼자 집에 놔둘 수가 없어 함께 데리고 다녔다. 그럴 때마다 김태광 작가님과 권동희 작가님은 막내 아이에게 긍정의 말과 응원의 말을 해주어 많은 도움을 주었다.

김태광 작가님과 권동희 작가님은 부부이며 150억 자산가이다. '가난한 사람은 돈을 벌고 부자는 시간을 번다'며 항상 시간의 중요성을 이야기해주고 모범을 보여준다. 막내 아이가 커서 람보르기니와 페라리를 타고 싶다는 말에 장난감 페라리와 람보르기니 그리고 인생에 도움이 되는 좋은 책들까지 보내주었다. 책 쓰기를 배우는 동안 의식의 성장에 관한 이야기와 의식의 성장에 도움이 되는 책들을 추천받을 수 있었으며, 그 책들로 인해 내가 세상에 나아가 빛이 되고 선한 영향력을 끼칠 수 있는 사람이 되기를 바란다.

나는 김태광 작가님의 용기와 응원에 평범한 사람들이 독서로 인해 새로운 삶을 살기를 바라는 마음으로 첫 책을 냈으며, 두 번째 책 또한 같은 마음으로 쓰고 있다. 단 한 사람이라도 내 책을 읽고 삶이 바뀌기를 늘 희망한다. 김태광 작가님께 추천받은 책 중 『네빌 고다드의 부활』에는 "우리는 우리의 미래를 바꿀 수 있는가?"에 대한 네빌 고다드의 메시지가 있다. 네빌 고다드는 그가 강의를 하는 이유를 인간 안에 존재하고 있는 가능성을 보여주고 미래를 바꿀 수 있다는 것을 보여주기 위해서라고 말한다. 인간의 미래에 관한 가장 두드러진 특징은 변화 가능함에 있다. 변화가 이루어졌을 때, 그 변화가 이루어진 시점으로부터 새로운 운명을 만들어나가게 된다. 변화가 일어난 것에 맞추어 미래는 변화한다.

모든 변화는 의식 안에서 이루어진다. 모든 사람들에게 '세상을 바라보는 두 가지의 시선이 있다.' 하나는 '현실적인 시선'이고, 다른 하나는 '영적인 시선'이다. 현실적인 사람들은 지금 이 순간만을 실제로 인식한다. 그래서 지금 이 순간에 일어나는 일에 집착을 해 사소한 것에 고통을 받는다. 하지만 영적인 사람들은 미래 가치에 중심을 두기 때문에 고통에 집착하지 않고 미래를 위해 꾸준히 삶을 발전시킨다.

소망이 성취된 느낌을 사실로 받아들이고 그 확신 속에서 살고 행동하면 인간은 그것에 맞추어 미래를 변화시킨다. 소망이 성취되는 느낌을 사실로 받아들이고, 그 목적에 다다르는 길을 찾고, 그것을 세상에 드러낼 방법들을 발견한다. 그랬을 때, 자아는 보다 넓은 시야를 가지고 받아들인 목적을 이루기 위한 방법을 만들어낸다. 우리가 의식을 바꾸지 않는 한 다시 습관적으로 과거로 돌아가기 때문에 의식에 성장의 중요성을 강조한다.

보통 사람들은 교실에서 밀려난 학생들을 노력의 부족으로 판단하지만 심리학자들은 노력을 하게 만드는 환경의 신호에 주목한다. 그들이 관찰할 때 성적이 낮은 학생들은 상위권 학생들처럼 행동하지 않는다고 한다. 고난이도 문제를 의욕적으로 풀려 하지 않고 이미 자신은 풀 수 없다고 먼저 생각한다. 이것은 노력과 무관한 문제다.

1995년 심리학자 클로드 스틸은 특별한 현상을 발견한다. 공부를 못하는 학생들에게서 '너는 공부를 못한다'는 주변의 신호들을 차단하자 성적이 상위권까지 올라간 것이다. 공부를 못하는 학생들이 받았던 교사들과 학생들의 집단적 무시 그리고 스스로 못한다고 생각했던 신호들을 차단시켜버렸을 뿐인데 교실 뒷자리의 학생들은 놀라운 속도로 바뀌었다. 스틸이 최초로 발견한 이 현상에서 더 인상적인 것은 이러한 변화가 유전자나 부모의 직업과 아무 관계가 없었다는 것이다.

한편 하버드대학의 마가렛 쉬 교수는 상위권 학생들을 향한 성적에 대한 긍정적 신호를 꺼버리는 실험을 했다. 그러자 자신의 우월함을 더는 확인할 수 없는 상황이 된 상위권 학생들이 고난이도 문제를 풀 때의 성적이 현저하게 떨어졌다. 그러나 다시 중위권 학생들과 경쟁을 치르게 하자 상위권 학생들의 성적은 눈에 띄게 올라갔다.

이 연구는 중위권 학생들이 가지는 열등감이 상위권 학생에게는 우월감을 느낄 수 있는 연료로 쓰여진다는 점을 보여준다. 우리의 의지보다 의지를 만드는 긍정적 신호들이 훨씬 강력하다는 것을 알려준다. 우리가 인생을 살면서 짊어지는 가장 무거운 짐은 실수 자체가 아니다. 실수를 잊지 못하고 마음에 두고두고 담아두는 집착이다. 실수는 잘못된 생각의 선택으로 일어나는 것이다. 이제부터라도 환경의 신호를 차단하고 목표에 온전히 집중하면 당신에게도 의미 있는 변화가 일어날 것이다.

초대 〈슈퍼스타K〉 서인국은 첫 예선 때는 다소 촌스러운 외모에 10인의 본선 무대에서 주로 발라드 곡을 배정 받았는데, 고음 처리 등의 문제점이 많아 다소 눈에 띄지 않는 참가자였다. 합숙 기간 동안 체중 감량을 거듭해 큰 키가 돋보이고 외모도 훤칠해졌다. 신인 작곡가와 함께하는 3회 때부터 자신의 색깔에 맞는 R&B 음악을 들고 나오면서 대회 초반의 부진을 비웃기라도 하듯 후반부에 그 능력을 쏟아내기 시작했다. 오디션 프로그램 〈슈퍼스타K〉를 보면 참가자 못지않게 주목을 받는 출연진이 있다. 바로 '멘토'다. 물론 기본 실력도 중요하지만, 어떤 멘토를 만나느냐에 따라 참가자들의 운명이 갈리는 모습은 사람들에게 새삼 멘토의 중요성을 다시 생각하게끔 해준다.

멘토가 중요하다는 사실은 누구나 안다. 하지만 내게 꼭 맞는 멘토를 찾기란 매우 어렵다. 세상에 훌륭한 사람이 많은 건 알고 있지만, 내게 어울리는 멘토가 누구이며, 그에게 무엇을 배워야 할지 감이 잡히질 않아 혼란스럽다. 훌륭한 가르침을 받고 싶은데 스승이 없다면, 책 속의 스승을 만나면 된다. 이 스승들은 오늘도 보석 같은 말로 동기를 부여해주고, 의지를 강하게 만들고, 걷고자 하는 길에 밝은 빛이 되어준다.

4장

가장 빨리 핵심을
꿰뚫는 생산적 독서법

책을 읽어도 당신이 변하지 않는 이유

무엇이거나 좋으니 책을 사라.
사서 방에 쌓아 두면 독서 분위기가 조성된다.
외면적이지만 이것이 중요하다.

― E. A. 베네트 ―

독서는 글자를 눈으로 읽는 것이 아니다. 내가 살면서 안고 살아가는 문제들을 하나씩 해결해나가고 저자들의 지식을 바탕으로 내 삶에 적용해 풍요로운 인생을 만들어가는 것이 내가 독서를 하는 이유다. 독서는 자신의 생각을 키워 성장하는 것이다. 저자들이 살아온 경험과 내가 살아온 경험을 비교하며 저자들이 살면서 깨우치고 얻은 지식들을 실천하며 더 나은 삶을 만들어가는 것이다.

성장하는 삶을 살기 위해서는 자기 자신에게만 묶여 있어서는 안 된다. 자신을 뛰어넘어 다른 사람을 생각하고 세상을 생각할 수 있어야 한다. 우리는 늘 배우고 느껴야 한다. 내가 원하는 것, 나에게만 이익이 되는 것, 내게만 좋은 것을 생각하기보다 다른 사람을 위함으로써 사랑받을 수 있는 길도 알아야 하는 것이다. 독서를 통해 성장하면서 이런 사실을 조금씩 깨닫게 된다. 자신만 생각하고 위하던 단계에서 나아가 자신의 어떤 행동이 다른 사람에게 도움이 되고, 그로 인해 사랑받게 되는 것의 즐거움도 알게 된다. 다른 사람과 세상에 도움이 되는 삶을 살면서, 우리는 의미 있는 삶을 사는 것이다.

책을 읽을 때에는 나에게 도움이 되는 책을 읽어야 한다. 베스트셀러도 좋지만 내가 처한 상황을 생각하며 책을 읽어야 한다. 나는 책에서 답을 찾고 싶을 때마다 공공도서관에서 나에게 필요한 여러 권의 책을 빌려서 찾고 읽는 과정을 반복한다. 이 과정을 통해 나에게 필요한 책인지를 선별한다. 그리고 나에게 필요가 없는 책들은 다시 반납을 하고 나에게 필요한 책은 꼭 구매를 한다. 구매를 하는 이유는 책을 접고 밑줄을 긋고, 다시 반복적으로 읽기 위해서이다. 책을 읽으며 나에게 필요한 문장들은 필사를 하고, 실천해야 하는 문장들은 인쇄를 해서 여기저기 붙여놓는다. 우리 가게 주방에는 나폴레온 힐의 저서『놓치고 싶지 않은 나의 꿈 나의 인생』에 나오는 '성공을 추구하는 사람들이 반드시 극복해야 할 약점 16가지'와 '인내력을 기르는 8가지 비결'을 1년이 넘게 붙여놓고 수시로 들여다보고 있다.

이런 과정을 거치면서 나의 삶뿐만 아니라 아이들의 삶도 빠르게 변했다. 중학교 2학년 막내 아이를 보며, 친구들과의 문제를 해결함으로써 하루가 다르게 성장하는 것이 보인다. 나는 마흔이 넘어서도 문제들을 해결하지 못했는데, 막내 아이는 자신의 나이에 해결해야 하는 문제들을 빠르게 해결해나간다. 아이들을 보며 독서는 세상을 살아가는 데 꼭 필요한 필수 과목이라는 생각이 든다.

『아무도 가르쳐 주지 않는 부의 비밀』의 저자 오리슨 스웨트 마든은 〈석세스〉지의 창간자이며, 미국의 근대 성공철학의 선구자라 불린다. 그의 성공철학은 나폴레온 힐, 클레멘트 스톤, 데일 카네기, 노먼 빈센트 필, 스티븐 코비, 브라이언 트레이시, 론다 번 등 국내에서도 잘 알려진 베스트셀러 작가들로 이어졌다. 마든은 가난과 힘든 역경을 딛고 성공을 거둔 당대 최고의 '기업가 정신'의 전도사로 대표적 인물이다.

마든은 1850년에 뉴햄프셔 주 시골에서 태어나 세 살에 어머니를 잃고, 일곱 살에 아버지를 잃었다. 그 뒤로 10년 동안 뉴햄프셔 공장을 전전하며 닥치는 대로 잡일을 했다. 하루 종일 손에서 피가 나도록 돌을 옮기고 밤에는 손톱이 빠질 때까지 설거지와 청소를 해야 했다. 채찍질을 당하거나 두들겨 맞는 것이 다반사로 제대로 먹지도 못한 채 고된 노동에 시달려야 했다. 50명 이상 사람이 모인 곳은 본 적이 없고, 도서관이라는 존재조차 몰랐고, 도시가 어떤 곳인지도 몰랐다. 하지만 그는 독서를 각별히 사랑했다. 어느 날 한 농가의 다락방에서 발견한 한 권의 책이 그의 인생을 바꾸는 계기가 되었다.

그것은 사무엘 스마일즈의 『자조론』이었다. 1859년 영국에서 출판된 이 책은 비참한 환경 속에서도 강인한 인내심과 긍정적인 사고만 있다면 모든 사람이 불행을 뛰어넘어 목표를 달성할 수 있다는 내용의 일화였다. 이 책을 읽고 많은 영향을 받은 마든은 주경야독으로 보스턴 로스쿨과 하버드 의대에서 각각 학위를 받았다. 또한 호텔과 부동산을 사들이고 기업가로서 활동하며, 서른두 살에 경제적 성공을 거두었다. 마든은 절약, 자제, 근면, 성실이라는 벤자민 플랭클린이 중시했던 가치관과 훗날 랄프 왈도 에머슨이 주장한 자아신뢰, 총명, 아름다움이라는 관념을 융합시켜 독자적인 성공철학의 틀을 다졌다.

마든은 가장 힘든 시기에 책을 만나 엄청난 양의 독서를 하면서 가난 속에서 몇 번이나 포기하고 싶은 마음을 이겨내고 결국 성공을 거머쥐었다. 많은 사람들이 책으로 영감을 얻어 성공을 한다. 하지만 책을 읽고도 변하지 않는 사람들 또한 많다. 같은 책을 읽고도 변하지 않는 이유는 무엇일까? 모든 사람에게 적용하기는 힘들겠지만, 내 경험에 비추어보면 좋은 문장을 여러 번 읽어야 한다. 나는 책을 읽을 때 처음에는 좋은 문장들이 있는 페이지를 접고 그 문장에 밑줄을 친다. 그리고 완전히 이해가 될 때까지 여러 번 읽고 내가 실천해야 하는 문장은 메모를 하며 실천한다.

『불평없이 살아보기』에서는 불평하지 않기 위해 한쪽 손목에 보라색 고무 밴드를 착용한 뒤 21일간 불평을 참아보고, 자신이 불평을 하고 있거나 누군가를 험담 또는 비난하고 있다는 것을 깨달을 때마다 밴드를 한쪽 손목에서 다른 쪽 손목으로 옮겨 끼우고 처음부터 다시 해야 한다. 나는 큰아이와 가게에서 머리끈을 손목에 끼우고 비난하거나 불평불만을 할 때 다른 손목으로 옮겨 끼웠다.

내가 평소에 불평불만을 그렇게 많이 하고 있는지 몰랐다. 실제로 해봐야 심각성을 알 수 있다. 그런데 신기하게 불평하지 않기를 실천했을 뿐인데 하루 종일 기분이 좋아졌다. 내가 읽은 책의 내용들을 꾸준히 실천했다. 부자가 아닌데 부자의 취미를 따라 하면 성공하지 못한다고 해서, 수채화 취미를 그만두었다. 수채화 취미는 명확한 목적이 없이 지루한 삶에서 벗어나기 위해 했을 뿐이었다. 치킨 가게를 하며 가족 모두 힘들어 하고 있었기 때문에 가족이 힘들어 하는 것부터 해결해야겠다는 생각이 들어 그만두었다. 번 돈의 10%는 책을 읽고 자기계발을 하라고 해서 10%의 돈을 책에 투자했다. 내가 잘하는 일과 관련된 책을 읽으라고 해서 장사와 관련된 책을 읽었다. 그래서 갤러리처럼 예쁜 칼국수 가게를 할 수 있었다. 말투를 고치라고 하면 말투를 고치고, 손님들에게 웃으라고 해서 웃었다.

사람들과 쓸데없는 수다를 떨지 말라고 해서 수다도 떨지 않았고, 남편이 나에게 함부로 말을 하면 무시하라고 해서 무시했다. 그리고 남편이나 아이들이 잘하면 칭찬을 많이 해주라고 해서 칭찬을 많이 해주었다. 책도 처음에는 도서관에서 빌려서 읽었는데 책은 사서 지저분하게 읽어야 한다고 해서 책 끝을 접고, 밑줄을 긋고 메모를 하면서 읽었다. 필사를 하라고 해서 필사도 했다. 필사를 하면서 책에 집중이 잘되고 필력이 늘기 시작했다. 아이들에게 일을 주라고 해서 일을 주었고, TV를 보지 말라고 해서 TV도 보지 않는다. 내 인생에 주인이 되라고 해서 내 인생의 주인이 되기로 했다. 남편에게 의지하지 않고 꿈을 찾았고, 작가가 되기 위해 강의를 듣고, 독서의 기적을 많은 사람들과 나누라고 해서 책을 출간해서 많은 사람들과 독서의 기적을 나누고 있다.

책을 읽는다고 해서 삶이 달라지는 건 아니라고 말하는 사람들도 있다. 그들은 때로 '진짜 세상은 책 밖에 있다'고 말한다. 책은 환상 속이라고 말한다. 다른 사람들의 삶이라고. 하지만 책을 읽으며 내가 지금껏 환상 속에 살고 있다는 것을 알았다. 책을 읽으면서 나의 '참자아'를 만났고, 내 꿈을 찾았다. 제대로 된 독서를 하지 않았기 때문에 변하지 않는 것이다.

생산적 독서의 기술 다섯 가지

1. 자투리 시간을 활용하라.
2. 스마트폰, TV와 멀어져라.
3. 드림킬러를 잡아라.
4. 나와 연관되는 책을 읽어라.
5. 다양한 분야의 책을 읽어라.

바쁜 현대인에게 시간 관리는 필수다. 중요하지도 긴급하지도 않은 시간을 너무 많이 흘려보낸다. 습관적으로 SNS를 보고 TV를 보고, 필요하지도 않는 물건을 쇼핑한다. 흘려버린 시간은 다시는 주워 담을 수 없는 기회비용이다. 자투리 시간을 잘 활용하니 허투로 쓰는 시간이 없어졌다. 자투리 시간들을 아껴 책을 읽고, 시간을 효율적으로 쓰면서 일의 능률이 올라가고 하루하루가 뿌듯해지며 자존감이 올라갔다. 예전보다 더 바빠졌는데 생활은 여유로워지고 내가 원하는 것에 빠르게 집중하게 되었다.

책을 제대로 읽으려면 나를 방해하는 드림킬러들을 조심해야 한다. 같이 밥을 먹고 수다를 떨고 하던 사람들이 가장 큰 드림킬러가 된다. '니가 무슨 독서를 해?', '그냥 살던 대로 살자.', '책 한두 권 읽는다고 변하니?' 하며 방해하는 사람들이 있다. 드림킬러가 나타나면 내가 시험을 당하고 있는 것이라고 생각하자. 지금 내가 안고 있는 문제들에 관련된 책을 읽어야 한다. 나는 남편과 24시간 함께 일을 하면서 미칠 것 같았다. 그래서 부부 관계와 심리 치료, 그리고 아이들을 잘 키우기 위한 독서를 했다. 그리고 자존감이 낮은 나를 위해 치유에 관련된 책들을 읽으면서 남편의 상처 또한 알 수 있었고, 인문 고전을 읽으면서 사람을 존중하는 법을 배우며 성숙해졌다.

아무리 좋은 책이 있어도 내가 처한 문제를 해결할 수 없다면 좋은 책이라고 할 수 없다. 스스로를 자신의 중심에 세우는 법을 배우는 데에는 완전히 새로운 사고 과정이 필요하다. 그러나 우리 사회에는 한 개인이 책임 있는 인간이 되는 것을 방해하는 사람들이 나타나기 때문에 그런 사고방식을 체득하는 것이 분명 쉬운 일은 아니다. 하지만 마음만 먹으면 분명히 할 수 있는 일이다. 오전 9시부터 저녁 8시까지 칼국수 장사를 하며, 자투리 시간에 책을 읽고 저녁에는 가족 독서 모임을 하고 막내 아이 시험공부를 봐주며 이 책의 원고를 쓰고 있다. 칼국수 가게를 하며 책을 읽고, 살림을 하고 애를 키우고 책 쓸 시간이 충분하다. 무언가를 배우고자 할 때 가장 효과가 좋은 건 그 분야에서 최고의 사람에게 배우는 것이다. 하지만 어떤 훌륭한 스승이 가르친다고 해도 스스로 끊임없이 배우고 노력해야 효과가 있다. 책을 읽는 데에서 그치지 않고 가장 중요한 건 실천이고, 끊임없이 배우려는 노력이다. 노력하지 않고 실천하지 않는다면 아무리 많은 책을 읽는다고 해도 변하지 않는다.

달콤한 꿀을 골라먹는 발췌 독서법

어떤 책은 맛만 볼 것이고, 어떤 책은 통째로 삼켜버릴 것이며,
또 어떤 책은 씹어서 소화시켜야 할 것이다.

– 프랜시스 베이컨 –

나는 좋은 책 이야기를 듣거나 마음에 드는 책을 발견하면 그 자리에서 바로 산다. 지금이 아니면 이 책을 만날 기회가 두 번 다시 오지 않을지도 모르기 때문이다. 나는 책을 빌리지 않고 직접 사야 직성이 풀린다. 빌려서 읽으면 제대로 읽을 수가 없다. 나만의 표시를 하고 메모를 해야 책을 읽은 것 같기 때문이다. 창조적인 사람이 되기 위해서는 자신이 좋아하고 관심 있는 분야에 집중하는 것이 중요하다. 그것이 지금 자신이 집중하는 것이라면 더 좋다.

책을 살 때에도 내가 처한 문제들을 고려하여 사는 실용서나 자기계발

서의 경우 발췌독을 이용하는 것이 좋다. 누구에게나 시간은 24시간으로 정해져 있다. 현대를 살아가는 우리에게 시간은 늘 부족하다. 자기계발서나 실용서의 경우 나에게 필요한 부분만 읽으면 된다. 책은 저자가 살아오면서 경험한 이야기를 쓴 것이기 때문에 나와 맞거나 맞지 않는 부분 또한 있다.

통독은 책의 처음부터 끝까지 다 읽는 독서법이며, 발췌독은 책의 내용 가운데 필요한 부분만 골라서 읽는 독서법을 말한다. 통독은 책의 목차부터 본문 내용, 각 장의 정리 부분까지 빼놓지 않고 읽는 독서법이다. 통독은 책의 전체적인 체계를 파악할 수 있는 장점이 있다. 반면에 중요하지 않은 내용까지 다 읽음으로써 시간적인 낭비를 초래할 수 있다는 단점이 있다. 통독을 하면 글의 요지나 결론만이 아니라 그러한 결론이 도출되는 과정까지 이해할 수 있게 된다. 결론만 보는 것보다 과정이나 맥락까지 충실히 읽어두면 기억이 더 오래 유지되고, 결론이 도출되는 과정을 음미함으로써 논리적 사고력도 기를 수 있다.

발췌독을 하는 이유는 주어진 시간 안에 더 많은 글을 읽고 보다 정확하게 핵심을 파악하기 위해서이다. 특히 요즘처럼 정보의 양이 폭발적으로 늘어난 시대에는 더욱 글의 내용을 빠르게 파악해야 다음 단계로 넘어가 시간이 단축된다. 그렇다고 해서 대충 읽으라는 뜻이 아니다. 다만 결과를 내기 위해 기초 단계 과정에서 많은 시간을 할애하게 된다면 시작부터 불리하다. 치킨 가게와 칼국수 가게를 하면서 빠르게 책을 읽을 수 있었던 것은 많은 책을 읽으면서 정해진 시간 동안 빠르게 책을 읽는 요령이 생겼기 때문이다.

내가 발췌독의 장점에 대해 이야기하면 '그렇게 빠르게 읽으면 내용을 대충 읽는 것 아니야?' 하고 반문을 하는데 아무리 시간이 많다고 해도 정독이 좋은 것만은 아니다. 그리고 정독을 한다고 해서 더 많은 것을 기억하는 것도 아니다. 가장 중요한 것은 얼마나 기억을 하고 실천을 하느냐는 것이다.

오히려 중요하지 않은 부분을 계속해서 읽게 되면 글을 읽는 와중에도 멍하니 글자만 바라보며 딴 생각을 하게 된다. 눈은 책을 읽고 있지만 머리는 다른 곳에 가 있다. 그러면 책의 내용이 더 이상 들어오지 않는다.

발췌독을 하는 경우 두 가지 방법이 있다

첫째, 목차를 보고 필요한 부분만 읽는다. 물론 저자의 경험과 생각이 녹아 들어간 책을 다 읽으면 좋지만, 현실적으로 시간이 없기 때문에 발췌독을 한다. 저자가 책 속에 녹여낸 핵심적인 내용을 빠르게 흡수할 수 있다. 발췌독의 뜻을 들으면 일부만 빠르게 읽는 것으로 우습게 생각할 수 있으나, 실상은 그렇지 않다. 기본적으로 본인이 필요로 하는 내용이 어디에 있는지 유추할 수 있어야 하고, 그 유추한 범위에서 핵심을 파악해내는 능력이 독서로 다져져 있어야 한다. 덮어놓고 책만 읽는다고 진정한 독서는 아니다.

둘째, 처음에는 빠른 속도로 훑어보다가 흥미가 느껴지는 부분이 있으면 그때부터 시간을 들여 천천히 읽으면 된다. 처음부터 끝까지 꼼꼼하게 읽어야 한다는 강박관념에 사로잡히면 부담감이 커지고, 그러다 보면 책이 싫어진다.

그런데 책 중에는 빨리 읽을 수 있는 책이 있고, 빨리 읽을 수 없는 책이 있다. 발췌독은 가장 중요한 부분만 골라서 읽음으로써 취약한 부분을 짧은 시간에 효율적으로 익힐 수 있다. 반면에 체계적인 흐름의 파악이나 전체적인 맥락을 파악하기는 어렵다. 책을 읽을 때에도 반드시 목적을 가지고 읽어야 한다. 지금 내가 처한 상황에 대한 해답을 찾겠다는 굳은 마음으로 결과를 만들어내야 되겠다는 마음으로 책을 읽어야 한다. 책 한 권에 아이디어 하나를 찾아내면 어제의 나보다 발전한 사람이 된다. 세상에는 정말 많은 책이 있다. 그 책들을 모두 읽을 수는 없다. 발췌독은 보물찾기다. 학창 시절 소풍을 가서 돌멩이, 나무, 풀, 숲 사이에 숨겨진 보물을 찾으러 다녔다. 이곳저곳을 기웃거리며 핵심적인 보물을 찾을 것이라는 기대감과 찾는 기쁨을 함께 느낄 수 있었다. 책에서 보물을 하나씩 찾을 때마다 행복감은 이루 말할 수 없었다.

저자가 말하고자 하는 핵심을 담은 문장과 나의 고민이나 문제와 관련된 문장, 내 마음을 울리는 멋진 표현이나 문장, 책을 읽고 깨닫고 얻은 문장, 내가 실천해야 될 문장 등의 보물들은 이미 알고 있는 것에 깊이를 더하고 모르는 것을 깨닫게 해준다. 독서는 다른 사람들과의 차이를 만든다. 내 전문 분야의 지식에 깊이를 더하게 되고, 관련성이 없는 분야를 공부함으로써 폭 넓은 지식과 지혜를 쌓을 수 있고, 세상을 보는 시야가 넓어진다.

책의 권수에 집착하지 말고 인생을 변화시킬 문장을 발견하고 찾는 데 집중해야 한다. 책에 그은 하나의 밑줄들이 혁신적인 아이디어가 되기도 하고, 그 밑줄들이 쌓이게 되면 인생을 바꿔버릴 정도의 영향을 미치기도 한다. 독서는 읽는 사람에 따라서 몇 억 또는 몇천 억의 가치가 있다. 나는 독서를 통해 내성적인 성격도 바꿨다. 책을 읽기 시작하면 처음에는 외로워진다. 어릴 적 충분한 사랑을 많이 받지 못해 특히 외로움을 많이 탔는데 책을 읽으면서 주위에 책 읽는 사람이 적으니 소외되는 느낌도 생겼다.

하지만 시간이 지나면서 알게 되었다. 주위의 사람들과 어울려 충고를 받는다거나 할 때는 잘 와 닿지 않는다. 하지만 책을 통해서 책의 저자가 변화하는 과정을 보며 공감하게 되어 나 스스로 깨닫게 된다. 독서는 다른 사람의 말보다 훨씬 더 강한 자극과 충격을 준다.

사소한 말 한마디에 상처를 받고 움츠리던 내가 『데일 카네기 인간관계론』, 『열정은 기적을 낳는다』, 『여성을 위한 데일 카네기』를 읽고 일과 사람들과의 관계에서 적을 사랑까지 할 수 없다 해도 스스로를 아끼는 법을 알게 되었다. 셰익스피어는 "분노에 불타는 것은 스스로를 멸하는 길이다."라고 말했다. 상대의 잘못으로 스스로를 벌하지 말아야 하며 청순가련은 그만, 강인한 여성이 가족을 바꾸고 세상을 바꾼다는 것을 깨닫게 해주었다.

이제 세상을 막 배워나가는 10대, 20대라면 실용서가 꼭 필요하다. 눈치로 세상을 배우는 것은 분명 한계가 있으며, 그렇게 깨달을 때까지 치러야 하는 대가가 너무나 크다. 알 듯 모를 듯 확신이 서지 않는 것에 대한 확신을 얻게 되면 세상을 긍정적으로 보게 되고, 내가 원하는 삶을 만들어갈 수 있게 된다. 많은 사람들이 실용서를 통해서 온갖 분야를 섭렵하고 있다. 책으로 나온다는 것이 놀라울 정도로 다양한 책들이 있고, 읽어보면 건질 것이 너무나 많다. 실용서가 가진 한계는 분명히 있지만 실제 도움을 주는 점 자체만으로도 그 효과는 엄청나게 크다. 내 주위만 봐도 이런 부분들을 배우지 못한 채 어른이 되는 사람들이 참 많다. 찾아보면 내가 살아오면서 풀지 못한 일들이 참 많다. 꾸준히 독서를 하게 되면 가려운 곳을 긁어주는 책들이 이미 많이 나와 있으니 많은 도움을 받을 수 있다.

하루에 쏟아져 나오는 책의 양이 엄청나다. 아무리 속독을 해도 그것들을 다 따라잡을 순 없다. 관심 있는 분야의 책만 골라내도 도무지 감당할 수 없는 양이다. 그래서 책 앞부분에는 목차가 있고, 책 맨 끝에는 '찾아보기'와 같은 형식이 있는 것이다. 필요한 부분만 찾아 읽으면 된다. 아무리 필요한 부분만 찾아 읽는다고 해도 독서 또한 성실함을 기본으로 해야 한다.

빌 게이츠는 주중에 30분, 주말에는 서너 시간씩 책을 읽는다. 우리가 아무리 바빠도 빌 게이츠만큼 바쁘지는 않다. 시간도 발췌를 하면 된다. 쓸데없는 전화 통화를 줄이고, 미용실을 가서 기다리는 시간, 병원에서 기다리는 시간 등 모든 시간을 아껴 책을 읽으면 생활에 지장을 주지 않고, 하루에 두세 시간은 낭비되는 시간으로 충분히 독서를 할 수 있다. 책은 좋은 스승이며, 좋은 친구이다. 나는 기분이 꿀꿀해도 책을 읽고 즐거울 때도 책을 읽는다.

세상에는 정말 많은 책이 있다. 그 책들을 모두 읽을 수는 없다. 내 질문이 없고 내 생각이 없으니, 모든 책을 처음부터 끝까지 다 읽고 있는 것이다. 정말 좋은 책은 다 읽지 말라고 해도 끝까지 읽게 된다. 그러나 억지로 책을 다 읽다 보면 내 생각은 중간에 다 날아가버린다. 읽어야 할 자료도 산처럼 쌓여 있다. 모든 책을 처음부터 끝까지 다 읽을 수는 없다. 발췌독은 달콤한 꿀을 발라먹는 것과 같다. 발췌독으로 달콤한 꿀을 발라 먹으면서 빠르게 인생을 바꿀 수도 있다. 발췌독은 나에게 하는 투자이며, 나의 미래를 위한 투자다.

지금의 나는 부족한 부분이 많지만 꾸준히 읽다 보면 나의 가치는 어떻게 변할지 아무도 모른다. 지혜의 가치는 무한대이다.

메모 정리의 생산적 독서법

책을 읽는 것은 그에게서 배우고 싶다,
그의 사상 속에 들어가고 싶다는 욕구 때문이지
나의 생각을 그에게서 찾아내기 위한 것은 아니다.

– 러스킨 –

나는 독서를 통해 더 나은 사람이 되고 싶었다. 재미를 위해 책을 읽는 것도 좋지만, 책에서 지식을 얻고 성장하고 싶었다. 독서를 통해 내 삶이 달라지기를 원했다. 그래서 나는 아무리 바빠도 시간을 내어 책을 읽는다. 읽는 순간에는 지식이 늘어나는 것 같은 기분이 들었지만 며칠만 지나면 책 내용이 잘 기억나지 않았다. 읽은 책의 권수는 늘어나도 머릿속에 남아 있는 것은 별로 없었다. 그렇게 몇 권을 읽으니 남는 것도 없고 가슴이 허전했다. 책을 꽤 읽었지만 뒤돌아서면 깨끗하게 잊어버리는 상황이 반복되었다. 나는 기록을 남겨야겠다는 생각이 들었다. 눈으로만 하는 독서에서 벗어나 메모를 하면서 독서를 생산적으로 하기로 했다.

메모는 기억해야 하는 어떤 내용을 잊지 않기 위해서 기록하는 글을 말한다. 메모는 대부분 글을 읽거나, 다른 사람에게 어떤 사항을 전달해야 하거나, 어떤 내용을 듣고 중요사항을 기억해야 할 때 작성한다. 메모는 지적 생산성 및 정보를 획득할 가능성을 증가시켜준다. 경청하는 태도와 언어 표현력까지 발달한다. 단순한 정보뿐만 아니라 받아들인 정보에 의미를 부여하고 새로운 생각을 가능하게 해준다.

아인슈타인은 천재보다 둔재에 가까웠다. 고등학교에서 최하위의 성적으로 쫓겨났다. 대학은 재수해서 간신히 입학했다. 졸업 후에는 백수로 지냈다. 특허청에 취직하면서 자기 생각을 끊임없이 메모하기 시작했다. 그리고 그 메모를 쳐다보며 생각에 집중했다. 그는 직접 글을 적고 그것을 시각화해 위대한 발견을 할 수 있었다. 인간의 뇌는 보이는 것을 믿는다. 사람들은 가지고 싶은 것을 실제로 보았을 때, 더욱 가지고 싶어 한다. 목표를 메모로 적는 것은 강력한 동기부여가 된다.

메모하는 습관을 들이면 순간적으로 떠오르는 창의적인 생각을 기록할 수 있다. 메모를 통해 성공의 지름길로 갈 수 있고, 우리의 인생을 바꾸어놓을 수도 있다. 책에 메모를 남기는 이유는 다독할 필요도 없이 한 권을 읽더라도 핵심을 남기기 위해서다. 자기만의 메모 방법을 만들어야 궁극적으로 독서의 가장 중요한 의미인 삶을 변화시킬 수 있다. 메모는 노력이 아닌 습관이다.

책의 내용만 아는 것이 아니라, 책의 내용을 토대로 자신만의 철학과 의식을 확장해나가야 한다. 책을 아무리 잘 읽고, 모든 내용을 그대로 따라 한다고 하더라도 성공하는 인생을 사는 것은 아니다. 책의 내용과 자신만의 철학을 세우고 자신의 생각과 의식대로 삶에 응용하고, 변형하면서 개선하고 보충해야 한다. "인간이 자연에서 거저 얻지 않고 스스로의 정신으로 만들어낸 수많은 세계 중 가장 위대한 것은 책의 세계"라고 헤르만 헤세는 말했다.

세상은 우리가 생각하는 것보다 훨씬 의미가 있고 가치가 있다. 하지만 책을 읽지 않는다면 그 세계를 발견할 수 없다. 독서는 눈으로 하는 것이 아니라 뇌로 하는 것이다. 눈은 입력 기관에 불과할 뿐 진짜 제대로 된 독서는 뇌로 하는 것이다. 인간의 뇌는 쓰면 쓸수록 발달하지만, 쓰지 않으면 않을수록 기능이 떨어진다. 그렇게 되면 나중에는 아주 간단한 사고도 주의 집중도 하지 못하게 된다. 인간의 뇌는 1.4킬로그램으로 전체 혈액의 15%, 전체 산소의 20~30%, 전체 에너지의 30% 정도를 사용한다. 인간의 신체 부위 중에서 크기나 무게는 매우 작고 가볍지만, 혈액과 산소 사용량은 어마어마하다. 그만큼 중요한 역할을 담당하기 때문이다.

눈으로만 독서를 할 때와 눈이 아닌 뇌로 독서를 할 때의 가장 큰 차이는 독서의 효과인데 속도와 이해, 유지, 이 세 가지 측면에서 발생한다. 눈으로만 독서를 할 때는 이해도 집중력도 떨어진다. 뇌로 독서를 한다는 의미는 무엇일까? 손은 제2의 뇌라고 부른다. 손을 사용해서 메모를 하는 것을 '뇌독서'라고 한다. 책을 읽다 보면 어떤 때는 집중이 잘되지만, 나도 모르게 다른 생각을 할 때가 있다. 그런데 메모하면 집중력이 생기고 온전히 책에만 집중할 수 있다. 쉽게 잊을 수 있는 내용을 오래도록 기억할 수 있다.

책을 읽는 동안 메모는 나의 사고의 흔적을 남기는 수단이자 방법이다. 처음에는 어설프지만 계속하다 보면 나중에는 제법 그럴 듯한 생각을 메모할 수 있다. 메모는 책에 대한 집중력을 높여 미처 예상하지 못한 내용을 발견하게도 해준다. 조용한 시간에 가게에서 메모하면서 책을 읽다 보면 손님이 문을 열고 들어오는 것도 모를 때가 있다. 그만큼 책에 몰입할 수 있다.

메모 독서법의 효과

- 책의 내용이 기억에 더 오래 남는다.
- 메모 독서로 사고력을 키울 수 있다.

– 메모를 하면서 실천력이 생긴다.

– 메모를 통해 삶에 더 빠른 변화가 생긴다.

– 메모 독서로 더 풍성한 글을 쓸 수 있다.

– 집중력이 생겨 책을 읽는 동안 온전히 책에 집중할 수 있다.

학생 시절을 벗어나 글을 써본 적이 없는 내가 블로그와 페이스북 그리고 인스타에 글을 올리고 있다. 그리고 메모한 것을 토대로 유튜브도 운영을 하고 있다. 메모를 하게 되면 좋은 글을 빠르게 올릴 수 있지만 메모를 하지 않으면 중요한 내용을 토대로 다시 글을 짜야 하기 때문에 시간이 많이 걸린다. 하루이틀 올리는 것이 아니라면 메모를 통해 쉽고 빠르게 올릴 수 있고, 언제 어디서나 내가 찾고 싶은 것을 빠르게 찾을 수 있다. 남편과 주위의 사람들에게 책을 읽으라고 권하면 예전에 책을 많이 읽었는데 효과가 없다고 말을 한다. 책을 읽어도 삶에 도움이 안 된다고 말을 하는 사람들이 많다. 한 권을 읽더라도 기억에 남는 독서를 해야 삶을 변화시킬 수 있다.

기억에 남는 메모 정리의 생산적 독서법

1. 메모하며 생각하기

책을 읽기만 하고 생각하지 않는 사람은 어떠한 변화도 기대할 수 없다. 공감하는 저자의 말에 공감하는 내용을 메모를 하고 왜 공감을 하는지 메모를 해야 한다. 저자의 삶에 어떻게 적용을 했고, 내 삶에 어떻게 적용을 할 것인지에 대해 끊임없이 질문을 하고 해답을 찾는 과정을 꼭 거쳐야 한다.

2. 메모하며 실천하기

책을 아무리 많이 읽는 사람이라도 실천을 하지 않으면 안 된다. 내가 인스타에 글을 올리면 주위 사람들의 대부분이 내가 알고 있는 내용이라고 말한다. 알고 있는 것과 실천하는 것은 다르다. 어떤 것이든 내가 실천을 했을 때에만 문제가 무엇인지 알게 되고 부족한 것이 보이게 된다. 실천이 동반되지 않는 독서는 아무런 소용이 없다.

3. 메모하며 기억하기

인간의 두뇌는 기억을 저장하기 위해 계속 우선순위를 정한다. 끊임없이 '선택과 집중'을 하는 것이다. 뇌는 다음 세 가지 이유에 입각해 집중에 돌입한다. '나와 연관성이 있는지', '중요한 일인지', '내가 관심 있는 일인지'의 경우다. 여기에 해당하지 않으면 두뇌는 집중과 기억이라는 굳이 힘든 작업을 시작하지 않는다. 장기기억은 매순간 쌓인다. 장기기억은 지식과 경험의 측면 뿐 아니라 추억으로 뇌 속에 저장된다. 한 사람의 정체성을 이루는 데 큰 역할을 수행한다. 하지만 모든 기억이 장기기억이 되지는 않는다, 뇌는 단기기억 중 불필요한 것은 삭제하고 꼭 필요한 것만 장기기억으로 챙긴다. 기억이 언제까지나 뇌에 남아 있어도 행동에 방해가 되기 때문이다. 메모를 통한 뇌의 선택과 집중의 과정의 결과를 거쳐 장기기억 되게 해야 한다.

메모 독서를 하기 위해서는 책에 밑줄을 긋고, 독서 노트에 옮겨 적고, 떠오르는 생각 또한 메모를 하면 자동으로 반복 학습이 이루어진다. 그리고 손을 움직여 메모를 하게 되면 실천력이 높아져 동기부여까지 받을 수 있는 효과까지 있다. 메모 독서를 꾸준히 하면 내가 살아온 경험과 그동안 축적된 정보가 만나 내 삶을 빠르게 창조할 수 있게 된다.

눈으로만 읽는 독서는 생각할 힘을 주지 않고 머릿속에서 빠르게 스쳐 지나간다. 그냥 읽는 것이 목적이라면 아무리 많은 책을 읽는다고 해도 삶에 아무런 변화를 주지 못한다. 이해가 되지 않는 문장을 독서 노트에 메모를 하면 신기하게 뇌가 그것을 기억하고 있다가 다른 책을 읽을 때 의미 있게 다가오기도 한다. 메모 정리의 생산적 독서법으로 의미 있고 가치 있는 적극적인 독서를 하자.

내용이 요약된 한 문장을 찾아라

책은 위대한 천재가
인류에게 남긴 유산이다.

– 에디슨 –

처음에 책을 읽기 시작했을 때는 내 삶과 연결되는 책들을 많이 읽었다. 모르는 문제를 푸는 것보다 신이 나는 일은 없는 것 같다. 매일이 즐겁고 뿌듯한 일상이 되었다. 책을 읽으면 읽을수록 편견 없이 독서를 시작하게 되었다. 나는 독서를 하면서 가족의 중요성을 알게 되었고, 사람을 바라보는 방식이 달라졌다. 그리고 무엇보다 꿈을 찾게 되었다. 내가 꿈을 찾았다고 하니까 주위 사람들은 "우리 나이에 대단하다. 좋겠다."라고 말하며 자신들은 앞으로 어떻게 살아야 될지 고민이라고 한다.

나는 학창 시절에 '나는 뭐하고 살까?'라는 생각을 제대로 해보지도 못하고 바쁘게 직장 생활을 했고, 결혼을 했다. 막연히 '직장만 들어가면 되겠지. 결혼을 하면 되겠지. 아이를 낳으면 잘 기르게 되겠지. 열심히만 하면 되겠지.'라는 안일한 생각을 하며 살았다. 하지만 내가 안일하게 생각했던 것들은 반드시 나에게 풀지 못한 숙제가 되어 돌아와 나를 힘들게 했다.

요즘 직장인들을 보면 예전에 내가 살던 것처럼 삶의 목표가 없고, 뭘 해도 만족을 얻지 못한다. 슬럼프의 원인은 자기 자신이 목적이 없이 삶을 살아가기 때문이다. 비전과 목표를 세우는 방법조차 모른다. 나도 마찬가지였다. 삶의 비전과 목표는 성공하는 사람들만이 세우는 것인 줄 알았다. 하지만 독서를 하게 되니 비전을 찾게 되고 목표를 세우게 되었다. 그 전까지 아무것도 하지 않던 내가 스스로 하나둘씩 실행을 하며 행동으로 옮기게 되었다.

목표가 생기니 목표에 관련된 책을 찾고 활용하게 되었다. 나는 책을 읽고 생각하고 고민하면서 나의 길을 확실히 정했다. 내가 해오던 분야에서 최고 전문가로 성장하는 것이다. 목적 없이 일을 하게 되면 매너리즘에 빠지게 된다.

치킨 가게를 하면서 돈은 많이 벌었지만 매일 같이 공허하기만 했다.

목표가 없으니 하루하루가 무기력했다. 독서를 하면서 내 인생을 발전시키고 스스로 비전을 세우며 내 인생의 주인으로 살기 시작하면서 자신감을 되찾았다. 그리고 책을 읽으면서 새로운 생각이 머리에 떠오르고, 그 생각들을 메모를 하면서 또 다른 생각들이 떠올라 내가 과거에 경험했던 일까지 떠오르며 글 쓰는 실력이 늘게 되었다. 떠오르는 생각들을 메모하고 실천하면서 발전시켜나간다. 아침부터 저녁까지 바쁘지만 내가 살아 있다는 것을 느끼게 해준다.

세상에는 무수히 많은 책들이 존재하지만 그 내용을 모두 기억하는 사람은 없다. 자신이 읽은 모든 것을 기억할 수 있는 사람은 이 세상에 존재하지 않는다. 대학교 전공 교수님들도 책 내용을 하나하나 모두 기억하지는 않는다. 하지만 읽은 내용을 잘 기억하고 나중에 활용하기 위해 내용이 요약된 문장을 찾아야 한다. 요약된 문장을 찾으면 글의 내용을 잘 이해하고 중요한 내용을 파악하는 데에도 큰 도움이 된다. 요약하고자 하는 글의 중심 내용을 파악하여 간략하게 간추려야 한다.

단순히 글자 수를 줄여놓은 것이 아니라, 글의 중심 내용을 파악하여 핵심적인 내용을 요약하는 사람의 언어로 재구성해야 한다. 책을 읽고 무엇을 느꼈는지 얘기해보라고 하면 대부분의 사람들이 선뜻 대답을 하지 못한다. 작가의 의도를 제대로 찾지 못한 것이 아닐까 하는 마음에 선뜻 대답을 하지 못하는 것이다. 다른 사람들의 서평이 내 생각과 다르다고 해도 내가 느끼는 것이 옳은 것이다. 고전을 시대를 막론하고 계속 읽는 이유는 어떤 시대, 어떤 질문에도 답을 해주기 때문이다. 작가의 의도는 중요하지 않다. 내가 느끼고, 깨달은 것이 가장 중요하다. 책을 고를 때에도, 책을 읽을 때에도, 책을 읽고 난 후에도 내가 느끼고 얻은 것이 최고다. 저자가 말하고자 하는 핵심을 담은 한 문장을 찾아 필사를 하고, 내 생각을 메모하면 된다. 책의 여백에 해도 괜찮고 독서 노트에 해도 관계가 없다.

나는 요즈음 책이 우리에게 주는 참된 가치에 대하여 내 나름대로 깨닫게 되었다. 독서의 가치나 보람에 대해서는 많은 이들이 언급해왔지만 나 자신이 독서를 많이 안 해보았을 때는 그것을 실감하지 못하였다. 그런데 2년 전부터 생존독서를 하며 자투리 시간만 있으면 책을 읽다 보니 독서가 우리에게 주는 의미를 알아차리게 된 것이다. 또 독서는 나의 안목을 넓혀주었다. 이렇게 독서는 나로 하여금 정신적인 면에서 큰 성장을 가져다주었다.

나는 책을 통해서 늘 새로운 세계를 발견하고 있다. 책의 저자들은 각자가 살고 느끼고 생각한 세계를 보여준다. 옛 책을 읽으면 옛날의 사람들이 살았던 세상을 보게 되고, 다른 나라 사람들의 책에서는 그 세상의 모습을 엿볼 수가 있다. 이렇게 나는 책을 읽음으로써 나 자신이 경험할 수 없는 새로운 세계로의 흥미진진한 여행을 한다. 책은 한 번에 다 읽을 필요가 없으며, 궁금한 내용이 있다면 사전 찾듯이 요약된 문장을 찾아 읽으면 된다. 애초에 한 명의 저자에게 모든 것을 다 배우려는 생각 자체가 비합리적일 뿐더러, 동기를 계속 부여받기도 어렵다. 처음부터 끝까지 다 읽는 것보다 요약된 문장을 찾아 읽어야 한다.

내용이 요약된 문장 찾기

- 저자가 말하는 핵심 내용을 담은 문장
- 나와 관계 있는 문장
- 책을 읽으며 가져야 하는 질문에 답을 주는 문장
- 표현이 멋지거나 인용할 만한 문장

치킨 가게에서 칼국수 가게로 바꾸기 위해 『백종원의 장사이야기』를 읽었다. 이 책에서는 칼국수에 대해 자세히 나와 있지는 않다. 해장국과 차돌박이 가운데 선택을 한다면, 고기 집에서 점심, 저녁 장사 모두 나에게 필요한 것이 아니다. 오리고기 집은 어떨까? 나에게 필요하지 않은 정보도 있다. 내가 이 정보들을 읽는다면 과연 도움이 되었을까? 아마 지루해져서 글자가 눈에 들어오지 않고 머리는 산만해졌을 것이다.

대신 나에게 필요한 부분, 가게를 관리하는 법이나 활기찬 주방 만들기, 재료 재고 관리 등을 통해 나에게 필요한 요약된 부분만을 찾아 읽으면 된다. 애초에 한 명의 저자에게서 모든 것을 다 배우려는 생각 자체가 비합리적일 뿐더러, 동기를 계속 부여하기도 어렵다. 처음부터 끝까지 다 읽는 것보다, 중요한 한 문장을 찾는 것이 훨씬 효율적이다.

책은 책을 읽는 사람이 책에서 무엇을 발견하느냐에 따라 책값 이상의 가치를 지닌다. 그리고 단 한 문장이라도 요약된 문장을 만나 도움이 되었다면 나머지는 쓸모 없는 내용이더라도 괜찮다. 지금 나에게 도움이 되는 요약된 한 문장을 읽으면 된다. 책 한 권을 사서 처음부터 끝까지 다 읽어야 한다는 강박에서 벗어나자.

많은 사람들이 책을 몇 권이나 읽었는지에 관심이 많다. 읽은 책의 권수에 집착하다 보니, 빠른 속도로 읽는 것에 집착하게 된다. 읽어야 할 부분이 명확해졌다면 요약된 문장을 찾아서 그 부분을 중심으로 여러 번 읽어야 한다. 명확한 목적이 있느냐에 따라 독서의 질과 읽는 시간이 달라진다. 책의 목차를 보고 어떤 공부를 할지 정하고 그 다음은 요약된 부분을 찾아서 읽으면 된다. 요약된 문장은 밑줄을 긋고, 메모를 하고 이해가 가지 않으면 여러 번 반복해서 읽는다. 천천히 읽으며 이해하는 과정이 필요하다.

반복 학습은 공부한 것을 기억에 오래 남기기 위한 좋은 방법이다. 헤르만 에빙하우스의 망각곡선 연구에 따르면 학습 후 10분 후부터 망각이 시작된다. 한 시간 뒤에는 50%, 하루 뒤에는 70%, 한 달 뒤에는 80%를 망각하게 된다. 그런데 망각이 일어나는 시점에 맞춰 주기적으로 복습을 해주면 기억을 다시 살릴 수 있고, 장기기억으로 저장할 수 있다.

모르는 것을 부끄러워하거나 두려워하지 말고 지식을 발견하고, 그를 통해 지혜를 얻는 기쁨으로 생각해야 한다. 다양한 책을 읽고 요약된 문장들이 내 안에 축적되면 한 권의 책에서 얻은 지혜들이 한 권으로 끝나지 않고, 다른 책들과 함께 연쇄 반응이 일어나게 된다.

책을 읽는 일은 금을 캐는 일과 같다. 1t에서 나오는 금은 150g에 불과하다. 책은 읽는 사람이 읽은 책에서 무엇을 발견하느냐에 따라 금 이상의 가치를 지닌다. 단 요약한 한 문장을 찾아 도움이 된다면 나머지는 모두 버려도 된다. 금 한 조각만 있다면 나머지는 필요 없다.

읽은 책을 가족에게 설명하라

한 시간 정도 독서하면
어떤 고통도 진정된다.

– 몽테스키외 –

책을 좋아하는 사람들을 만나면 신기하게도 책 이야기를 하면서 너무나 즐거워한다. 처음 보는 사람들도 흥에 겨워 몇 시간이고 이야기를 풀어놓는다. 그것을 보면서 책이 가진 힘이 얼마나 강한지 실감하곤 한다. 독서가들의 이야기는 비슷하면서도 달랐고, 다르면서도 일맥상통한다. 사람들은 책 읽는 사람들이 이기적일 것이라고 생각한다. 부자들은 이기적일 것이라고 막연히 믿는 것처럼.

하지만 독서가들은 겸손하면서도 자신만의 독특한 철학과 인생관을 가지고 있다. 물론 독서철학도 가지고 있다. 독서가들은 한결같이 책이란 가장 적은 비용으로 원하는 시간에 언제든지 평생 동안 방해받지 않고 만날 수 있는 유용한 지식 습득 도구라고 말한다.

대부분의 사람들이 처음에는 실용적인 목적이나 기능적인 해결책으로 책을 찾았다고 해도 책과 일단 친해진 뒤에는 훨씬 고차원적으로 책을 활용하고 있다. 책을 읽는 것은 거대한 변화를 위한 사소하지만 결정적인 시작이다. 또 책 읽기는 지식의 습득, 감정의 순화, 정서적 취미 수단이면서 사람을 바꾸어놓는 마법과 같은 힘이 있다. 다른 사람들이 정성들여 써놓은 책을 보면서 저절로 겸손해진다. 내가 생각하는 것이 전부가 아님을 깨우쳐준다. 저자들의 철학을 보면서 다른 사람을 배려하는 미덕을 배우게 된다.

책을 읽는 것은 신이 주신 선물이다. 자신이 변화해야 할 방향을 제시해준다. 늘 고민만 하고 해결하지 못한 문제에 빠져들게 되면 더 큰 목표를 설정하며 성장할 수 있게 된다. 하루가 힘이 들어도 즐거워도 책 읽는 시간이 기다려진다. 의미 없이 보내던 시간들이 정교해지고 짜임새 있게 된다. 즐거운 취미로 시작했던 독서가 가족과 일, 그리고 주위의 사람들에게까지 좋은 영향을 주고 있다. 아이들하고 읽은 책에 대해 이야기를 하면 하루 종일 이야기해도 지겨워지지 않는다. 책을 만나기 전 우리 가족들은 모두 그날 있었던 일에 대해 이야기하며 다른 사람을 비난하는

데 시간을 보냈다. 소중한 가족들에게 서로가 풀지 못하는 문제들을 떠넘겨 서로서로 불행을 만들고 있었다. 낮은 의식으로 눈에 보이는 것만을 믿으며, 내가 만나고 있는 모든 사람들에게 상처를 주며 살고 있었는지도 모른다.

낮은 자존감으로 서로 칭찬하기보다 서로 칭찬 받으려고 자기 자신만을 바라보며 몸만 컸을 뿐 마음 한구석에 마음으로 자라지 못한 아이가 있었을 뿐이다. 하지만 책을 만나 자라지 못한 나를 만나고 있는 그대로의 나를 사랑함으로써 내 주위에 있는 사람들까지 사랑할 수 있게 되었다. 2년이 지났을 뿐인데, 그렇다고 거창한 무엇인가를 한 것도 아닌데 그냥 물 흐르듯 자연스럽게 모든 것이 바뀌었다. 책을 읽는 것은 사소하지만 거대한 변화를 위한 시작이다.

아이들과 함께 책을 읽으면 혼자 읽는 것보다 덜 힘들고 이해도 받을 수 있다. 아이들은 나와 함께 책을 읽으면서도 내가 너무 과하게 읽는다고 이야기한다. 여행을 갈 때도, 찜질방을 갈 때도 어디를 가나 책을 챙기는 나를 보며 아이들은 고개를 절레절레 흔들기도 한다. 책을 읽고 나서 기억을 잘하지 못하는 이유는 책을 읽는 행위에만 치중해서 책을 읽고 아웃풋을 하지 않기 때문이다. 아이들과 함께 책을 읽고, 그 책에 대한 감상문을 쓰는 것만으로 책을 더 오래 기억할 수 있다. 책을 많이 읽는 것보다는 책을 읽고 아웃풋을 거치는 과정이 중요하다. 가족 독서 토론을 하고 10분에서 20분 정도 아웃풋을 하는 이유도 다양한 생각을 들을 수도 있고, 아웃풋을 하면서 더 기억에 오래 남기 때문이다. 소리를 내어서 아웃풋을 하게 되면 그 내용이 머릿속에 저장되는 것이 아니라 몸에 새겨진다. 뭔가를 외워야 할 때 눈으로 읽는 것보다 종이에 쓰거나 입으로 소리 내어 여러 번 읽어 입에 단어가 착 달라붙어서 입 밖으로 나오는 단계가 되면 굳이 외우지 않아도 몸에 새겨져 잊지 않게 된다.

아이들에게 책을 읽히기 위해서는 다양한 방법들을 시도해봐야 한다. 어른들은 필요에 의해서 어떤 것을 선택하지만 아이들은 '재미'의 요소에 크게 좌우된다. 독서도 마찬가지다. 아무리 책을 읽으라고 해도 실천하지 않는 아이들은 책의 맛을 모르는 것이기 때문에 재미를 느낄 수 있는 다양한 자극을 줘야 한다. 그리고 책이 일상 속에 스며들어 생활의 일부로 자리 잡을 수 있게 해야 한다.

대부분의 부모가 어릴 때는 엄마와 아빠가 잠자기 전에 아이 곁에서 책을 읽어주곤 했는데 아이가 한글을 읽을 줄 알게 되면서 점점 책 읽어주기를 줄여나간다. 어릴 때 부모님이 책을 읽어주면 옆에서 관심 있게 잘 듣고 마음에 드는 책을 가져와 읽어달라고 하던 아이가 지금은 책에서 멀어져 있다. 아이들은 부모님의 따뜻함을 느끼며 책을 읽게 된다. 전체를 다 읽어주는 것보다 앞부분만 읽어주고 뒷 이야기가 궁금하게 만들어서 아이들에게 읽게 만들어야 한다. 책 뒤의 내용이 궁금해지면 스스로 읽게 되어 있다. 많은 부모들이 바쁜 일상을 살고 있지만, 아이의 독서 습관을 길러주고 싶다면 책 읽는 환경에 많이 노출되도록 부모가 적극적인 자극을 줘야 한다.

발명가 에디슨은 권태기가 찾아오면 이를 극복하기 위해 여러 개의 일을 동시에 진행했다. "나는 어떤 일에 대해 내가 생각하고 싶은 만큼만 생각한다. 그 일에 흥미를 잃으면 다른 일을 시도한다. 항상 6개 내지는 8개의 작업을 동시에 진행하면서 내키는 일에 매달린다. 만약 어떤 일에 착수했는데 희망이 보이지 않으면 그 일은 제쳐두고 다른 일로 넘어간다. 그러면 원래 내가 알고자 했던 아이디어가 떠오른다. 그러면 또 나는 막 시작한 다른 일을 그만두고 원래의 일로 돌아가 마무리한다."

5년 동안 취미로 수채화를 배우러 다녔다. 그림을 그리다 보면 어떤 그림은 단시간에 잘 그려지기도 하지만, 미술 대전에 나가는 그림들을 그리다 보면 어느 순간 어떻게 그려야 될지 몰라 진도가 더 이상 나가지 않게 된다. 그럴 때 또 하나의 그림을 그린다. 더 작은 사이즈의 그림을 그리기도 하고, 더 큰 사이즈의 그림을 그리기도 한다. 다른 그림을 그리다 보면 내가 그리고자 했던 아이디어가 떠오른다. 그러면 먼저 그리던 그림을 다시 그린다. 책도 마찬가지다. 다양한 방법으로 읽어야 한다. 독서는 즐겁게 해야 한다. 책을 읽으면서 힘들면 쉬어도 되고 이해가 안 되는 책은 다시 책꽂이에 꽂으면 된다. 집에서 읽어도 되고, 카페에서 읽어도 되고, 회사에서 읽어도 된다. 출퇴근길에 읽으면 따로 시간을 내지 않아도 된다.

나는 읽은 책을 늘 아이들에게 이야기해준다. 가게에서 이야기할 때도 있고, 집에서 이야기를 할 때도 있다. 큰아이와 산책을 하면서 우리는 서로가 읽은 책에 대해서 이야기를 한다. 읽고 좋았던 부분, 그리고 개선해야 할 문제들에 대해서 이야기를 한다. 서로 이야기를 하다 보면 다른 생각이 떠오른다. 그러면 휴대폰에 바로 메모를 한다. 함께 이야기를 나누면서 얻게 되는 것도 많고, 함께 가게를 하다 보면 부딪치는 문제들이 있는데 산책을 하는 시간에 이야기하게 되면 기분 좋게 해결할 수 있다.

자신이 읽은 생각을 나누면 표현력이 좋아지고 일상에서 대화도 달라진다. 예전에는 그저 먹는 이야기, 노는 이야기를 했는데 책을 읽고 나서는 삶의 도움이 되는 이야기들만을 하기 때문에 대화의 질이 달라진다. 꾸준히 이야기하다 보니 얕은 대화에서 깊은 대화까지 더 다양해지고, 깊어진다. 꾸준히 설명하고 소통하는 법까지 익히게 된다. 다양한 책을 읽으면서 서로 생각과 가치관을 나누게 되고 서로의 시간과 꿈을 응원하게 되었다. 늘 같이 있으면서도 새로운 기분이고 색다른 추억을 쌓는 시간이 된다.

읽은 책을 아이들에게 이야기해주면서 내가 좋았던 책을 추천해주기도 하고, 때로는 아이들이 읽은 책을 추천해주기도 한다. 같은 책을 읽었지만 서로의 생각을 나누면서 더 크게 생각할 수 있게 되고, 아이들의 마음도 알게 되었다. 예전에는 내 생각만 강요했다면 이제는 아이들의 말을 존중하게 되었고, 늘 성장과 배움에 대해 이야기하고 있다. 서로에게 좋은 영향력을 받아 꾸준히 성장하게 된다. 아이들과 이야기를 하면서 학교에서 일어나는 문제나 사회적인 문제도 함께 이야기를 나누고 있다.

초등학교 저학년 시절에는 책 읽기를 좋아하던 아이도 고학년이 되거나 중학교에 들어가게 되면 책과 멀어지기 십상이다. 이때가 아이들이 스마트폰이나 게임에 빠질 시기다. 또 주위의 아이들이 본격적으로 학원에 다니는 등 점차 입시 준비에 들어가는 탓도 있다. 학벌사회이다 보니 남들보다 뒤떨어질까 염려하는 마음이 커진다. 당장 성적에 도움이 안 되는 책만 읽어서는 안 될 것 같은 생각이 들어 불안해진다. 주변에 아이들을 보면 초등학교 때는 1년에 수십 권씩 책을 읽었는데 중고등학생으로 올라가면서는 읽는 책이 10권이 채 안 된다는 이야기를 엄마들에게 듣게 된다. 막내 아이 때문에 가족 독서 토론을 시작하게 되었지만 지금은 막내가 이 시간을 제일 기다린다. 9시가 되면 독서 토론 시간이라고 온 가족을 부른다. 원래 책 읽기를 좋아하던 막내 아이였지만, 코로나19로 화상수업을 하면서 스마트폰과 게임에 재미를 붙이기 시작했다. 다행히 독서 토론을 하면서 다시 책에 재미를 붙이기 시작했고, 공부도 주도적으로 스스로 하고 있다. 보통 아이들이 초등학교 때에는 기쁘게 책을 읽는데, 중학교에 가면 책 읽기를 그만둔다. 신체적으로나 정서적으로 성장의 시기를 지나고 있는 중학생이 책을 가까이한다면, 멋진 청년으로 성장할 수 있다.

책에 대한 부모의 태도도 중요하다. 평소 부모님이 책에 관심을 가지고 있고 즐겨 읽는 모습을 보인다면 아이들은 그 모습을 보며 닮아간다. 그리고 아이들이 책 읽을 시간을 충분히 확보해줘야 한다. 학원에 오래 있거나, 학원 숙제가 너무 많아서 책을 가까이할 수 없다면 충분히 독서할 시간을 만들어줘야 한다. 부모의 독서에 대한 긍정적인 생각과 적극적인 태도가 아이를 책의 세계로 인도한다. 꾸준히 책을 읽고 가족에게 이야기한다면 아이들의 변화는 적절하게 일어난다. 꾸준한 독서가 똑똑한 독서 환경을 만든다. 접하기 쉬운 곳, 거실, 식탁, 아이 방, 화장실 등에 책을 가져다 놓고 언제든지 손만 뻗으면 닿을 수 있도록 해야 한다. 엄마의 정성이 결국 책 읽는 아이로 만드는 것이다.

SNS로 독서에 날개를 달다

책을 한 권 읽으면 한 권의 이익이 있고,
책을 하루 읽으면 하루의 이익이 있다.

– 괴문절 –

사람들과의 많은 소통과 연결, 대화를 할 수 있는 곳이 SNS이다. 친구·선후배·동료 등 지인과의 인맥 관계를 강화하고 또 새로운 인맥을 쌓으며, 네트워크로 인해 폭넓은 인간관계를 형성할 수 있다. SNS는 '나 자신'이 주체가 되어 관심사와 개성을 공유한다. 현재 SNS는 친목 도모, 엔터테인먼트의 용도를 넘어 1인 미디어 및 제품 마케팅, 정보 공유 등 다양한 목적으로 활용되고 있다.

SNS는 한 사람이 깊은 내공을 쌓는 데 필요한 재료의 질과 양을 더하는 행위다. 내 생각이 다른 사람의 생각과 격렬하게 부딪히기도 하고, 마치 하나였던 것처럼 자연스럽게 섞이기도 하면서, 다양한 생각을 할 수 있어 생각의 폭을 넓힐 수 있다. 그리고 여기에 내가 살면서 겪은 경험과 지혜가 합쳐지면 누구도 쉽게 흉내낼 수 없는 나만의 내공이 만들어진다.

책을 읽어야겠다고 생각은 하고 있지만, 내심 귀찮고 괴로운 일이라고 생각하고 있다면 SNS를 활용하는 것을 추천한다. 책을 읽고 SNS에 공유한다면 일과 삶에 활용할 수 있다. '책을 읽는 것만으로는 다른 사람들에게 동기부여를 줄 수 없어 책을 어떻게 활용하면 좋을까?' 고민하다가 SNS를 활용하게 되었다. SNS에 포스팅을 하면서 다른 사람에게 동기부여를 해줄 수 있다. SNS에 포스팅을 하기 위해 책을 읽은 후에 종이 한 장에 정리를 하고 있다. 정리를 하는 것만으로 반복 학습의 효과를 얻을 수 있고, 몰랐던 글의 흐름이 이해가 되고, 맥락이 파악되면서 좋은 아이디어가 떠오른다. 모든 책을 다 정리하는 것이 아니라 두 번 세 번 읽어야 하는 나에게 도움을 주고 다른 사람들에게 도움을 줄 수 있는 문장들을 찾아 정리를 하면 된다. 반드시 정리를 해야 제대로 이해가 되고, 다음에 사용할 때도 편리하다.

생각만으로는 쉽게 정리가 되지 않는다. 눈으로 읽고 다 알고 이해가 간다고 생각되지만 막상 정리한 것을 보면 느낌이 달라진다. 글을 쓰면서 단어와 문장의 의미를 다시 생각하게 되고, 새로운 의미로 거듭나기도 한다. 우리에게는 수십 년 동안 배우고 느끼고 경험했던 경험 자료들이 누적되어 있다. 글을 쓸 때 그 자료들을 불러와 이리저리 엮어보고 혼합해보면 새로운 연쇄반응이 일어나 새로운 글이 재탄생한다. 그렇게 괜찮은 글이 만들어지면 나도 모르게 환호성이 터진다. 이런 과정을 거치면 책이 깔끔하게 정리되고, 생각이 확장되어 나만의 논리가 완성된다.

책을 종이 한 장에 정리하면 서평을 쓰는 데도 큰 도움이 된다. 서평이란 책에 대한 나의 평가를 말한다. 책에 어떤 내용이 있는지, 저자가 주장하는 배경은 무엇인가를 밝히고, 그 주장을 알기 쉽게 정리해서 다른 사람들이 알기 쉽도록 써야 한다. 그리고 자신의 견해를 덧붙이면 제대로 된 서평이라고 할 수 있다.

우리는 살면서 유형, 무형의 자산을 쌓을 수 있는데 이 자산을 디지털 속에서도 쌓는 것이 바로 SNS 활동이다. 오프라인에 존재하더라도 온라인에 검색되지 않으면, 존재하는지도 모른다. 우리가 맛집을 가더라도 스마트폰으로 검색을 하는 디지털 시대를 살고 있다.

우리가 문제를 해결할 때에도 검색을 통해서 해결한다. 누군가는 힘들었던 것을 기록으로 남겨서 다른 사람의 시간을 절약하게 만들어 손쉽게 그 일을 해결하게 한다. 그렇게 절약된 시간은 좀 더 발전적인 것에 사용할 수 있다. 그렇게 해서 세상은 발전되는 것이다. 사람들과의 많은 소통과 연결, 대화를 할 수 있는 곳이 SNS이다. SNS에서 오픈된 소통만 잘해도 엄청나게 많은 콘텐츠로 쌓이게 된다. SNS의 특성상 나 혼자 내 콘텐츠를 만드는 것이 아니라 친구들과 함께 만드는 것이다. SNS는 필연적으로 맞닥뜨릴 수밖에 없는 시간적·공간적 한계를 극복해 내면에 숨겨져 있던 가능성을 실현할 수 있도록 도와준다.

나는 SNS에 읽은 책을 꾸준히 공유하고 있다. 블로그에 글을 올리면서 많은 이웃들이 내 글에 자극을 받기도 하고, 좋은 영향을 받아 독서를 결심한다. 그런 글을 볼 때마다 선한 영향력을 줄 수 있어 감사해진다. 하루하루 소중한 행복을 찾아야겠다는 사람들을 보며 더 힘을 내게 된다.

몇 년 전부터 디지털 노마드가 유행하면서 직장에 얽매이지 않고 자유롭게 사는 사람들이 점점 증가하고 있다. 블로그를 활용한 파워블로거 활동이 있고, 맘카페 등 활성화된 카페 홍보나 공동 구매, 최근 들어서는 페이스북이나 인스타 등 인플루언서들이 SNS로 대박나기 시작하면서 일반인들에게도 많이 알려지고 있다.

여기에 요즘에는 유튜브나 아프리카TV 등 동영상 컨텐츠 등 다양한 활동으로 집에서 돈 버는 법이 가능해졌다. SNS에 올린 책 한 권이 인생을 어떻게 바꿀지는 누구도 알 수 없는 시대이다. SNS에 우직하게 책을 읽고 올리다 보면 자신이 원하는 인생을 살 수 있도록 이끌어주기도 한다. 요즘엔 남녀노소 할 것 없이 SNS에 자신의 일상을 공유한다. 나도 SNS를 활용하고 있다. 나는 큰아이와 함께 네이버 블로그 〈꿈꾸는 모녀 작가〉, 페이스북, 인스타그램 그리고 〈모녀 작가 TV〉를 운영하고 있다. 다양한 책 추천과 책을 읽고 삶이 바뀐 점 등을 포스팅 하고 있다.

오프라인과는 달리 SNS는 인터넷을 통해 세계 모든 사람과 인맥을 형성하고, 관계를 맺을 수 있다. 이메일 하나만으로 계정을 쉽게 만들 수 있어 사용 방법이 복잡하지 않은 데다가, 지역적으로 국한되었던 인맥이 다른 지역, 다른 나라까지 확대되어 더 다양한 사람들과 소통할 수 있다. 배달의 민족을 창업한 김봉진 대표는 페이스북을 활용해서 독서에 날개를 달았다. 스타트업을 창업한 뒤 주변의 다른 CEO들을 보니 좋은 학력에 지식이 풍부한 사람들이 많았다고 한다. 김봉진 대표는 창의성에 있어서는 자신 있었지만, 책과는 거리가 먼 인생을 살았기 때문에 지적인 측면에서는 부족하다고 생각했다. 그래서 그 부족한 부분을 채우기 위해 책을 읽기 시작했다. 자신을 믿고 자신의 회사에 투자한 사람들을 위해 책을 읽고 읽은 책을 알리기 시작했다. 페이스북에 일주일에 한 번씩 책을 올리기로 결심했는데 일주일에 한 권씩 올리는 일이 쉽지 않았다.

일주일에 책 한 권을 읽고, 읽은 책을 올리면 그 다음 주에 올려야 할 책 때문에 압박감도 있었다고 한다. 가끔 올리지 않으면 주변 사람들이 왜 안 올리느냐고 물어와 동기부여가 되어서 계속 올리게 되었다. 그렇게 해서 올리게 된 것이 10년이 되었다고 한다. 처음 책을 올릴 때에는 누군가에게 보여주기 위해 읽었는데 10년이 지난 지금은 책을 읽는 것이 자기의 모습이 되었다고 이야기한다. 10년 동안 페이스북에 책을 올렸더니 인터뷰 요청이 들어왔고, 독서광 타이틀까지 얻게 되었다.

제프 자비스는 뉴욕대학교 저널리즘 교수로, 새로운 미디어와 기술이 우리의 생활을 어떻게 바꾸어놓는지를 끊임없이 연구해온 학자다. 제프 자비스는 『공개하고 공유하라』에서 정보 공유에 대한 사회·문화·역사에 대한 방대한 지식을 압축적으로 담아냈다. 블로그를 통해 그는 인터넷의 공개, 공유, 공공화의 혜택이 무엇인지를 증명해왔다. 예컨대, 델 컴퓨터의 고객서비스에 대한 문제를 블로그에 제기해 기업의 서비스 개선을 이루어내었다. 모두가 연결되고 공공의 선을 추구하고자 할 때 인터넷이라는 매체가 가지는 힘을 여실히 보여준다.

그는 우리가 공유하는 물리적 공간, 공기, 우리가 누리는 권리만큼이나 인터넷의 미래가 중요하다고 말한다. 인터넷은 '대중에 의한, 대중을 위한, 대중의 공간'이라고 말하며 이를 효율적이고 선의적으로 사용할 수 있도록 해야 한다고 강조한다.

SNS를 통해 스스로 나를 설명해가야 한다. 내가 관계를 맺는 것들이 바로 나를 설명하는 것이다. 스마트폰 하나만 있으면 누구나 새로운 관계를 만들어내는 시대다. 굳이 사람을 면대면(Face-to-Face)으로 만날 필요가 없다. 관계를 맺기 위해서 돈을 쓸 필요도 없다. 조직의 시대의 학연, 지연, 혈연 등 휴먼 네트워크의 의미도 약해지고 있다. 인간관계를 유지하기 위해 다른 세력에 기대어 상처받을 필요도 없다. 내가 중심이 되어 노출 플랫폼에서 나를 알리면 된다.

개인의 시대에는 개인의 파악을 자기소개서, 학벌과 학점, 형식적인 자격증이 아닌 한 개인이 노출한 데이터를 인공지능을 통해 한다. 개인은 자신을 알리기 위해서 자기소개서를 작성하고, 학점을 따고, 자격증을 따기 위해 노력하기보다 자신의 무엇을 어떻게 노출할 것인가를 고민해야 한다. 즉, 노출하는 삶을 살아야 한다. 노출의 스토리를 보여줘라.

개인의 시대에는 스펙과 스펙의 대결이 아니라 노출하는 사람과 노출하지 않는 사람과의 대결이 될 것이다. 기존의 학벌과 스펙에 기반한 채용에서 노출에 기반한 채용으로 바뀔 것이다. 누가 더 좋은 학벌을 갖고, 더 많은 스펙을 쌓느냐가 아니라 누가 더 많은 노출을 했느냐가 중요하다. 노출의 흔적이 진정한 '나'이기 때문이다. 개인의 시대에는 대중의 마음을 진솔하게 움직일 수 있는 자신의 흔적을 가지고 추종 세력을 얼마나 만드냐가 중요하다.

책을 읽고 난 후에 만족감에 빠져 그것으로 끝내는 것이 아니라, 아웃풋으로 독서에 날개를 달자. 책의 내용을 다시 한 번 돌아보고, 자투리 시간을 활용해 아웃풋을 남기자. SNS는 비단 독서뿐 아니라 내가 배우고자 하는 모든 분야에 적용할 수 있다. 서평도 습관이다. 뭐라도 시작해야 한다. 처음부터 잘 써야겠다는 생각을 내려놓자. 아웃풋을 하면 책을 한 번 읽더라도 다양한 관점에서 독서할 수 있다.

4차 산업혁명과 언택트 시대가 개인의 시대를 가속화시키고 있다. 이제 국가도, 기업도, 개인도 '개인의 시대'를 대비해야 한다. 이제 조직의 시대 방식으로는 성공의 답을 찾을 수 없게 되었다. 그 누구도 한 개인을 보살펴주지 않는다. 이제 스스로 일어서야 한다.

같은 분야의 책을 30권 읽어라

능력, 경험 그리고 책은
모든 문제에 대한 해결책을 가지고 있다.

– 아밋 칼란트리 –

책 읽기를 삶의 가장 큰 가치로 여기며 즐기다 보니, 책을 읽고 있는 사람이 보이면 눈이 한 번 더 가고, 어떤 책인지 궁금해지곤 한다. 책을 읽고 있는 그 누군가가 막연히 근사해 보이는 것은 물론이다. 이렇다 보니 '다른 사람들은 책을 어떻게 읽을까? 글에 녹여 쓰거나 누구를 위로할 때 들려주고, 읽는 책들을 어떻게 하면 좀 더 적극적으로 활용할 수 있을까?'를 생각하게 된다.

한 권의 책을 천천히 완독할 경우 처음의 기대와는 달리 내용이 떨어지고 지루한 부분이 많아도 끝까지 읽어야 한다는 의무감 때문에 계속 읽게 된다. 그 결과 책 읽는 데에 많은 시간과 에너지를 사용했음에도 불구하고 읽은 내용을 정확히 이해하지도 기억하지도 못하게 된다. 하지만 여러 권의 책을 병행해서 읽으면 짧은 시간에 그 책의 취지와 세계관을 파악하려 하기 때문에 당연히 집중력이 높아진다.

사람마다 안고 있는 문제는 다 다르다. 책은 문제에 대해 각자 나름대로 답을 주고 있다. 그것을 어떻게 풀고 내 삶에 적용할지는 읽는 사람의 문제다. 책이 주는 즐거움과 함께 내가 안고 있는 문제까지 생각하며 책을 읽다 보면 삶의 변화가 저절로 일어나게 된다. 나는 어제보다 나은 내가 되기 위해 책을 읽는다. 어제보다 1%만 나아지면 된다.

어떤 책을 읽고 무엇을 얻을 수 있을지 아무도 모른다. 책은 항상 기대 이상의 무언가를 주려고 말하고 있다. 내가 끌리는 책에는 반드시 이유가 있다. 책을 처음부터 끝까지 차례대로 고지식하게 읽을 필요는 없다. 소설이 아닌 한 앞부분을 안 읽었다고 뒷장이 이해되지 않는 책은 거의 없다.

목차를 보고 재미있을 것 같은 장부터 읽는 것이 좋다. 그 장이 재미있으면 다른 장도 읽어본다. 반대로 처음 읽은 부분에 재미를 느끼지 못했다면 더는 읽지 않게 된다. 읽어야 할 책은 그 책 말고도 무궁무진하다.

참고 계속해서 읽는 것은 시간낭비다. 중간부터 읽어야 하는 책도 있다. 그리고 쉬는 동안에 다른 책을 읽는다. 한 권을 단번에 전부 읽으려고 하지 않는다. 전부 읽으려면 한꺼번에 일정량의 시간이 필요해진다. 책에 맞춰 당신의 시간을 빼앗겨서는 안 된다. 비어 있는 시간에 읽고 싶은 책을 읽을 수 있는 데까지 읽는다. 계속해서 그렇게 읽어나가면 되는 것이다.

독서의 제1수준은 기초적인 읽기이다. 독서의 제2수준은 살펴보기, 독서의 제3수준은 분석하며 읽기이다. 네 번째로 가장 높은 독서의 제4수준은 통합적인 읽기이다. 이 수준을 다른 말로 표현하자면 비교하며 읽기라고 할 수 있다. 통합적으로 읽는다는 것은 단 한 권만 읽는 것이 아니라 같은 분야의 책을 많이 읽고, 그 책들이 전달하는 중심 주제를 서로 연관시키는 것이다. 읽은 책의 도움을 받아 '읽은 책 중 어떤 책에서도 읽지 못한' 주제의 분석 작업을 할 수 있다.

한 분야의 책을 여러 권 읽고 하나의 주제를 파악하는 데 한 권 가지고는 부족하다. 같은 주제나 비슷한 주제의 책을 여러 권 읽다 보면, 어떤 책이 좋은 책인지 '감'이 온다. 하나의 주제에 대해서 저자마다 기술하는 방식이 다르고, 바라보는 각도가 다르다는 것을 자연스럽게 알게 되고, 그 분야에 대한 시각도 따라서 넓어지게 된다. 그 분야에서 여러 권의 책을 읽다 보면 그 분야에 대한 지식이 넓고 깊게 되는 순간이 온다. 그 분야에 대해 어느 순간 뭔가 확 뚫리는 느낌이 드는 것이다. 그것이 바로 정통하게 되는 것이다.

평소 TV에서 〈골목식당〉을 자주 본다. 평소 TV는 잘 보지 않지만 〈골목식당〉은 내가 장사를 하기 때문에 시간을 내어서 보는 프로그램이다. 우리는 각자 나름대로 스스로는 열심히 한다고 생각하며 살아가고 있는지도 모른다. 자기 생각 안에서 열심히 하지 않는 사람은 없을 것이다. 하지만 〈골목식당〉에 나오는 대부분의 사람들을 보면 객관적인 눈으로 볼 수 있다. 백종원 대표는 문제점을 콕 찍어서 해결 방법까지 제시해준다. 대부분의 식당들은 다른 사람들보다 더 많은 시간을 노력하고 성과가 나지 않아 매출로 연결되지 않는 경우도 있다. 맛이 없어서도 아니고, 가격이 비싸서도 아니다. 매출을 올리는 법이나 충성 고객을 만드는 법 등을 제대로 몰라서 매출을 올리지 못하는 경우도 많다.

치킨 가게에서 칼국수 가게로 바꾸기 위해 『백종원의 장사 이야기』뿐만 아니라 『책 읽고 매출의 신이 되다』, 『장사의 신』 등 장사에 관련된 책을 여러 권 읽었다. 여러 권의 책을 읽다 보면 책마다 중요하게 이야기하는 부분이 있고, 이 책에는 없는 내용이 이 책에는 있는 경우도 있다. 여러 권의 책을 읽어야 내가 원하는 정보들을 모두 얻을 수 있다.

식당을 하려는 사람들의 부류는 두 가지다. 자신이 직접 식당을 차리거나 아니면 프랜차이즈를 만들려는 경우다. 치킨 장사로 프랜차이즈를 해봤기 때문에 본사의 횡포에서 벗어나 이번 장사만큼은 프랜차이즈가 아닌 내가 창업을 하고 운영을 하고 싶었다. 장사와 관련된 책들을 여러 권 읽다 보니 어떤 장사가 덜 힘이 드는지와 내가 잘할 수 있는 메뉴가 보였다. 치킨 가게를 하며 힘든 이유를 책을 읽으면서 찾았다.

음식 장사를 하면 꼭 요리를 잘해야 한다고 생각하지만 나보다 요리를 잘하는 사람은 정말 많다. 장사는 하루 손님 수와 상관없이 식재 관리를 일정하게 할 수 있는 메뉴를 개발해야 한다. 또 그 메뉴들은 오늘 주방장이 나오지 않았을 때 아르바이트라 할지라도 만들 수 있도록 간단해야 한다. 장사가 잘되었을 때 10인분과 100인분을 팔 때의 수익이 확 달라진다. 김밥 전문점의 경우 한 개의 김밥을 파는 경우와 10개의 김밥을 파는 경우 똑같은 노력과 시간이 들어간다. 하지만 칼국수 같은 경우 4명의 손님이 왔다면 한 냄비에 4인분의 양을 넣을 수 있다. 같은 냄비에 넣어 시간과 가스비를 줄일 수 있다.

치킨은 한 마리를 팔 때에도 똑같은 일의 공정을 거쳐야 한다. 다리와 날개 등 부위가 섞이기 때문에 주문이 들어올 때마다 같은 힘이 들어갈 수밖에 없다. 그리고 남편이 배달을 가면 나 혼자 치킨을 튀기고 양념을 묻히고 포장을 해야 한다. 하지만 식당을 하면서 같은 공간에 두 사람이 함께 일하기 때문에 능률도 두 배가 된다.

책 한 권을 읽을 때마다 떠오르는 아이디어가 다르고, 배우는 지혜도 다르다. 성공하기 위해서는 공부를 해야 한다. 돈 공부, 장사 공부, 마음 공부, 인간관계에 관한 공부 등 세상을 살아가기 위한 공부에 돈과 시간을 투자해야 한다. 자신은 잘하고 있다고 평가하지만, 성과가 좋지 않다면, 자신을 과대평가하고 있는지도 모르는 것이다.

한 분야의 책을 30권 읽게 되면 준준 전문가가 된다. 성과를 높이기 위해서 공부는 필수다. 리처드 스틸은 "독서가 정신에 미치는 효과는 운동이 신체에 미치는 효과와 같다"고 말한다. 기본적으로 축구 선수는 체력을 기르기 위한 기초 운동을 한다. 하지만 각자의 전문 분야로 들어가면 골키퍼와 수비수, 미드필더, 공격수 모두 다른 운동을 한다. 모두 같은 운동을 한다면 기량을 잘 발휘하지 못하게 된다.

나는 장사를 하기 위해 장사에 관련된 책을 여러 권 읽었다. 하지만 다른 책을 읽었다면 장사에 도움이 되었을까? 독서도 각자 자신의 영역의 독서에 집중적으로 해야 한다. 그렇지 않고 여러 분야의 책을 읽게 된다면, 내 전문성을 쌓기는 불가능해진다.

아이들을 잘 키우기 위해 아이들에게 관련된 책을 여러 권 샀다. 『좋은 엄마로 산다는 것』, 『엄마의 하브루타 대화법』, 『유대인 엄마의 힘』, 『좋은 부모의 시작은 자기 치유다』, 『가족 연습』 등 30권이 넘는 책을 사서 읽었으며, 남편과의 관계를 위해서 『5가지 사랑의 언어』, 『부부 학교』, 『머리 아픈 남편 가슴 아픈 아내』, 『화성에서 온 남자 금성에서 온 여자』 등의 30권 이상의 책을 사서 읽었다.

독서는 우리 삶을 바꿀 수 있는 강력한 도구다. 도구를 활용해 월등한 결과를 내고, 선순환의 고리를 만들어야 한다. 많은 사람들이 책을 읽고 유용한 지식을 얻었다고 흡족해하지만, 자기만족에 빠져 나아가지 못한다. 읽는 데 2~3시간씩 걸렸다면 30분 만에 읽고 남는 시간을 유용하게 써야 한다.

잠깐 해보고 '나는 안 돼.' 하는 안일한 태도는 결국 아무것도 할 수 없다. 결과는 행동과 인내에서 나온다. 독서도 마찬가지다. 책을 많이 사면 좋은 책도 있고, 나에게 전혀 필요 없는 정보를 주는 책도 있다. 그때는 '아하, 이런 책도 있구나.' 하고 다른 책을 읽으면 된다.

어떤 책들은 처음부터 끝까지 좋은 내용으로만 되어 있는 책들도 있기 때문에 그런 책에서 유익한 정보를 많이 얻으면 된다.

나는 장사에 관련된 책을 여러 권 읽고, 독서 1년 만에 가게 업종을 바꿨다. 책을 읽고 2년이 지난 지금, 큰아이와 함께 칼국수 장사를 하면서 모녀 작가가 되었다. 독서법에는 여러 가지 방법이 있다. 독서법에 100% 확실한 정답은 없다. 하지만 지금 내가 하는 독서법을 점검하고 새로운 방법을 세울 필요는 있다. 그리고 무엇을 하든지 절대적으로 필요한 것이 인내심이다. 칼국수 가게를 할 때도 마찬가지고 책을 읽을 때도 마찬가지다.

나는 요즘 독서법에 관련된 책을 쓰기 위해 독서법에 관련된 책들을 30권 사서 읽고 있다. 그리고 앞으로 20권 정도를 더 사서 공부할 계획이다. 같은 분야의 책을 30권 정도 읽게 되면 어느 정도의 전문성을 갖추게 되어 닥친 문제들을 해결할 수 있게 된다.

8

지혜는 외우는 것이 아니라 깨닫는 것이다

자기 자신을 바꾸고 싶은가? 좋은 책을 찾아서
그 책의 문을 열고 들어가라! 책 속에 한 번 들어가게 되면,
거기서 나왔을 때 결코 예전과 똑같지 않은 자신을 발견할 것이다.

– 메멧 무랏 일단 –

아무것도 하지 않으면 아무 일도 일어나지 않는다. 하던 일만 계속한다면 무력감에 빠질 수 있다. 발전은 새로움에서 일어난다. 하던 일도 새롭게 하거나 아니면 새로운 일에 도전해야 발전이 있다. 그 발전으로 자신감이 생기고 인생이 변하는 것이다. 현대인들에게 가장 고민되는 것은 바로 인간관계와 돈이다. 자본주의 사회에서 살아가기 위해서는 재화를 습득해야 한다. 또한 인간은 사회적인 동물이므로 인간관계를 꾸려나가야 행복해질 수 있다.

2년 전 위기의 그 순간 책을 만나지 않았더라면, 조금이나마 소극적인

방법으로 책 읽기를 했더라면 지금까지 책을 읽는 즐거움은 이어지지 못했을지도 모른다.

유대인은 지식만 있고 재능이 없는 사람을 '책을 가득 실은 당나귀'라고 부른다. 또한 배움에서 가장 중요한 것은 사고방식이라고 여긴다. 유대인은 학습 과정에서 항상 의심하는 태도를 유지하고 언제든지 질문을 던진다. 질문은 지혜의 창을 여는 문과 같다. 아는 것이 많을수록 질문도 많아지고, 질문을 많이 던지는 사람만이 발전한다.

심리학 연구에 의하면 우리의 잠재의식이 질문의 존재를 인식했을 때 깊은 사고로 들어갈 수 있다고 한다. 질문이 없는 사람은 표면적인 사고에 머물 뿐이다. '왜', '무엇을', '어떻게'를 궁금해 할 때 우리의 두뇌는 생각하기 시작한다는 것이다. 질문이 생기면 해답을 찾기 위해 깊이 생각하게 되고 결국 독립적 사고를 통해 구체화된다. 개인의 노력만으로는 깊은 사고로 들어가기 어렵다.

세계 최고의 투자가로 꼽히는 워런 버핏에게 한 미국인이 편지를 보내 당신을 성공으로 이끈 지혜가 무엇인지 알려달라고 했다. 그 편지에 워런 버핏은 이렇게 답장했다. "읽고, 읽고, 또 읽어라." 워런 버핏은 매일 깨어 있는 시간의 3분의 1 이상을 독서에 투자하며 다른 사람들보다 다섯 배 이상 책을 읽었다. 자기 인생을 통제하는 것은 행복의 매우 중요한 요소다.

중국 베이징 병원에서 어린이 2,000명을 대상으로 조사한 결과, 놀랍게도 적응 장애를 겪는 아이의 비율이 23%에 달했다. 여기에 속한 아이들은 다른 사람이 자기가 바라는 대로 해주지 않으면 불같이 화를 내고 시끄럽게 소란을 피웠으며, 사소한 문제에 부딪혔을 뿐인데도 자기 능력 밖의 일이라고 포기하거나 주변 사람들을 원망했다.

일전에 만난 어느 엄마는 자녀가 하나뿐이라 아이가 해달라는 것은 뭐든 다 해주었다. 그런데도 그 아이는 집안이 너무 답답하다며 가출을 시도했다. 자신이 원하는 사소한 뭔가를 들어주지 않았기 때문이다. 대부분의 엄마들이 자식을 어떻게 키워야 되는지 몰라 그저 자신의 마음가는 대로 예뻐하고 사랑해준다. 반면에 엄마의 기분이 좋지 않을 때는 아이를 때리기도 하고 크게 소리 지르며 야단치기도 한다.

아이가 삐뚤어지기 시작하면서 자신의 양육 방식이 잘못되었다고 느끼기 시작한다. 아이들은 해도 되는 것과 안 되는 것을 구별할 줄 모른다. 엄마의 기분대로 아이들을 키우니 아이들도 기분대로 하는 것이다. 자녀를 사랑하더라도 어려서부터 상황에 맞는 절제력을 길러주고, 자녀의 마음이 다소 불안정해도 부모로서 흔들림이 없이 중심을 잘 지켜야 아이들에게 혼란을 주지 않게 된다.

메이지대학교 문학부 교수로 수많은 학생들을 가르치고 있는 사이토 다카시는 매주 월요일부터 금요일까지 아침마다 TV 생방송을 진행한다. 여기에 짬짬이 글을 써서 책을 내고 한 달에 두세 번 정도는 기업이나 학교의 초정을 받아 강연을 한다. 흔히 교수라고 하면 아이들을 가르칠 때만 빼고는 연구실에 머무르며 비교적 여유롭게 자기 시간을 보낼 수 있을 것이라고 생각하지만 잠시 책상에 앉을 틈도 없이 바쁜 일상을 보내고 있다. 그럼에도 그가 절대 거르지 않는 것이 바로 독서다. 하루도 책을 펼치지 않는 날이 없다고 한다.

그는 대학에 들어가 법학부를 졸업한 뒤, 교육자의 길을 걷고 싶다는 생각에 진로를 바꾸고 대학원에 진학했다. 대학원에 다니며 공부하는 동안 나이는 서른이 넘었고, 이렇다 할 직장도 없는 빈털터리였으며, 힘들게 쓴 논문도 인정받지 못했다. 그렇게 원하던 공부를 하면서도 "지금 하는 일이 뭐예요? 수입은 얼마나 되죠?"라고 묻는 사람들의 시선 속에서 불안하고 초조했다. 다른 이들은 한참 앞서가고 있는데 자신은 아무리 노력을 해도 별 성과도 없고 초라해 보일 뿐인 것 같아 대학원 따위는 그만둘까 고민했던 적이 한두 번이 아니다.

그때 미래에 대한 불안과 회의감 속에서 그가 할 수 있었던 것은 독서밖에 없었다. 책을 읽는 동안만큼은 현실을 잠시 잊을 수 있고, 답이 나오지 않는 고민을 하며 시간을 보내는 것보다 그래도 뭔가를 배울 수 있으니 더 낫다는 생각 때문에 미련할 정도로 책의 세계로 파고들었다. 그는 독서를 하면서 생각하는 힘, 풍부한 간접 경험, 나와 타인 나아가 세상을 이해하는 유연성 등 무수히 많은 힘을 키울 수 있었다. 책을 읽으며 흡수한 저자들의 생각과 지식, 삶이 내면에 켜켜이 쌓여 무슨 일이든 자신 있게 해낼 수 있는 토대가 되어주었고, 갈림길에서 갈팡질팡하지 않고 후회 없는 결정을 내릴 수 있도록 도와주는 이정표가 되어주었다. 다시 말해 그가 지금 잘 살고 있는 것은 그가 똑똑해서나 운이 좋아서가 아니라 매일 책을 읽은 힘 덕분이라고 말한다.

3천만 원의 대출을 받아 처음 치킨 장사를 배우고, 장사가 잘되게 하기 위해서 여러 정보를 알아보고, 어떻게 살아가야 할까의 새로운 고민들을 하면서 정신없이 보냈다. 그리고 막내 아이를 가지고 막내 아이를 잘 키워야 되겠다는 생각밖에 없었다. 아이를 키우며 쉬는 날도 없이 자정까지 장사를 하며 바쁜 하루를 보냈다.

시간이 지나 아이들은 컸고 하루 종일 바쁘게 열심히 살았더니 빚도 갚고 어느 정도의 자산을 갖추게 되었다. 직장인들도 마찬가지다. 회사에 들어가 정신없이 일을 배우고, 회사란 어떤 곳인지를 파악하고 그 속에서 자신은 어떻게 살아가야 할까 새로운 단계의 고민들을 계속한다. 스스로 부족한 것을 깨닫고 배우고 바쁘게 달려와 지금의 자리까지 왔지만 한 발 뒤로 물러서서 객관적인 시선으로 바라보게 되면 무엇인가 삶의 공허함을 느끼게 된다.

책을 읽는 대부분의 사람들이 이 공허한 감정을 없애기 위해 책을 접한다. 책을 꾸준히 읽어본 사람들은 여러 가지 책을 읽을 때마다 전에는 몰랐던 지식과 감동, 재미까지 준다고 말을 한다. 새로운 책을 읽게 되면 나 자신이 생각했던 것보다 폭넓은 존재였다는 것을 스스로 깨닫게 된다. 우리는 무엇인가를 이뤄내야만 가치 있는 존재가 되는 것은 아니다. 우리의 모습 자체로 이미 충분하다. 나는 책을 읽으며 부정적인 감정을 긍정적인 감정으로 바꿀 수가 있었고, 긍정적인 모습으로 나를 바라보며 내가 좋아하는 것을 하나씩 해나가기 시작했다. 누구나 일 속에 빠져 허우적거리다가 문득 자기 자신을 찾고 싶어 한다. 누구도 아닌 자신만의 생활을 찾고 싶어 하지만 생각만으로는 절대로 그것을 찾을 수 없다. 독서는 가장 적은 비용을 들이고 허전함과 매너리즘을 빠져 나오게 하는 도구다.

독서란 다른 사람의 삶과 생각을 읽는 것이다. 사람은 평소에 주위의 사람들과 나를 비교함으로써 나를 평가한다. 그런데 내 주위를 보면 행복한 사람들보다 나처럼 힘들게 살아가는 사람들이 대부분이다. 그 사람들과 나를 비교하며 똑같은 인생을 살고 있는 것이다. 삶이 나아지지 않는 이유가 어쩌면 당연한 것인지 모른다.

하지만 책을 쓴 사람들의 대부분은 성공한 사람들이다. 나처럼 책의 힘을 빌려 성공한 사람들도 많고 전문적인 지식을 담은 책도 많이 있다. 우리가 무언가를 배우려고 하면 나보다 나은 사람에게 배워야 한다. 우리는 책으로 성공한 사람들과 나 자신을 비교하면서 진짜 자기 자신을 깨닫게 된다. 책의 성공자들을 보고, 성공자들의 말을 들으며, 성공자들의 생각을 접할 때 자신의 참 모습과 말과 생각이 잘못되었다는 것을 깨닫게 된다.

열심히 살아가다 보면 나는 없고 내가 원하는 것이 무엇인지도 모를 때가 있다. 어떤 쪽을 바라봐야 하는지 스스로도 잘 모르는 것보다 답답한 것이 또 있을까? 하지만 대부분의 사람들은 고민만 하며 살아간다. 하지만 해결하지 못하고 고민만 한다면 기회는 날아가버린다.

목표가 있고 원하는 바가 확실하다면 결정력과 실행력은 비약적으로 성장한다. 모든 것의 출발점은 진짜 자신이 원하는 것을 깨닫는 데 있다.

나는 마흔 여섯의 나이에 책을 읽기 시작하면서 나를 들여다볼 여유를 찾았다. 우리 가족에게 책은 그 무엇보다 중요한 부분을 차지한다. 우리 가족이 계속 책을 읽는 이유는 진짜 자아를 찾고, 계속 성장할 수 있기 때문이다.

사람은 사회적 동물이다. 혼자의 생각만으로는 문제를 해결할 수 없다. 같은 고민을 했던 다른 사람들의 이야기를 책 속에서 찾아보면서 나를 깨달아간다. 지혜는 외우는 것이 아니라, 깨닫는 것이다. 책의 성공자와 함께 고민하며 생각하며 스스로 깨달아가는 과정이다. 독서는 세상에 단 하나밖에 없는 자신의 삶을 새로 구성해 다채롭고 아름답고 지적으로 만들어준다. 마음의 눈을 뜨고 책에서 만나는 모든 것들을 맛보자. 당신의 행복을 성공으로 평가하지 말고 인생이라는 여행 전반을 즐기자. 행복 자체가 지혜다. 지혜는 외우는 것이 아니라 깨닫는 것이다. 제대로 된 독서는 긍정적으로 내 삶에 변화가 일어나야 한다.

5 장

우리는 **독서로** **기적**을 만들었다

나는 독서로 인생을 리셋 했다

진정한 변화는 백 번 각오하고 다짐하는 것보다
한 번 제대로 깨달을 때 찾아온다.

– 알프레드 아들러 –

우리나라 속담에 "오르지 못할 나무는 쳐다보지도 말라"는 말이 있다. 불가능하게 보이는 것은 아예 생각도 말라는 것이다. 게다가 "될 성싶은 나무는 떡잎부터 알아본다"며 자라나는 나무의 싹을 싹둑 잘라버린다. 또 그 말은 잘될 나무와 못될 나무가 따로 태어나는 것처럼 들린다. 정말 잘될 나무와 못될 나무가 따로 있는 것일까? 잘될 나무는 거름을 충분히 주고 물을 주며 정성껏 가꾸면 잘되는 것이다. 아무리 좋은 나무도 물 한 방울 주지 않고 방치한다면 좋은 열매를 맺을 수 없을 것이다.

"열 번 찍어 안 넘어가는 나무가 없다." 길을 가다가 돌이 나타나면 약자는 그것을 걸림돌이라고 하고, 강자는 그것을 디딤돌이라고 말한다. 세상을 살아가면서 우리는 하루에도 몇 번씩 수많은 삶의 돌을 만난다. 그때마다 그 돌을 대하는 마음가짐에 따라 결과는 엄청나게 달라진다. 삶에서 오는 모든 장애를 불평과 원망의 눈으로 보는 것과 그것을 재기와 도약의 발판으로 삼는 것과는 분명 큰 차이가 있을 것이다.

철학자 헨리 데이비드 소로우는 "뒤로 갈 것이 아니면 돌아보지 말라"고 했다. 과거는 물에 흘려보내고 상황을 다른 사람들의 탓으로 돌리지 말고 멀리 크게 보아야 한다. 큰 새는 낮게 날지 않는다. 높이 나는 새가 낮게 나는 새보다 안전하다. 우리는 낮게 나는 것이 안전하다고 착각하며 살고 있다. 낮은 기대와 소박한 꿈에 만족하고, 자신의 능력을 과소평가하면서 안전하다는 느낌 속에 살아왔다. 그러나 너무 낮게 날면 나 자신만이 아니라 나를 의존하고 도움을 받는 사람들까지 기만하게 된다. 우리는 과거 그 어느 때보다 더 높이 날 수 있는 세상을 맞이했다. 후회할 시간에 한 발 내디디면, 지금보다 삶이 훨씬 나아진다. 해결되지 않는 문제는 평생 남아 있게 된다.

20세기의 첼로의 거장, 첼로의 성인이라 불리는 파블로 카잘스는 95세 나이에도 하루 6시간 연습을 하며 아직까지 실력이 조금씩 좋아지고 있다고 이야기한다. 불멸의 음악가 베토벤은 어릴 적부터 세계적인 명성을 누리지만 31세가 되어 청력을 완전히 잃었다. 절망에 빠져 33세의 나이에 죽음을 결심하지만 청력을 잃어버린 것이 절망의 끝이 아니라는 것을 깨닫게 된다. 그리고 청력을 잃은 것을 잡념에 귀를 막고 오로지 작곡에만 전념할 수 있는 절호의 기회로 삼았다.

- 35세, 교향곡 3번 〈영웅〉 작곡
- 36세, 피아노 소나타 〈열정〉 작곡
- 39세, 교향곡 5번 〈운명〉 작곡
- 40세, 피아노 협주곡 〈황제〉 작곡

베토벤의 대작들은 모두 청력을 잃은 이후에 탄생했다. 불후의 명작인 교향곡 9번 〈합창〉은 55세 때 작곡되었다. 그가 만일 잃어버린 청력에 계속 사로잡혀 있었다면 베토벤의 대작들은 이 세상에 나오지 않았을 것이다. 우리의 인생도 절망의 늪에서 마음을 비우고 새로운 기회를 찾는다면 더 큰 세상을 만날 수 있다.

세상은 아무에게나 행복과 성공을 안겨주지 않는다. 끊임없이 자신을 돌아보며 갈고닦는 사람만이 기회를 포착할 수 있다. 지금 가지고 있는 생각에 안주하지 말고 끊임없이 새로운 생각으로 바꿔나가야 한다. '난 원래 내성적이고 소극적인 성격이야.', '난 원래 그런 건 못 해.'와 같은 믿음도 알고 보면 내가 스스로 만들어낸 생각들일 뿐이다. 이런 사실을 깨닫는 것만으로 우울함은 순식간에 긍정의 에너지로 바뀐다. 생각만 바꾸면 누구나 자신을 바꾸어나갈 수 있다.

긍정의 사고를 가진 사람들은 '못 올라갈 나무는 사다리를 놓고 올라간다'는 생각 대신 사다리를 열심히 만들면 된다. 자신만의 가치관을 가진 사람들은 내 나무에 집중한다. 오르지 못할 나무를 쳐다보지 말라는 것은 과도한 욕심을 버리라는 뜻이기도 하지만 내 나무가 아닌 다른 나무에는 오를 생각을 하지 말라는 의미도 있다. 즉 자기답게 살라는 뜻이다. 많은 사람들이 과거에 집착을 해 자신은 '안 돼.'라는 말로 자기 자신을 힘들게 한다. '안 돼.'라는 말은 무엇을 해야 할지 모르기 때문에 쓰는 단어다. '안 돼.'라는 말은 지금 삶에 안주하겠다는 뜻일 뿐이다. 누구나 인생의 목적이 있지만 그것을 눈에 보이는 구체적인 대상으로 만들지 못하는 이유는 지식이 없기 때문이다. 독서를 하는 이유는 스스로 인생을 개척하고 미래를 설계하면서 내 주위의 사람들과 함께 이끌어 보다 좋은 가정을 넘어 좋은 사회를 만들어가기 위함이다.

독서를 하지 않으면 새로운 생각이나 노하우를 받아들이지 못하기 때문에 편협한 생각에 자신을 가두게 된다. 대부분의 사람들은 일이 잘 안 풀리면 인생이 괴롭고 즐겁지 않다고 생각한다. 그 결과 음주, 도박, 노름을 하며 잠깐의 즐거움을 찾는다. 자신이 진짜로 좋아하는 것을 찾아내지 못하기 때문에 인생을 잘 살지 못하는 것이다. 인생을 제대로 사는 법을 모르기 때문이다.

개인의 정신건강 상태를 자가 평가한 결과, 한국 사회의 '정신건강지수'는 평균 68.1점에 불과한 것으로 나타났다. 평소 불행하다는 생각을 많이 하고, 행복과는 거리가 먼 삶을 살고 있는 만큼 현대인들의 '정신건강'이 좋을 리도 만무하다. 삶이 불행하다고 느끼는 근본적인 원인은 경제적 문제에서 기인하고 있다. 본인의 경제적 문제(39%, 중복 응답)와 집안의 경제적 문제(33.9%) 때문에 자신의 삶이 불행하다고 생각하는 사람들이 가장 많은 것이다.

자본주의 사회에서 경제적 능력은 삶의 여유를 위해 필요한 가장 기본적인 요소지만, 많은 사람들이 큰 어려움을 느끼고 있다. 상대적으로 남성은 자신의 경제적 문제(남성 48.9%, 여성 30.4%)에서, 여성은 집안의 경제적 문제(남성 26.1%, 여성 40.7%)에서 불행의 원인을 더 많이 찾고 있다.

우리 앞에 놓인 장애를 없애려 하기보다 그것을 넘을 때 행복에 도착할 수 있다. 내가 치킨 가게를 하면서 갱년기 증상과, 우울증 그리고 삶의 의미를 잃어버렸던 것은 내가 '이 나이에 무엇을 할 수 있겠어. 스펙도 없고 부자 부모도 없는 나는 이렇게 살아야 해.'라는 생각에 갇혀 있으니 늘 답답했던 것이다. 나 스스로 무엇을 해야 할지 몰라 나를 한계 짓고 있었기 때문이다.

내가 아직도 자정까지 일을 하며, 주말에도 쉬지 못하고 일을 하고 있다면 지금 이 순간처럼 글을 쓰지 못하고 있을 것이다. 책을 읽기 시작하면서 우리 가족 모두의 삶은 빠르게 변하고 있다. 1년 만에 가게 업종을 바꾸었고, 큰아이와 함께 오전 9시부터 저녁 8시까지 칼국수 가게를 하면서 주말이면 책 쓰기 강의를 들었다. 나는『평범한 사람도 특별하게 만드는 독서의 기적』그리고 큰아이는『삶의 근육을 키우는 하루 한 권 독서의 힘』을 출간했다. 저녁 9시가 되면 가족 독서 토론을 하고 글을 쓴다. 추석 연휴를 맞아 열심히 이 글을 쓰고 있고, 막내 아이는 교환학생에 목표를 두고 노래를 흥얼거리며 스스로 공부를 하고 있다.

남편은 자신이 하고 싶은 일을 하고 있다. 큰아이와 나는 두 번째 책을 쓰고 있다.『평범한 사람도 특별하게 만드는 독서의 기적』이 많은 독자들에게 사랑을 받고 내 책으로 인해 가슴이 벅차오르고 동기부여를 받았다는 말을 들으며 이 책을 쓰고 있다. 더 많은 사람들이 나의 책을 읽고 독서의 기적을 느끼고 행복해지기를 바랄 뿐이다.

고대 로마의 작가 푸블릴리우스 시루스는 "시도해보지 않고는 누구도 자신이 얼마만큼 해낼 수 있는지 말하지 못한다"고 했다. 어떤 사고와 태도를 가지느냐에 따라 우리의 미래는 희망의 빛일 수도 있고, 회색 빛일 수도 있다. 우리가 어떤 마음가짐으로 앞날을 맞이하느냐에 따라 삶의 빛깔이 달라지게 되어 있다. 나의 작은 변화가 우리 의식을 변화시키고, 인생을 변화시켜 운의 방향을 플러스로 바꾸고 행운을 불러들인다.

신경학자들은 우리 뇌의 부정적인 패턴을 긍정적인 패턴으로 바꾸는 데 90일이 걸린다고 한다. 당신도 매일 꾸준히 책을 읽는다면 인생을 빠르게 리셋 할 수 있다. 우리 가족은 독서로 기적을 만들고 인생을 리셋 했다.

'돈'은 빼앗겨도 '지혜'는 빼앗을 수 없다

물고기 한 마리를 주면 그를 하루 동안 배부르게 할 수 있을 것이다.
그러나 그에게 물고기 낚는 법을 가르치라.
그러면 그의 평생을 배부르게 할 것이다.

– 탈무드 –

과학자들은 무리지어 나는 기러기가 단독으로 나는 기러기보다 에너지를 10% 절약할 수 있다는 사실을 발견했다. 풍동(Wind Tunnel)장치에서 실험한 결과, 무리 지어 나는 기러기의 비행거리가 단독으로 나는 기러기보다 72%나 더 길었다. 이처럼 좋은 성과를 얻기 위해서는 협력의 목표와 계획의 중요성을 명심하고 자원을 효율적으로 분배해야 한다.

인생은 기적처럼 우리에게 주어졌다. 우리는 그 인생을 탕진할 수도 있고, 그 안을 기쁘게 헤엄쳐 다닐 수도 있으며, 혹은 그에 맞서 싸울 수도 있다. 하지만 인생에 맞서 싸우느라 정신없이 시간을 보내다 보면 막상 인생을 즐길 시간은 없게 된다. 너무나 많은 사람들이 인생이 주는 귀중한 선물을 알지 못한다. 지금 이 자리에 있게 된 것이 얼마나 기적인지를 깨닫지 못하고 그저 운명만을 탓하고 있다. 헛된 곳에서 기적을 찾으려고 시간을 허비하고 있는 것이다.

거의 반평생을 야구선수로 살아온 대릴 스트로베리는 10대 시설에 메이저리그에 진출했고, 당시 제2의 테드 윌리엄스(Ted Williams, 20세기 최후의 4할 타자라고 불리는 유명한 선수)라는 평가를 받을 정도로 활약이 대단했다. 화려한 스포츠 선수답게 선수 연봉만 200만 달러에서 500만 달러에 달했고 그밖에 각종 광고, 방송 및 행사, 연설, 팬 사인회 등에서 연간 200만 달러의 수입을 더 올렸다. 그래서 그는 마흔 살이 되기도 전에 이미 5,000만 달러에서 1억 달러 정도를 벌어들였다. 그 정도로 돈을 벌었다고 하면 대개는 평생 잘 먹고 잘 살았을 거라고 생각한다. 그러나 스트로베리의 삶은 그렇지 못했다.

수년 동안 재능을 인정받으며 사람들의 시선을 한 몸에 받던 야구선수는 개인적인 생활에서 몇 가지 실수를 저지른 후 이혼당하고 폭음과 마약 중독에 빠져버렸다. 이것만으로도 안타까운 일인데 그는 경제적인 선택에서도 어리석은 실수를 하고 말았다. 사실 그는 20년 동안 세상의 주목을 받으며 화려한 선수 생활을 누렸다. 하지만 어리석은 선택으로 인해 지금은 수중에 한 푼도 남아 있지 않다.

"스토로베리에게는 현재 부인인 샤리스와 세 아이를 부양할 소득도 저축도 그밖에 아무것도 남아 있지 않다." 어느 지방 신문의 보도 내용이다. 그는 분명 1억 달러의 돈을 벌었는데 한 푼도 남아 있지 않다. 대체 어찌 된 일일까? 그는 그 많은 돈을 다 써버렸다. 호화 주택, 값비싼 자동차, 마약 중독과 알코올 의존증 치료비 그리고 문제를 일으킬 때마다 엄청난 돈을 주고 고용한 최고의 변호사들 등 그는 버는 족족 남김없이 탕진하고 말았다. 출전이 정지된 스트로베리는 한 푼도 벌지 못했다. 그에게 남아 있는 것은 그저 어김없이 날아오는 청구서뿐이다.

유대인의 격언 중에 이런 말이 있다.

"만약 당신이 살아남고 싶다면 먹는 것이나 마시는 것이나 춤추는 것으로 혹은 일을 하는 것만으로는 가능하지 않다. 오직 지혜를 갖는 것으로만 살아남을 수 있다."

지혜는 모든 것의 뿌리이며 최고의 재산이다. 부모에게 지혜가 없다면 아이를 올바른 길로 인도할 수가 없다. 그런 점에서 자녀를 교육하는 입장의 부모라면 자신의 문제점과 그 해결책에 대해 생각해보는 시간을 갖도록 해야 한다.

이솝 이야기 중에 "아기 사슴과 아빠 사슴"이란 이야기가 있다. 아기 사슴에게 아빠 사슴이 말했다.

"얘야, 너는 몸집도 그렇게 크고 커다란 뿔도 있는데, 왜 개만 보면 그렇게 도망치는 거지? 절대로 개 따위를 무서워할 필요가 없어!"

그때 갑자기 멀리서 개가 달려왔고, 겁에 질린 아빠 사슴은 아기 사슴보다도 먼저 걸음아 날 살려라 하고 줄행랑을 쳤다. 왜 아기 사슴은 커다란 뿔이 있는 데에도 개만 보면 그렇게 도망을 칠까? 그것은 개만 보면 도망치는 아빠의 모습을 보았기 때문이다. 즉 아빠 사슴이 아기 사슴을 그렇게 만든 것이다.

가끔 주변 엄마들을 보면 아이들이 공부를 하지 않는다고 말을 한다. 거실에서 TV를 켜놓고 아이들에게만 공부를 하라고 하면 아이들은 하지 않는다. 아이들은 부모를 보고 배운다. 엄마로서, 아내로서 먹고 입히는 것 말고 가족에게 어떤 역할을 해주어야 하는지 제대로 배워야 한다.

자라온 환경만을 탓하며 아무것도 하지 않는다면 더 좋지 않은 상황으로 가기 마련이다. 아이들과 제대로 된 소통만 하게 되더라도 근심의 상당 부분을 덜 수가 있다. 물론 사는 데 쫓겨 마음의 여유가 없을 수도 있다. 하지만 보다 화목한 가정을 만들고 나날이 나아지는 생활을 하기 위해서는 반드시 독서를 해야 한다. 나는 어떤 문제가 닥치면 다급한 마음에 그때그때 해결하기에 바빴다. 그 결과 늘 불행은 끊이지 않았다. 나의 노력은 허사가 되었고, 나쁜 일은 또 다른 나쁜 일로 이어졌다. 그러니 늘 삶이 힘들고 지칠 수밖에 없었다.

책을 꾸준히 읽으며 아이들과의 문제를 풀고 가족과의 소통을 통해 근심의 크기를 줄여나갔다. 조금씩 나아질 거라고 매일 책의 힘을 믿었다.

친정아버지는 늦은 나이에 우리 5남매를 낳으셨다. 나는 5남매 중 넷째이다. 아버지가 나이 60세에 나를 낳았다. 늦은 나이에 아이들을 낳아서인지 아버지는 늘 부지런하셨다. 새벽 다섯 시면 일어나 밭에 가서 일을 하셨다. 어릴 적 아버지가 한시도 쉬는 것을 본 적이 없었다. 아버지는 오직 가난에서 벗어나기 위해 억척스럽게 일만 하셨다. 그러니 집에서 자녀교육을 위한 대화를 한다거나, 가족들이 함께 뭔가를 하는 시간은 갖지 못했다. 그럴 필요성을 알지도 못했다. 한국전쟁 이후 우리 부모님 세대는 먹는 것이 최우선이던 시절이었다. 당연히 아이들을 집에 두고 하루 종일 밭으로 일을 다닐 수밖에 없었다. 이때에는 자녀교육의 개념조차 없었다. 가난을 벗어나기 위해 출세하는 게 제일이라고 여기던 때도 있었다. 집에서든 사회에서든 공부만 잘하면 특별한 대우를 받았다. 하지만 이제는 시대가 변했다. 컴퓨터와 스마트폰의 보급으로 4차 혁명시대를 살아가고 있지만 아직도 과거에 얽매여 대부분의 사람들이 그대로 살아가고 있다.

지금까지 인류는 끊임없는 사고를 발전시켜 성장을 거듭해왔다. 누구나 생각할 줄 알지만, 자신의 운명을 바꿀 수 있는 참신하고 기발한 사고력을 갖춘 사람은 드물다. 오늘날처럼 복잡한 세상에 살아남기 위해 필요한 것은 사고력이다. 유대인들은 생활 속 작은 실천에서부터 남들보다 뛰어난 사고력을 발휘해 오늘날 세계 최고의 부와 명예를 갖춘 민족으로 자리매김을 했다. 그들은 누구보다 뛰어난 사고력을 가졌다고 알려져 있다.

유대인들은 오랜 시련의 역사를 갖고 있다. 수많은 민족들로부터 박해를 받았고 삶의 터전을 잃으며 심지어 온 가족이 목숨을 잃는 일들을 겪으며 살았다. 그들은 살아남기 위한 지혜를 선조로부터 물려받았고, 끊임없이 독서를 통해 미래를 계획하고 대비해왔다. 유대인이 탁월한 창의성을 발휘할 수 있었던 것은 탈무드를 통해 튼튼한 인문학적 기초와 인성과 성품을 배울 수 있었기 때문이다. 그리고 알고 있는 지식을 삶에 실천할 수 있는 지혜를 꾸준히 배우기 때문이다. 성공한 유대인들의 대부분은 20살 이전에 1만 권의 책을 읽는다. 책을 통해 문학, 역사, 철학, 시, 노래, 종교, 기도, 잠언, 희곡 등 인간 삶의 모든 영역을 배울 수 있다. 유대인은 탈무드를 통하여 세계적인 민족이 되었다.

나는 책을 통하여 내가 안고 있는 문제를 풀어가는 실마리를 발견하고, 책을 통하여 인생의 작은 출발점을 찾았다. 책은 나뿐만 아니라 모든 사람에게 해당되는 보편적인 진리의 내용을 담고 있다. 책은 마르지 않는 샘과 같은 지혜를 준다. 책을 읽으면 밥상에 둘러앉아 풍성한 이야기를 나누며 자손 대대로 지혜를 물려줄 수 있다. 책을 가지고 대화와 토론을 하면서 세대 간의 소통을 이루는 아름다운 날들을 살아갈 수 있다.

누구나 한 번쯤은 닥친 문제들을 해결해야 한다. 내가 해결하지 못하는 문제는 아이들에게도 평생 숙제로 남아 있게 된다. 책의 지혜를 통해 해결점을 찾아본다면 크게 유익한 삶을 살 수 있을 것이다. 책은 부모, 교사, 학생, 직장인들 모두에게 필요한 것이다. 책을 읽으면서 인생의 지혜를 얻는 것은 긴 인생을 살아가는 행복한 여정이 된다.

중세 시대에 유대인들은 단지 유대인이라는 이유로 남들보다 두 배 이상의 세금을 내야 했고, 박해를 면하게 해줄 보호자가 필요했다. 보호자의 비호를 받는 대가로 특별비를 지불하거나 거액의 기부금을 내야 했다. 그렇게 그들은 자신들의 터전에서 살아갈 수 있는 허가증을 획득 받았다.

고난의 역사가 계속되었던 유대인에게는 "땅과 재산은 빼앗을 수 있어도 지혜와 인맥은 빼앗을 수 없다."라는 말이 있다. 학대받고 입는 것과 먹는 것, 그 외 모든 것을 빼앗기고 투옥되어도 지혜만은 감옥까지 가져갈 수 있다. 나라를 계속 빼앗겼던 유대인이기 때문에 지혜의 중요성을 간파하고 있다. 재산은 다 빼앗겨도 사람에게는 지혜가 남아 있다.

어쩌면 그런 역사를 가진 덕분에 유대인들은 삶을 바라보는 데 있어서 지극히 현실적인 시작을 갖게 된 것인지도 모른다. 오늘날 세상 사람들은 독립적으로 살아가는 듯 하면서도 유기적으로 살아가고 있다. 지금 우리에게 필요한 것은 유대인들의 사고력의 정수를 발굴해내는 일이다. 독서를 통해 유대인들의 사고방식에 대한 중요한 지혜를 배워야 한다. 지혜에는 세금도 붙지 않는다.

우리는 독서로 미래에 투자한다

좋은 책을 읽는 것은 지난 몇 세기에 걸쳐
가장 훌륭한 사람들과 대화하는 것과 같다.

– 데카르트 –

5년 전 남편이 비가 많이 오는 날 배달을 갔다가 오던 중 교통사고가 났다. 그 사고로 치킨 가게를 그만두고 싶었지만 스펙도 없는 우리가 다른 것을 한다는 게 너무 두려웠다. 남편이 매일 술을 먹는 것이 가장으로서 무엇을 해야 할지 몰라 답답해서 마셨다는 것을 책을 읽으면서 알게 되었다. 우리 부부는 가게를 내놓기로 하고, 가게가 나가면 치킨 가게를 그만두기로 했었다. 하지만 경북도청이 근처에 들어오면서 소비를 하는 젊은 층이 모두 도청으로 이사를 갔다. 그 때문에 장사가 그전만큼은 잘 되지 않았지만 그래도 순수익이 6백만 원에서 7백만 원까지 나왔기 때문에 쉽게 그만둘 수도 없었다.

가게를 시작할 때 5천만 원의 투자 비용이 들어갔기 때문에 조금의 투자 비용을 받으려고 했었다. 하지만 가게는 3년이 지나도록 나가지 않았다. 치킨 가게를 하면서 치킨 가게 하는 사람들과 한 달에 한 번씩 모임을 했는데 치킨 가게 하는 사람들 모두 우리와 똑같은 생각을 하고 있었다. 쉬는 날도 없이 자정까지 일을 하며 오토바이를 타고 목숨을 걸고 하는 치킨 가게 때문에 힘들어했다. 하지만 모두 우리 부부와 마찬가지로 무엇을 해야 할지 몰라 힘들어했다. 같이 어울려 술을 먹고 서로 신세한탄을 하며 스펙도 기술도 없는 자신을 탓하며 서로를 위로하고 위로받았다.

철강왕 카네기는 어린 시절 가난해서 신문 배달을 했다. 그런데 하루는 그가 이웃인 한 소령의 집에 신문을 배달하는데 그 소령이 어린 카네기를 보고는 "네가 책을 읽지 않으면 평생 배달만 해야 한다. 그러니까 틈날 때마다 우리 서재에 와서 책을 읽어라."라고 하며 자신의 서재를 개방해주었다. 이후 책을 읽고 훗날 재벌이 된 카네기는 어린 시절의 자신처럼 자신이 어떻게 살아야 할지 모르는 사람에게 빛을 주는 길은 책밖에 없다고 생각했다.

그래서 도서관을 지었다. 다른 기부 요청은 거절해도 도서관을 짓는다고 하면 기꺼이 기부를 했다. 신문을 돌리던 앤드류 카네기는 책을 읽으면서 극적인 내면의 혁명이 일어난 것이다. 뇌 과학적 연구에 의하면, 고도의 사고 활동을 감당하는 전전두엽과 감정 조절에 관여하는 안와전두피질은 깊은 관계가 있는 것으로 알려져 있다. 안와전두피질은 전전두엽의 한 부분으로 감정중추신경인 변연계와 맞닿아 있는 유일한 전두엽 부분이다. 이는 인간의 사고 능력과 기억 능력이 정서와 밀접한 관련이 있다는 것을 말해준다. 행복한 느낌의 감정을 가질 때 뇌가 활성화된다는 의미이다.

우리는 지금 조상으로부터 물려받은 정신적 구조를 바탕으로 사고 활동을 하고 있다. 4차 산업혁명 시대를 살고 있는데 우리의 생각은 조상으로부터 물려받은 사고방식을 그대로 반복해서 살고 있는 것이다. 낡은 사고를 신경 써서 바꾸지 않는 이상 반사적인 행동을 하며 평생 지금과 비슷하게 살아갈 것이다. 내 자신의 생각이라 여겼던 생각도 사실은 대부분 부모님과 주위 사람들로부터 받은 것들이다. 책을 꾸준히 읽으면서 잠재의식에 각인되어 있는 부정적이고 낡은 사고방식을 비우고 확실한 긍정의 에너지를 각인시켜야 한다. 내 안의 가능성을 찾아 책의 길을 떠나야 한다.

많은 사람들이 심한 우울감은 아니더라도 무기력이나 불안을 겪는다. 어쩌면 나는 부족한 나로부터 도망치고 싶었는지도 모른다. 해결되지 않는 일들을 해결하기보다는 회피하고 싶었는지도 모른다. 나의 잦은 감정 변화는 신체가 보내는 이상 신호였다. 무기력한 삶이 보내는 '상실감'과 심리적 원인으로 갱년기 증상이 나타났다는 것을 알았다. 그리고 책을 읽기 시작하면서 갱년기 증상이 하나씩 사라졌다. 마흔이 넘어 길을 잃어보니 가장 중요한 것이 보였다. 책을 읽으며 오랫동안 뛰지 않던 내 심장이 뛰기 시작했다. 머리로 답을 찾으며 살아왔는데, 이번에는 머리가 아니라 책이 시키는 대로 살아보고 싶었다. 그저 '할 수 있다'는 말이 간절히 필요했다. 그렇게 책을 읽으며 내 자리와 자신감을 찾아가기 시작했다.

어릴 적 가정 교육을 제대로 받지 못한 엄마들은 자녀의 건강한 삶을 위해 제대로 된 부모 공부를 해야 한다. 그렇지 않으면 엄마의 부정적 정서는 아이들에게도 되물림이 되어 평생을 옥죄게 된다. 엄마가 중심을 잡고 이를 바로 잡아야 한다. 자신의 감정을 잘 다스리는 모습을 아이들에게 보여주고, 자녀와의 갈등 또한 현명하게 잘 풀어나가는 경험을 만들어주어야 한다. 그래야 되물림 되는 악순환의 고리를 끊을 수 있다.

나는 아이들에게 좋은 것을 주고 싶어도 무엇을 어떻게 주어야 하는지 그 방법조차 몰랐다. 그래도 다행히 되물림이 되기 전에 내 방법이 잘못되었다는 것을 알고 이전보다 나아지기 위해 잠도 자지 않고 책을 읽었다. 내 아이에게 웃음을 주고 행복을 느끼게 해주려면 엄마가 먼저 행복해야 한다. 그래서 삶의 갖은 어려움에도 흔들리지 않고 자신의 일과 가족을 사랑하며 살아가는 모습을 보일 수 있어야 한다. 아이들은 엄마의 이런 모습을 보며 배운다. 가족은 불가사의한 관계이다. 가족은 가장 복잡한 관계이다. 그래서 가장 많은 노력이 필요한 관계이다. 부모에게 배운 대로 내 생각과 감정만으로 올바른 가족을 형성할 수 없다.

행복한 가정을 위한 방법

첫째, 서로가 존중하며 살아가는 모습

부부 사이라고 해서 항상 좋을 수만은 없다. 갈등을 피하려고만 하지 말고 그것을 풀어나가는 법을 배워야 한다. 부부가 서로 슬기롭게 갈등을 풀어나가는 모습을 보여야 아이들도 배우게 된다. 말과 행동에서 서로를 존중하고 가족을 배려하고 사랑하는 모습을 보여주어야 한다.

둘째, 서로 나누고 함께하며 책임감 나누기

엄마는 아이가 참여할 공간을 일정 부분 만들어 아이의 나이에 맞는 책임감을 길러준다. 부모가 다 책임지고 아이에게 공부만 하라고 하는 것은 아이에게 책임감에서 멀어져 소홀하게 만드는 것이다. 부모가 어떤 직업과 무슨 일을 하고 어느 정도의 급여로 살아가고 있는지 알아야 한다. 실제로 아이들에게 가게에서 일을 나눠줌으로써 더 긍정적이고 공부도 스스로 알아서 하게 되었다. 그리고 엄마에 대한 고마움을 알게 되면서 내가 원고를 쓰거나 중요한 일을 할 때 중학교 2학년 막내 아이는 스스로 집안일을 하게 되었다.

셋째, 아이에게 꿈과 희망을 심어주어야 한다

아이들은 위인들의 이야기를 접하면 숱한 역경과 좌절을 딛고 일어서는 과정이라는 사실을 자연스럽게 깨닫게 된다. 위인전을 접하게 되는 아이들은 좌절을 겪어도 실패한 것은 아니며, 좌절을 겪지 않고 성공할 수 없다는 것을 당연하게 여기게 된다. 위인전을 읽으며 꿈을 만나기도 하고 희망을 꿈꿀 수도 있다.

오스트리아의 정신의학자 알프레드 아들러는 "우리는 경험을 만들어 내고 있다.", "나에게 맞는 경험을 찾지 말고, 경험에 나를 맞춰라."라고 말하며 경험의 중요성을 말한다. 자신이 겪은 경험을 때로는 무심코 지나치기도 한다. 그래서 왜 그럴 수밖에 없었는지 몰랐던 경험도 많다.

아들러는 자신이 만나고 경험했던 일들을 작은 것 하나도 놓치지 않고 분석했다. 특히 가족 관계를 정리하며 자녀를 대하는 부모의 모습에서 부모의 바른 역할을 찾아내려고 했다.

자녀들의 행동 하나하나는 결코 우연에서 비롯된 것이 아니다. 모두가 이유 있는 행동들이다. 어린이가 오줌 싸는 것도, 학교에서 산만하거나 말썽부리는 것도 모두가 소소한 일들의 쌓임에서 나온 결과이다. 그 문제 해결의 핵심을 아들러는 관심, 사랑, 협력에서 찾았다.

이 시대 바른 자녀교육, 나아가 이 사회 바른 청소년 교육을 위해서는 먼저 심리를 알아야 한다. 그들이 보인 행동은 결코 우연한 것이 아니다. 작든 크든 결과 뒤에는 반드시 원인이 있다. 대개는 어려서부터 가정에서 일어났던 일들이다. 속담에 "세 살 버릇 여든까지 간다"고 했다. 최초의 공동체 가족 내에서 만들어진 버릇이 한 사람의 일생을 좌우할 수 있는 것이다. 바른 가족관계, 인간관계의 중요성을 이해해야 한다. 거기서 행복한 가정이 만들어지는 것이다.

독서는 미래를 위해서 투자하는 것이다. 사람들과 어울려 시간을 낭비하면서 대충대충 시간을 보내기엔 우리의 삶은 너무나도 소중하다. 책은 변화가 필요한 사람들에게 자신의 진정한 가치를 발견하고 제대로 발휘할 수 있는 열쇠다. 새로운 도약을 꿈꾸는 사람이라면 반드시 책을 읽어야 한다. 자신의 한계를 벗어나 내가 무슨 일이든 할 수 있는 존재라는 것을 깨닫게 된다면 지금 읽고 있는 한 문장이 내 삶의 토대가 될 것이다. 한 문장이 모이고 쌓여 두 배로, 열 배로 커져 큰 덩어리가 된다.

인생은 삶을 크고 넓게 보고, 자신의 꿈과 목표를 설정하고, 그에 따른 계획과 실행이 꼭 필요하다. 하지만 요즘의 청소년 그리고 부모도 그런 것들을 깊이 생각하지 않는다. 대학 입시에만 목표를 두고 당장의 순간만 생각하는 것이다. 인생은 대학에서 끝나는 것이 아니다. 아이들이 가진 좋지 않은 습관이나 태도를 고쳐주고 싶다면 마음만 있어서는 안 된다. 우리는 흔히 감정을 실어서 다그치거나 혼을 내는 방식으로 고치려고 한다. 하지만 잠깐 변화하는 것처럼 보이지만 곧 제자리로 돌아오곤 한다. 우리 가족은 독서로 미래에 투자한다.

4개의 유튜브를 운영하다

책은 어떤 사람에게는 울타리가 되고
어떤 사람에게는 사다리가 된다.

– 레미 드 구르몽 –

코로나19로 인해 언택트의 시대가 열리며 북튜버가 출판계의 뜨거운 이슈로 떠오르고 있다. 유튜브를 통해 젊은 층이 책을 즐기고 있기 때문이다. 북튜버들은 어려운 책의 내용을 이해하기 쉽게 설명해준다. 또 핵심 내용만 간추려 읽어주는 덕분에 일상에 찌든 직장인이나 대학생들에게 북튜버는 단연 인기다.

단순히 북튜버에 젊은 층의 시선이 쏠리는 것에는 책 설명뿐만 아니라 직접 영상으로 저자와 대면할 수 있다는 데 있다. 때문에 단순히 책에 대한 내용을 넘어 실제 서점에서 책을 고르는 모습이나 방법도 함께 즐길 수 있다. 구독자들이 자연스럽게 책과 연관된 활동을 접하는 것이다. 실제 서점가에는 이런 습관을 바탕으로 실제 독서 구매에 나서는 이들이 부쩍 늘었다. 이런 현상에 대해 사람들은 "누구나 스마트폰을 들고 다니는 환경에서 책이 글자뿐만 아니라 음성이나 영상으로 유통되고 또 수용되는 것"이라며 "유튜브가 젊은 층이 책과 친해지는 데 도움이 된다"고 말했다.

북튜브(Booktube)는 책과 유튜브의 합성어로, 책과 관련된 리뷰 등 콘텐츠를 다루는 유튜브 채널을 의미한다. 북튜버는 이 채널을 운영하는 사람을 칭한다. 게임, 먹방, 쿡방, 뷰티 콘텐츠가 대세인 유튜브에 북튜브 채널이 등장한 것은 불과 2~3년 전이다. 우리 사회가 책 읽는 것을 좋아하지 않는다는 건 그리 큰 비밀이 아니다. 그런 외중에 책을 다루는 북튜브가 유행하는 것은 바람직한, 새 트렌드다. 최근에는 북튜브 전성시대라 할 만큼 많은 채널이 생겼다.

북튜버는 책을 전문적으로 소개해주는 콘텐츠 크리에이터이다. 책을 단순히 읽어주는 것이 아니라, 책의 장르나 주제에 맞춰 콘텐츠를 제작해야 한다. 우리 가족도 새 트렌드에 맞춰 총 4개의 유튜브 채널을 운영하고 있다. 모두 독서와 관련된 이야기이다. 나는 〈정미숙 TV〉를 운영하고 있고, 큰아이는 〈슬기로운 독서생활〉을 운영하고 있다. 그리고 큰아이와 함께 〈모녀 작가 TV〉를 운영하고 있고, 막내 아이는 〈엄마 책 사 주세요〉를 운영하고 있다. 2년 전 책을 읽기 시작하면서 나와 우리 가족이 빠르게 변화했다. 책을 통해서라면 그 어떤 사람도 빠르게 삶을 변화시킬 수 있다는 것을 확신하기 때문에 유튜브를 찍기로 결심했다.

주변 사람들에게 책을 읽으라고 하면 어떤 책을 읽어야 할지 모른다고 말을 한다. 나도 어렸을 때부터 책을 좋아했지만 그때 읽은 책으로 삶이 변하지는 않았다. 그리고 아이들에게 책을 권하면서 책을 아이들에게 맞추어서 추천해주고 있다.

많은 사람들이 책이 재미없다고 생각한다. 책을 읽으라고 하면 학창 시절에 공부하던 것과 연관을 짓는다. 학교 공부는 모든 사람들이 똑같은 것을 배우고 시험을 치지만 책은 다르다. 나에게 도움이 되는 책을 읽으면 된다. 진짜 공부란 자기 직업에 능률이 오르고 세상을 이해하고 사람들과 소통하는 공부를 하는 것이다.

2년 동안 책을 읽으면서 가장 후회되었던 부분이 좀 더 빨리 책을 읽지 않은 것이다. 그래서 아이들에게 빨리 책 읽는 것을 권했다. 책을 읽으면서 학교 다닐 때 공부가 이렇게 재미있었으면 하는 생각이 든다. 독서는 공부이면서 휴식이다. 몸이 아닌 내 마음이 쉬는 것이다. 책을 읽으면서 불면증까지 사라졌다. 불면증은 내가 하루 종일 풀리지 않는 것에 대해 답답함이 남아 있고, 그 답답함을 해결하지 못하기 때문에 잠이 오지 않는 것이다.

사회생활과 결혼을 해서 만들어가는 가정은 시험 과목과 범위가 정해지는 학교 공부와 다르다. 모든 지식을 동원하고 종합해서 스스로 판단하고 문제 해결법을 찾아 풀어야 하는 인생이라는 마라톤을 하기 위해서는 꼭 책을 읽어야 멀리 제대로 갈 수 있다. 책은 새로운 생각과 정보를 꾸준히 주기 때문에 늘 새롭고 설렌다.

큰아이는 대학교에서 유아교육학과를 졸업했지만 어린이집에서 3년을 일하고 지금은 나와 함께 칼국수 가게를 하며 작가의 길을 걷고 있다. 우리 아이뿐만 아니라 거의 대부분의 사람들이 학교에서 배운 것과는 다른 업종과 분야에서 일을 하고 있다. 큰아이는 가게를 돕느라 3년제 대학을 나왔다. 친구들이 편입을 하고 임용고시 치는 것을 보면서 큰아이도 편입을 해서 임용고시를 보려고 했다. 하지만 편입은 나중에 해도 되니 일단 어린이집에서 일을 해보고 적성에 잘 맞고 꼭 해야겠다면 그때 가서해도 늦지 않는다고 조언을 해주었다.

큰아이는 치킨 가게를 도와주며 3년 동안 어린이집에서 일을 한 덕분에 퇴직금까지 합쳐 3년 동안 3천 5백만 원을 벌었다. 지금은 나와 함께 칼국수 가게를 운영하며 글을 쓰고 있다. 아직까지 임용시험에 매달리는 친구들도 있고, 어린이집에서 직장 생활을 하다가 힘이 들어서 어린이집을 그만두고 다른 것을 하는 친구들도 꽤 있다.

우리가 학교에서 얻는 전공 지식도 중요하지만 독서를 통해 얻는 지식 또한 중요하다. 체계적인 독서는 대학을 다니는 것보다 더 큰 성과를 주기도 한다. 전문 분야의 관련 책을 100권 읽으면 전문가와 다름없는 지식을 얻게 된다. 사람을 끊임없이 성장하게 만들고, 동기부여를 하게 만들어준다.

나와 우리 아이들은 4개의 유튜브를 통해 우리가 성장한 모습과 왜 책을 읽어야 하는지에 대해 이야기해주고 있다. 삶이 바뀌는 독서법과 좋은 책을 소개해주고 있다. 그리고 앞으로 다양하게 내가 살아오면서 힘들었던 부분과 아이들과의 관계에서 힘들었던 부분 그리고 그런 것을 개선시키는 독서의 효과에 관한 다양한 콘텐츠를 만들어 갈 예정이다. 내가 읽은 후 감명을 받은 책에 대해 이야기하고 오프라인 독서 모임처럼 화기애애하고도 깊이 있는 이야기를 하고 싶다.

막내 아이는 올해 코로나19로 인해 5월 온라인 수업을 시작하면서 아이들과 함께 게임을 했다. 그 결과 중간고사 성적이 낮게 나오면서 힘든 시간을 보냈다. 그리고 책을 읽고 한 달 만에 기말고사 평균 20점을 올리고 영어 점수는 50점을 올렸다. 누구보다 아픈 시간을 겪어봤기에 유튜브를 통해서 친구들의 고통을 나누고 싶어 한다.

그래서 책만 읽어주던 〈중학생 영호의 책 이야기〉에서 이름을 〈엄마 책 사 주세요〉로 바꾸면서 나와 함께 운영을 하고 있다. 막내 아이가 학교에서 친구들 때문에 힘들어 했던 부분들을 나와 이야기하면서 해결했던 내용을 담아 이야기하고 있다. 미해결된 문제들은 마음에 남게 되어 있다. 제대로 해결을 해야 정서적으로 안정된 삶을 살 수 있다.

그리고 학교생활이 혼자가 아닌 선생님과 나 그리고 친구들이 함께 하는 공동체라는 것을 이야기해주어 아이들이 커서 사회에 나갔을 때 함께 더불어 사는 법을 배우기를 바란다. 막내 아이는 미국 교환학생을 준비하고 있다. 미국의 현지 학생들과 함께 듣는 수업을 통해 영어 및 미국 교육을 제공받으며, 더 다양한 문화를 경험하고 싶어 한다.

나는 앞으로 막내 아이의 유튜브를 통해 막내 아이의 성장을 꾸준히 올리고 막내 아이가 교환학생을 가더라도 내가 막내 아이가 오기 전까지 맡아서 운영할 계획이다. 막내 아이가 없는 동안 미국에서 어떻게 지내고 있는지 막내 아이의 소식을 전해줄 예정이다. 그리고 한국으로 돌아오면 미국과 우리나라의 소통의 장이 되기를 바란다.

유튜브의 성장, 그리고 퀄리티 콘트롤과 함께 북튜브가 성장하고 있는 것은 자연스런 현상이다. 뷰티, 게임, 키즈, 가전제품, 영화, 식문화 등 다양한 콘텐츠가 인기를 끌면서 유튜브에서 다루는 주제의 범위가 점점 넓어지고 있고, 그중에서도 '좋은 콘텐츠'는 유튜브 내 노출을 늘리는 유튜브 정책이 있다. 책을 읽는 독자의 수가 한정적인 만큼 성장에 어려운 점이 존재하지만, 북튜브는 책을 읽지 않는 사람들 역시 책을 친숙하게 느끼게 만드는 데 큰 역할을 하고 있다고 본다. 물론 여기에는 북튜버들이 영상적으로 좋은 콘텐츠를 만들어야 한다는 전제가 깔려 있다. 앞으로 좋은 북튜브 채널들이 더욱 많아져서 북튜브와 도서 시장이 좋은 영향을 주고받으며 함께 크는 선순환을 이루길 바랄 뿐이다.

구독자들의 반응도 북튜브를 즐기는 큰 재미다. 마치 독서 커뮤니티에 모인 것처럼 책에 대한 자신의 의견을 자유롭게 개진한다. 서로 의견을 달기도 하고 다른 의견을 추천하는 과정에서 사람들의 다양한 생각을 알 수 있다. 이러한 모습은 북튜브라는 것이 단순히 일방적 콘텐츠에서 끝나지 않고 책을 읽는 독자들과 활발한 소통 창구로 기능할 수 있다는 점에서 의미가 있다.

북튜브 채널은 운영자에 대한 신뢰로 움직이고 성장하는 채널이다. 우리 가족은 책을 읽고 모두 꿈을 찾았다. 꿈이 생긴 이후의 삶은 삶 자체가 바뀌지 않았음에도 불구하고 우리 모두를 행복하게 만들어주었다. 나는 어릴 적 꿈을 다시 찾음으로써 내 나이를 잊어버리게 되었다. 책을 열심히 읽었을 뿐인데 보고 듣고 생각하는 과정에서 어릴 적 꿈을 만났고, 그것을 실현해나가고 있다.

책을 통해 스스로 지식을 습득하는 데 익숙한 이전 세대와 달리 요즘 세대는 미디어 채널에서 강의라는 형태를 통해 지식을 받아들인다. 우리 가족은 4개의 유튜브를 운영하고 있다. 독서는 바쁜 시간을 더 바쁘게 만드는 것이 아니라 바쁜 생활을 정돈해준다. 우리 가족은 독서로 모든 것을 얻었다. 그런 만큼 많은 사람들이 당장 독서를 시작해야 한다고 생각한다. 책을 읽어야 지치지 않는 삶을 살게 된다. 삶에 지칠 때 책이 위안과 여유를 주었듯 많은 이들에게 알기 쉽게 책을 정리해주는 북튜버가 되어 많은 사람들에게 위안과 여유를 주고 싶다.

우리는 매일 10% 더 행복하게 산다

아이들은 부모의 무릎 위에서
책 읽는 사람이 된다.

— 에밀리 부흐발트 —

우리 가족의 목표는 보다 즐겁고 활기차고 생기 넘치는 삶을 사는 것이다. 어느 한순간도 놓치지 않고 온전하게 인식하고 경험할 수 있기를 바라는 것이다. 그런 삶을 살기 위해 우리는 매일 꾸준히 독서를 한다. 사람들은 가장 소중한 것을 멀리서 찾으려 한다. 가진 것이 그리 넉넉하지 않아도 행복하게 살아가는 사람들이 많이 있다. 나는 행복을 외부에서 찾으려 하지 않고 나의 내면에서 찾을 뿐이다.

오리슨 스웨트 마든이 쓴 『행복하다고 외쳐라』에 실려 있는 이야기 중의 하나이다. 어느 마을에 휴가를 갈 여유가 없다고 말하는 사람이 있었다. 여러 차례 사무실로 전화했지만, 한 번도 그 사람이 한가한 때를 발견하지 못했다. 그는 항상 일을 하고 있었다. 해가 지나도 그는 맹렬히 일만 했다. 그 사람은 자신이나 주변의 모든 사람들이 열심히, 쉬지 않고 일해야 한다는 신조를 가지고 있었다. 휴가나 휴식은 터무니없는 소리이고, 일 외에 소비되는 시간은 낭비라고 말했다.

그리고 결국 그는 건강을 해쳤다. 손이 너무 떨려서 수표에 서명조차 하기 힘들어졌다. 한때는 활기차고 확고하던 발걸음은 느리게 변했다. 너무도 약해 금방이라도 쓰러질 것처럼 보였다. 그래도 그는 휴가를 떠나거나 일을 포기하기를 거부했다. 비록 그는 돈을 벌었을지 모르지만, 절대적인 실패자이다. 직원들 중 그를 동정하는 사람은 아무도 없었다. 너무 비열하고 인색하다고 여겼기 때문이다. 그는 단순한 사업 기계에 불과했다. 냉정하고 일밖에 모르며 인간 감정에 반응할 줄 모르는 기계였던 것이다.

재물이 아무리 많아도 건강을 잃으면 아무 소용이 없다. 몸이 아프면 행복한 일이나 기쁜 일도 우울하게만 느껴지기 때문이다. 치킨 가게를 하면서 한 달에 천만 원이 넘는 돈을 벌었다. 3천만 원의 대출을 내고 시작한 가게였다. 막내 아이가 세 살 때의 일이다. 더운 여름 '복날'이었는데 그 당시만 해도 복날에는 치킨이 많이 나갔다. 막내 아이가 세 살이라 어린이집에도 보내지 않고 있을 때의 일이다. 세 살 된 막내 아이에게 "오늘은 복날이야. 복날에는 바쁘니까 혼자 잘 놀아야 돼."라고 말을 하고 열심히 일을 했다. 내가 복날이라고 이야기를 하니 알아들었는지 가끔씩 고개를 내밀며, 나를 한 번 보고는 방 안으로 들어갔다. 가게가 조용해지면 방에 잠깐 들어가 아이가 잘 놀고 있는지 확인을 하면서 일을 했다. 가게와 아이를 번갈아 보며 정신없이 바쁘게 보냈다. 막내 아이는 내 말을 알아들었는지 방에서 조용히 혼자 놀며 가끔 내 얼굴 한 번 보고는 "오늘 복날이라 바쁘지?"라며 제대로 발음도 안 되는 말로 말을 하며 웃으며 들어갔다. 그리고 오후 4시쯤 막내 아이가 나오는데 깜짝 놀랐다. 머리부터 발끝까지 하얗게 밀가루가 묻어 있었다. 그런 막내 아이를 보며 한참을 웃었다. 막내 아이의 밀가루를 뒤집어 쓴 모습만 봐도 너무 귀엽고 행복했었다.

남편과 가게를 하기 전에는 사이가 나쁘지 않았다. 내가 회사 일을 마치고 컴퓨터 워드 자격증을 따러 컴퓨터 학원을 다니던 적이 있었다. 남편은 그때도 술을 좋아해 직원들과 회식을 하면 기분 좋게 취해서 학원까지 와서 기다렸다. 함께 손을 잡고 집으로 가고는 했다.

남편과 나는 월세였던 가게를 전세로 올리고, 집도 전세였지만 마련을 했고, 자그마한 땅도 샀다. 하지만 매사를 다른 사람들과 비교하며 다른 사람보다 부족하다고 생각하며 우리가 가진 것에 점점 만족을 하지 못하며 살았다. 내 몸과 마음이 고장이 나지 않았다면 우리는 아직도 그렇게 몸과 마음이 아픈 채로 살고 있었을지도 모른다.

책을 읽으면서 감사한 것을 찾아 감사 일기를 적었다. 감사 일기를 쓰며 아이들과 함께했던 기억들이 새록새록 올라왔다. 오랜만에 느껴보는 감정들로 하루하루가 다시 행복해지기 시작했다. 다시 파란 하늘과 뭉게구름이 보이기 시작했고, 코스모스가 나를 부르기 시작했다. 나를 사랑하게 되었고, 아이들을 다시 사랑하게 되었다. 무엇이든 이뤄질 것이라고 긍정적으로 생각하며 행동하기 시작했다. 실수를 하거나 힘든 시간이 와도 극복하는 시간이 짧아졌다. 그러다 보니 조급함이나 미리 걱정하는 버릇도 점점 사라졌다. 마음에 여유가 생기니 새로운 것에 도전할 수 있는 자신감이 생겼다. 예전과 달리 배우는 즐거움도 생겼다.

몇 해 전 경마업체가 추첨을 통해 100명을 뽑아 가고 싶은 곳은 어디든지 공짜로 보내주겠다며 여행 경품을 내놓은 적이 있다. 운이 좋아 뽑힌다면 파리로 날아가 에펠탑을 보거나, 카리브해의 푸른 바닷가를 여유롭게 산책할 수도 있었다. 그런데 결과는 당첨된 사람의 95%는 집에서 네 시간 이내에 갈 수 있는 곳을 목적지로 골랐다. 인간의 한계를 단적으로 보여주는 이야기다.

저 밖에 흥미진진한 것이 많은 데도 불구하고 우리는 대부분 네 시간 이내의 편안한 구역에서 벗어나지 않으려고 한다. 두 번 다시 없을 좋은 기회를 놓치며 살아가고 있다. 사람들은 안전지대에서만 살려고 한다. 소극적인 생각에 너무 강하게 이끌려, 이런저런 우울한 생각을 듣고, 우울한 이야기를 하며 세월을 보낸다. '또 잠을 너무 많이 잤어.', '세상은 불공평한 곳이야.', '내가 부자 부모만 만났어도.', '상사 때문에 미치겠어.'

이런 환경에서 부정적이고 두려운 생각은 태어나는 순간 시작된다. 세상은 두렵고 무서운 곳이라는 말을 들으며 우리는 한계를 배운다. 나는 내가 배운 것처럼 아이들에게 어른처럼 책임감 있게 행동해나가는 것을 가르치는 것이 부모의 역할이라고 생각한다. 가난한 어릴 적 환경에 갇혀 돈을 많이 모으는 것이 삶의 목적인 양 열심히 일하라고 아이들을 세뇌시키지 않는다. 일과 삶에서 균형 있는 삶을 살기를 원할 뿐이다. 부모들은 옆집 여자, 옆집 남자를 비교하며 아이들이 태어나는 순간 비교를 배우게 만든다. 학교를 들어가면 경쟁을 터득하고 부족과 결핍도 배운다. 하지만 이것은 평생 한계 짓게 만드는 무서운 습관이다.

많은 사람들이 돈, 외모, 결혼, 기후 등 환경만 좋아지면 훨씬 더 행복해질 것으로 생각한다. 하지만 진정한 행복은 환경이 아니라 내면에서 나온다. 이 세상 누구도 나를 진정으로 행복하게 해줄 수 없다. 부모도,

배우자도, 친구도, 아이들도 해줄 수 없다. 참된 행복은 오로지 내면에서 흘러나온다.

우리는 무엇으로 행복할 수 있을까? 누구나 꿈꾸고 원하는 삶이 있다. 분명한 것은 그 삶의 최종 목적지는 모두 '행복'이라는 점이다. 그런데 언제부턴가 우리는 그 꿈을 잃어버리고 살아간다. 꿈을 잃은 사람들은 행복할 수가 없다. 꿈을 잃고 산다는 것은 스스로의 행복을 포기한다는 말과 같기 때문이다. 더욱 안타까운 것은 그 꿈이 변질되어 원하지 않는 삶이 꿈이 되어버린 왜곡된 현실에 있다.

너 나 없이 공무원이 되기 위해 목을 매고 대기업에 취업하기 위해 발버둥 친다. 정작 꿈꾸고 원하는 삶은 잊은 채 밤늦도록 공부해서 좋은 대학에 들어가고, 아르바이트를 하며 스펙을 쌓아 좋은 직장에 취업하는 한 가지 길이 모두의 꿈이 되어버렸다.

그렇게 누군가 정해놓은 경쟁의 틀에서 열심히 노력한 대가로 남들보다 조금 앞선다고 해서 과연 행복한 삶이 올까? 대부분의 사람들이 그 틀에 갇혀 야근하고 회식하고 밤낮 없이 시키는 일을 하며 생존에서 밀리지 않기 위해 다시 치열한 경쟁을 하고 있다. 우리가 꿈꾸고 원하는 삶은 어디로 갔을까? 내 꿈도 모른 채 밤낮으로 일을 해야 하는 것일까?

2년 전 나는 '1년에 100권 읽기, 하루에 모든 남는 시간을 독서에 투자하기'라는 목표를 세웠다. 그렇게 목표를 세우니 일을 하며 남는 모든 시간을 독서에 투자했다. 책만이 나의 사고와 행동, 삶의 방향을 바꿀 수 있다는 믿음이 확고해졌기 때문이다. 그렇게 몇 달이 지나자 독서를 통해 내 생각과 흐름이 조금씩 바뀌기 시작했다. 지식과 지혜가 쌓이고 간접적으로 경험하는 세상이 넓어지는 기쁨을 누릴 수 있었다.

가장 먼저 일어나는 변화는 내가 내 모습을 직시하기 시작했다. 함부로 뱉는 거친 말, 쌀쌀맞은 말투, 부정적인 말, 그리고 굳어진 표정 등 내 모습을 직시하기 시작하면서 많은 것들이 빠르게 변해갔다. 독서는 나를 새롭게 만들어주고 있었다. 몸과 마음에 변화가 일어나자 주변 사람들도 변하기 시작했다. 남편과 아이들은 물론이고, 조카들까지 모두 긍정적으로 바뀌기 시작했다. 평범한 일상이 기적과 행운으로 바뀌었다.

아이들과 함께 읽으면서 행복의 자기장은 증폭되었다. 누군가와 함께하고 나누는 것은 큰 힘이 된다. 그래서 우리 가족은 더 열심히 독서를 하고 있다. 나는 변화를 원하는 사람들에게 '마음을 열고 바라보면 삶은 기적'이라고 알려주고 싶다. 물론 책 한 권으로 우리의 인생이 바뀌지는 않는다. 하지만 부단한 독서의 임계점을 돌파하는 순간, 상상도 하지 못했던 일들이 눈앞에 펼쳐지게 된다.

행복은 우리가 매 순간마다 들이마시는 공기와 같은 것이다. 우리는 공기에 대해 관심을 갖지 않기에 공기가 있다는 것을 망각하고 산다. 행복도 마찬가지다. 행복은 우리와 너무 가까이에 있다. 그동안 너무나 행복에 관심을 두지 않았기에 느낄 수 없었던 것이다.

독서를 하게 되면 삶에 대한 만족도가 높아지고, 삶의 질이 향상된다. 항상 다른 사람과 비교하고, 나의 행복을 낮추어 보는 시각을 버리고 내 삶의 행복만 바라보게 된다. 그리고 내가 행복해지면 주위 사람들에게 좋은 기운을 주는 사람이 된다. 우리 가족은 독서로 매일 10% 더 행복하게 산다. 지금 행복해지고 싶은 사람이 있다면 오늘부터 당장 매일 10% 행복해지는 독서를 하자.

독서 습관은 가장 위대한 유산이다

한 문장이라도 매일 조금씩 읽기로 결심하라.
하루 15분씩 시간을 내면 연말에는 변화가 느껴질 것이다.

— 호러스 맨 —

독서는 적극적이고 긍정적인 변화의 시작이다. 사람은 현재 상태에 머무르는 것이 아니라 계속해서 삶을 만들어가야 한다. 사람은 현재 상태에서 머무르는 존재가 아니다. 성장하고 진화하는 존재이다. 중요한 것은 우리가 어디를 향해 가고 있느냐는 것이다. 그리고 어디를 향해 가느냐는 것은 자신의 상상력에 의해서만 이루어진다. 자신이 과거에 경험하고 생각한 모든 것은 당신의 행동이나, 타인에게 반응하고 대체하는 현재의 습관 속에 담겨 있다.

옛날 습관의 반복을 중단하고 새로운 방식의 행동을 훈련할 때 오래된 습관은 사라지게 된다. 나는 어릴 적에 자전거를 배웠고, 중학교가 멀어서 자전거를 타고 다녔다. 그리고 20년이 넘게 자전거를 타지 않았다. 하지만 얼마 전 막내 아이의 자전거를 탔는데 조금만 연습을 했는데도 내 몸이 기억을 하고 있어서 금방 잘 탈 수 있게 되었다. 책을 읽으며 뒤돌아서면 생각이 나지 않는 것 같지만 어느 순간 나에게 필요하면 내 머리가 기억을 해 적절한 타이밍에 나오게 된다.

늙은 농부가 산속 농장에서 어린 손자와 단둘이 살았다. 그는 아침마다 책을 읽었다. 손자는 할아버지를 닮고 싶어서 모든 것을 따라 했다. 밭에서 일할 때도 걸음걸이도 할아버지를 모방했다. 할아버지가 책을 읽을 때에도 옆에 앉아 책을 읽었다.

아이는 할아버지를 따라 매일 읽는데 아직도 이해하지 못하는 내용이 대부분이고, 이해를 해도 책을 덮으면 금방 잊어버린다고 불평을 했다. 난로 속에 숯을 던져 넣던 할아버지가 손자를 보며 난로 옆에 놓여 있던 작은 대바구니를 건네며 말했다.

"이 숯 바구니를 들고 강에 가서 바구니 한가득 물을 떠오너라."

소년은 할아버지가 시키는 대로 강으로 내려가 물을 떴지만 몇 걸음

걷기도 전에 바구니 틈새로 물이 다 새어버렸다. 할아버지에게 빈 바구니를 보여주자 할아버지는 웃으며 소년을 다시 강으로 보내며 말했다.

"바구니가 새니까 좀 더 빨리 뛰어야 물을 가져올 수 있을 것이다."

소년은 다시금 강으로 내려가 바구니 한가득 물을 떠서 재빨리 뛰었지만 역시 바구니는 텅 비고 말았다. 소년은 할아버지에게 바구니로 물을 나르는 것은 절대 불가능한 일이라 말하고 물통을 가지러 가려 했다. 노인은 물통 대신 다시 바구니에 가득 물을 떠오라고 했다. 소년은 다시 강으로 내려갔고 또 다시 빈 바구니를 들고 왔다. 소년이 숨을 몰아쉬며 말했다.

"보셨죠, 할아버지? 아무리 해도 소용없는 일이에요!"

노인이 애정 어린 눈으로 어린 손자를 바라보며 부드럽게 물었다.

"너는 이것이 무의미한 일이라고 생각한다는 것이지? 그렇다면 그 바구니를 잘 보거라."

할아버지의 말에 소년은 바구니를 살펴보았다. 그때 처음으로 소년은 바구니가 완전히 달라져 있다는 것을 알았다. 언제나 숯으로 더럽던 바구니가 어느새 안과 밖이 햇빛에 빛이 날 만큼 깨끗해져 있었다. 그동안 바구니 안에 남아 있는 물만 생각하느라 바구니 자체에 대해서는 관심을 갖지 못했던 것이다.

우리가 독서를 할 때 일어나는 일도 이와 같다. 가끔 내용을 이해 못 할 수도 있고, 자신이 읽은 것을 기억하지 못할 수도 있다. 책의 내용이 바구니의 틈새처럼 다 빠져서 나가버릴 수도 있다. 하지만 독서는 그 행위 자체만으로 숯으로 더럽던 바구니가 어느새 안과 밖이 깨끗해진 것처럼 우리의 삶도 서서히 변화시킨다.

헬렌 켈러는 눈이 보이지 않는 암흑과도 같은 인생을 견뎌내면서도 자신의 삶을 그 누구보다 빛냈다. 헬렌 켈러는 자신의 책 『사흘만 볼 수 있다면』에서 "독서를 하다 보면 나는 내가 장애인이라는 것을 정말 느끼지 못한다. 내 영혼이 훨훨 하늘을 날아오른 것 같은 희열을 느낀다."라고 말했다.

"만약 내가 이 세상을 사는 동안에 유일한 소망 하나가 있다면 그것은 죽기 직전에 꼭 3일 동안만 눈을 뜨고 보는 것이다. 만약 내가 눈을 뜨고 볼 수 있다면 나는 나의 눈을 뜨는 그 첫 순간 나를 이만큼 가르쳐주고 교육을 시켜준 나의 선생님 설리반을 찾아가고 싶다. 다음 날 이른 새벽에는 먼동이 트는 웅장한 장면, 아침에는 메트로폴리탄에 있는 박물관, 오후에는 미술관, 그리고 저녁에는 보석 같은 밤하늘의 별을 보면서 하루를 지새우고, 마지막 날에는 일찍 큰길가에 나가 출근하는 사람들의 얼굴 표정을 바라보고, 아침에는 오페라 하우스, 오후에는 영화관에 가서 영화를 감상하고 싶다. 그러다 어느덧 저녁이 되면, 나는 건물의 숲을 이루고 있는 도시 한복판으로 나와서 네온사인이 반짝거리는 거리 쇼윈도에 진열된 아름다운 상품들을 바라보면서 집에 돌아와 내가 눈을 감아야 할 마지막 순간에 이 3일 동안만이라도 볼 수 있게 해준 나의 하나님께 감사한다고 기도를 드리고 영원히 암흑의 세계로 돌아가겠다."

이 고백은 힘든 과정 속에서도 독서를 통해 깊은 성찰을 하고, 진정한 행복을 발견해내고, 마침내 마음의 눈으로 세상을 볼 수 있게 된 그녀의 인생을 보여준다. 이처럼 독서에는 상상 그 이상의 강력한 힘이 있다.

많은 사람이 인생은 지옥이라고 말한다. 경제적으로나 시간적으로 많은 제약과 고통을 받기 때문이다. 하지만 시간을 잘만 활용하면 지금보다 훨씬 나은 삶을 살 수 있다. 커피숍 가는 시간, TV 보는 시간, 스마트폰 만지는 시간에 독서를 한다면 의외로 시간이 충분하다는 것을 알게 된다. 나는 매일 책이 건네는 말을 들으며 칼국수를 끓인다. 큰아이와 함께 책을 읽으며 지금 이 글을 쓰고 있다. 독서를 하면서 내 시간을 만들고, 나에게 의미 있는 것을 찾으며 그동안 참 많은 시간을 낭비했다는 생각이 든다.

사람은 누구나 자신이 원하는 인생을 살고 싶어 한다. 하지만 극소수의 사람들만이 자신이 원하는 인생을 살 뿐이다. 그리고 대부분의 사람들은 자신의 소망과 거리가 먼 인생을 살고 있다. 나는 장사를 하면서 많은 것을 포기하면서 살았다. 직장인들보다 조금 더 벌기 위해 내 인생에서 가장 소중한 시간과 자유를 내주었다. 많은 사람이 나처럼 소중한 것을 포기하며, 내가 원하지 않는 반대 방향의 삶을 살고 있다.

인생은 하루하루가 쌓여서 이루어지는 것인 만큼, 자신에게 주어진 그 하루하루의 생활을 알차게 보내야 한다. 그리고 과거의 실패에서 벗어나 미래에 대한 불안을 모두 잊어버리고 성실한 나날을 살면 된다. 그것이 생활이다. 그리고 최선을 다한 다음, 그 결과를 겸손하게 받아들이면 된다. 인생이 얼마나 남았든지 간에 가장 중요한 것은 오늘이다.

책은 실패와 절망을 이야기하지 않는다. 책을 읽기 전에는 '내가 과연 할 수 있을까?' 하는 걱정을 달고 살았다. 하지만 책을 읽으며 치킨 가게도 과감히 접고, 카페처럼 예쁜 인테리어를 한 가게에서 칼국수 장사를 하며, 조용한 시간에는 카페 같은 가게에서 책을 읽고, 글을 쓰고 있다.

헬렌 켈러의 삶이 증명하듯이 독서는 한 사람의 인생을 바꾸고, 어떠한 위기에도 좌절하거나 실패하지 않게 만드는 힘이 있다. 지혜로운 사람들의 사상을 배우고, 생각하는 힘을 길러 어떤 일을 하든 더 만족스러운 결과를 얻을 수 있다. 책은 읽는 만큼 조금씩 성장하고 있다는 성취감과 기쁨을 주어 나 자신을 긍정하게 만든다. 인생의 고통도 껴안게 만든다. 그러니 작은 어려움에 자신을 구렁텅이에 빠뜨려 길을 잃고 헤매지 않는다.

"근면하면 학문의 조예가 깊어지고 게으르면 뒤떨어진다."라는 말이 있다. 성공도 근면이 뒷받침되어야 한다. 성공은 우연히 이루어지는 게 아니며 태어나면서부터 성공한 사람은 존재하지 않는다. 타고난 시기나 기가 막힌 운명은 없다. 보여지는 부자들의 모습만 보며 성공의 비결을 외부적인 조건에서 찾으려 할 뿐, 숨겨진 그들의 노력과 성실한 태도에는 주목하지 않는다.

성공한 사람들의 책을 읽으면 우리를 돌아보게 만드는 가르침이 있다. 성공한 사람들의 이야기를 보면 다들 근면한 태도로 최선을 다해 노력한 사람만이 좋은 성과를 얻을 수 있다는 것을 알 수 있다.

독서 습관은 가장 위대한 유산이다. 사람은 독서를 통해 인간적인 것, 마음을 깨우고 생각하게 만드는 것에 접하는 것이다. 사회성을 키우려면 직접 경험하는 것이 가장 기본이다. 친구와 함께 여행을 떠나는 것도 좋고, 매일의 생활 속에서 아이들은 새로운 경험을 쌓아가게 된다. 그러한 경험들이 모여서 사람을 성장시켜주는 것이다. 그러나 우리가 직접 경험할 수 있는 데는 한계가 있다.

우리가 아무리 열심히 노력했다고 생각하더라도 그건 착각에 불과하다. 실제로는 노력 근처에도 가지 않았을 수도 있다. 인생은 경쟁이고 나의 진정한 적은 부자도 아니고 친구도 아닌 바로 나 자신이다. 인생은 딱 우리가 노력한 만큼 돌려받게 되어 있다. 우리가 흘린 땀방울이 우리의 미래다. 성공한 사람들을 부러워만 하지 말고 그들의 성공 경험과 피나는 노력, 근면한 태도를 본받아야 한다.

상상력은 창조력의 어머니다. 책에서 성공한 사람들의 구체적인 장면을 머릿속에 이미지로 떠올리면 우리의 상상은 끝이 없이 이어진다. 미지의 세계를 탐구하는 것은 즐거운 놀이이다. 즐거운 글자 밭에서 가족이 함께 꿈을 꾸고 미래를 창조해나간다면 꿈꾸는 삶을 살 수 있을 것이다. 끝없이 성장하게 만드는 독서 습관은 가장 위대한 유산이다.

엄마의 독서가 가정의 기적을 만든다

이 세상에 태어나 우리가 경험하는
가장 멋진 일은 가족의 사랑을 배우는 것이다.

– 조지 맥도날드 –

고난 속에서도 희망을 가진 사람은 행복의 주인공이 되고, 고난에 굴복하고 희망을 품지 못하는 사람은 비극의 주인공이 된다. 톨스토이는 장편소설 『안나 카레니나』에서 "행복한 가정은 서로 닮았지만, 불행한 가정은 모두 저마다의 이유로 불행하다."라고 말한다.

행복한 인생에 관한 연구에 의하면 아이의 행복에 관한 비밀은 부모가 쥐고 있다고 한다. 어린 시절의 가장 행복했던 경험이 살아가면서 겪는 여러 가지 어려움과 실패의 경험을 극복하는 힘이 된다는 것이다. 청소년들을 대상으로 한 조사에서도 심한 스트레스를 받을 때 술이나 마약,

자살의 유혹에 빠지지 않고 이겨내는 힘은 어린 시절 사랑받은 경험에서 생기는 것으로 나타났다. 아이들을 키울 때 친구들이 가끔 하는 말이 있다. "아무도 그렇게 힘들 거라고 말해주지 않았어." 부모가 되어가며 느끼는 고충을 애써 줄여 보일 생각은 없지만, 거기에 뭔가 관점을 더하고 싶다. 실제로 아이들과 함께 보내는 시간은 깜짝 놀랄 만큼 잠깐이다. 아이들은 아주 빨리 변한다. 아이들이 변하는 만큼 세상도 빨리 변한다.

대부분의 사람들은 아이를 키우는 일이 얼마나 힘들었는가에 대해 말한다. 자신이 그 일에 얼마나 취약했는가에 대해 말하는 사람은 거의 없다. 엄마는 무의식적으로 부모가 자신이 어렸을 때 한 행동을 따라서 하게 되는데 그러다 보니 아이에게 좋은 감정과 미운 감정을 함께 가지게 된다. 우리 부모님은 우리 5남매를 제대로 훈육하지 못했다. 주변 사람들의 눈치를 보며 조금이라도 잘못하면 혼을 내셨다. 그리고 뒤돌아서면 후회하고 미안해하셨다. 때로는 과하게 혼이 나고 때로는 세상이 위험한 곳이고, 험한 곳이라며 아무것도 못 하게 과잉보호를 하셨다.

이런 부모님의 양육으로 즐거운 어린 시절이 아닌 불행한 어린 시절을 보냈다. 나 또한 아이들을 소홀하게 대하다가 지나친 관심을 보이다가 하는 등 변덕을 부리고 있었다. 그리고 곧 후회하고 죄책감을 느끼며 우울해지는 등 부모님의 양육 방식을 흉내내고 있었다.

나는 '우리 부모님처럼 살지 말아야지.' 하면서 어느새 부모님과 비슷한 훈육을 하고 있었다. 소설가 제임스 볼드윈은 "아이들은 부모의 말에 귀를 기울이는 일에 절대 익숙해지지 않지만, 부모를 따라 하는 일만큼은 틀림없이 해낸다"고 말한다.

나는 늘 좋은 엄마가 되고 싶었다. 좋은 엄마이기를 희망했고, 좋은 엄마가 되고자 부단한 노력을 기울였지만 그것은 나만의 착각이었다. 모든 엄마들이 바라는 좋은 엄마의 모습을 어느 한 가지로 정의할 수는 없지만, "우리 엄마가 제일 좋아!" 또는 "우리 엄마가 최고야!"라는 아이들의 말을 듣는 엄마라면 분명히 좋은 엄마일 것이다.

우리는 삶의 시작과 끝을 가족과 함께한다. '가족' 때문에 힘을 얻기도, 하고 때로는 '가족'이 짐이 되기도 한다. 한없이 사랑하다가도 한없이 미워지는 '가족'이란 무엇일까? 현대사회에서 가족을 가족으로 만들어주는 결정적 요인은 혈연관계가 아니라 정서적 교류와 신뢰이다. 최광현 교수는 "가족 문제의 시작은 부부의 낮은 자존감에서 비롯된다"고 지적했다. 가정은 둥지를 떠날 힘을 길러주는 곳이고, 그런 관계가 가족이다. 그는 "건강하고 행복한 가족은 의지만의 문제가 아니라 기술이 필요하다"고 말한다. 가족을 변화시키려고 온통 에너지를 쏟는 일은 밑 빠진 독에 물 붓기다. "상대에게서 문제를 찾는다면 행복한 가족과는 점점 멀어진다.

내 지난날의 상처와 아픔을 보고 상대의 과거도 공감하고 존중해야 한다." 그러기 위해서는 지난날의 상처를 돌아보고 상대의 과거까지 공감하는 능력을 계발해야 한다. 머리로만 이해하는 것 이상의 가슴으로 이해하는 것이 필요하다. 진심으로 무엇인가를 알고 이해하려는 마음과 편견이나 사심 없이 애정과 관심을 가지게 될 때 우리의 삶은 풍요로워지게 되는 것이다.

행복함을 느끼는 가족들은 그렇지 않은 사람들보다 육체적으로나 정신적으로 더 건강하며, 고난이나 슬픔을 훨씬 더 슬기롭게 극복한다. 결국 가족의 행복을 결정하는 것은 경제적·물리적·유전적인 요소가 아니다. 내가 독서를 하는 이유 중의 하나는 사고를 하기 위해서이다.

"독서는 지혜의 문을 여는 열쇠이며, 사고는 지혜의 문을 열고 더 넓은 세상으로 나아가게 하는 힘이다."

『스스로 행복한 사람』은 존경받는 미국의 사상가이자 시인인 랄프 왈도 에머슨의 잠언집이다. 에머슨은 자기 자신을 믿고 홀로 설 수 있는 사람이 스스로 행복한 사람이라고 말한다. 누가 날 행복하게 해줄 거라고 생각하는 사람, 내가 아닌 다른 사람에게서 행복을 찾는 사람, 내 인생을 살지 않고 다른 삶들에게 휘둘리며 사는 사람은 결코 행복을 찾을 수 없다. 사람은 자기 일에 온 마음을 쏟고 최선을 다할 때 괴로움을 잊고 쾌활해진다. 다른 어떤 것도 우리에게 평화를 주지 못한다. 구원은 누가 가져다주는 것이 아니다. 내가 나를 믿지 않는 한 우리에게는 어떤 영감도, 창조도, 희망도 없는 것이다.

사람들은 좋은 직업을 가지기 위해, 스펙을 쌓기 위해 많은 노력을 한다. 하지만 가족생활에 있어서는 '어떻게 되겠지.'라는 마음으로 아무 노력도 하지 않으려고 한다. 하지만 멋진 가족을 만들려면 작은 부분이라도 도와주고 노력해야 한다. 모든 관계의 핵심은 다른 사람에게 관심을 보이고, 그 사람의 이야기를 듣고, 자신이 생각하는 바를 적극적으로 이야기하는 데 있다.

애플의 창업자 스티브 잡스가 2005년 미국 스탠퍼드대학 졸업식에서 인생의 선택을 '점과 점 이어긋기'에 비유하며 이런 말을 했다.

"내가 지금 한 일이 인생에 어떤 점을 찍는 것이라고 한다면, 미래에 그것들이 어떻게 이어질지는 예측할 수 없다. 그러나 10년이 지난 후 돌이켜보니 그 점들은 이미 모두 연결되어 있었다."

지금 내가 하는 어떤 일이 지금 혹은 미래에 어떤 의미인지 당장은 알 수 없을지도 모르지만, 훗날 과거를 돌아보면 어떤 식으로든 연결되거나 내 인생에 커다란 영향을 미쳤음을 깨닫게 될 것이라는 말이다. 그러니 언젠가는 점과 점들이 이어질 거라는 믿음을 가지고 현재를 충실하게, 우직하게 살아야 한다는 것이 그의 이야기다.

스티브 잡스의 말처럼 우리의 삶은 어떤 식으로든 연결되어 있다. 3년 가까이 매일 책을 읽으면서 어느 순간 이 책과 저 책을 연결하게 되었고, 내 삶에도 여러 방식으로 적용했다. 그 결과 책을 읽는 동안 꾸준한 변화가 있었다. 가족 모두 힘들어 하는 치킨 가게는 예쁘게 리모델링을 해서 예쁜 칼국수 가게가 되었다. 그리고 세 달 만에 맛집이라고 소문이 날 정도로 장사가 잘된다. 남편이 책을 읽고 공매를 해서 내가 그토록 원하던 예쁘고 아늑한 빌라를 샀다. 그리고 우리는 지금 아늑하고 좋은 집에서 다리가 보이는 멋진 야경을 보며 행복하게 살고 있다. 안방 침대에 누워 있으면 예쁜 밤하늘과 멋진 야경을 볼 수 있다.

큰아이와 나는 그 동안 읽은 책으로 각자 한 권의 책을 냈으며, 많은 독자들에게 감사와 응원의 메시지를 받았다. 그리고 칼국수 가게를 하며 네이버 카페를 운영하며 1인 지식 창업을 하고 있다. 작가의 삶, 동기부여를 해주는 강연가, 그리고 4개의 유튜브를 운영하고 있다. 꿈꾸는 모녀 작가 블로그를 운영하며 그 동안 우리가 배운 것들을 나누고 있다.

책 속에는 '살면서 곤란한 상황에 처했을 때 이를 극복할 수 있는 지식이 들어 있어 삶을 달콤하게 해준다'는 의미도 있다. 그리고 많은 유대인 가정에서는 아이의 침대 머리맡에 책장을 두어 지식에 대한 존중을 표현하기도 한다. 책을 읽기 전의 나는 분명히 늘 불안하고 아주 사소한 것에도 좌절했었다. 하지만 책을 읽으며 나를 단단하게 만들고, 어떤 상황에서도 흔들리지 않는 나를 만들 수 있었다. 아이들이 가게에서 일을 돕고 있으면 잘한다고 하는 사람도 있지만, 아이들이 일하는 것에 대해 험하게 말하는 사람들도 있다.

하지만 이제는 그런 소리에 흔들리지 않는다. 내가 『평범한 사람도 특별하게 만드는 독서의 기적』을 썼을 때에도 8시까지 칼국수 장사를 하며 썼기 때문에 주말에는 하루 종일 앉아 글을 썼다. 오히려 가게를 돕기 시작하면서 막내 아이는 주말에도 놀러가지 않고 김밥도 사다 주고 라면도 끓여주고, 청소기도 돌리고 빨래도 널어준다. 막내 아이가 도와주지 않았다면 아마도 책이 출간되기까지 시간이 더 걸렸을 것이다. 가끔 몸살이 나서 누워 있으면 수건에 물을 적셔서 이마에 올려주고 꿀물을 타주며 아프지 말라고 하는 막내 아이를 보면 한없이 따뜻한 마음이 전해온다.

행복한 가족은 만들어지는 것이다. 아이들을 자주 안아주고, 큰 소리로 책을 읽어주고 함께 밥을 먹고 같이 뒹굴며 웃을 수 있는 시간을 충분히 가지는 것이 우리 아이를 행복하게 만드는 중요한 비법이다. 행복한 가족은 잘 포장된 선물이 아니라 만들어가는 하나의 과정이다. 사물을 바라보는 관점을 바꾸면, 인생을 보는 것도 바뀐다. 생각을 바꾸고 인생을 바꾸어야 한다. 행복이란 삶에 대한 태도일 뿐이다. 불우했던 환경과 부정적인 태도는 우리가 그것을 극복할 의지만 있으면 된다. 그동안의 독서가 기적을 만들었다. 엄마의 독서가 가정의 기적을 만든다.

자신을 바꿀 수 있는
사람이 세상을 바꾼다

우리의 인생을 단숨에 바꿀 어떤 비결은 없을까? 그런 비결이 있다. 나는 단 2년 만에 삶을 바꿨다. 그리고 가족들과 조카들의 삶에도 영향을 끼치고 있다. 독서를 통해 말하는 방식, 생각하는 방식을 바꿈으로써 자신이 원하는 삶을 뜻하는 대로 이끌 수 있게 된다. 나는 책을 읽으며 이유를 알 수 없는 배의 고통과 마흔의 나이에 찾아온 갱년기 증상, 우울증 증상까지 사라졌다. 건강도 좋아지고, 인간관계까지 개선되고, 일까지 잘 풀려 하루하루 즐겁고 행복하게 살고 있다. 독서는 자신이 원하는 것에만 초점을 맞춰 살도록 일깨워준다. 우리의 마음속에 있는 생각이 우리의 인생을 결정하게 된다. 우리는 살면서 원하는 것을 구하는 방법보다 구하지 못하는 방법들을 배워왔다.

우리의 인생은 즐거워야 마땅하고, 우리의 삶 전반에 걸쳐 행복을 누리는 게 자연스러운 일이다. 독서는 지금 당신이 무엇을 하든지 관계없이 더욱 좋은 쪽으로 인생 경험을 할 수 있는 선택권과 힘을 가진 존재라는 사실을 가르쳐준다. 우리의 생의 목적은 기쁨을 느끼는 것이다. 그리고 발전과 성장에 의미가 있다. 모든 사람에게는 자유가 주어져 있음을 깨우쳐준다. 생각을 통해 자신의 뜻대로 이끌어갈 자유가 모든 사람에게 주어져 있는 것이다.

부모가 되는 일은 쉬워도 좋은 부모가 되기는 쉬운 일이 아니다. 지금 시대는 우리가 살던 시대와 달라 부모가 해야 할 역할이 크게 바뀌고 있다. 우리 부모님 시대만 하더라도 자식을 건강하고, 사회에서 온전한 성인으로 키우기 위해 최선의 노력을 기울이던 시절이었다. 하지만 현대 사회는 자기 자신뿐만 아니라 자신을 뛰어넘어 다른 사람을 생각하고 세상을 생각할 수 있어야 한다. 아이는 이것을 배우고 느껴야 한다. 내가 원하는 것, 나에게만 이익이 되는 것, 내게만 좋은 것을 생각하기보다 다른 사람을 위할 수 있어야 한다.

자신만 생각하고 위하던 단계에서 나아가 다른 사람에게 도움이 되는 삶을 살면서 의미 있는 삶이 어떤 것인지 깨닫게 되는 것이다. 자신을 부정하는 것도 아니고 다른 사람을 더 중요하게 생각해서도 안 된다. 자신을 먼저 존중하고 사랑해야 하지만 그것이 자신의 이익에만 급급해 사는 것은 절대 행복하고 풍요로운 삶이 아니다. 그렇게 사는 것은 불행한 삶이다. 진정 행복한 삶은 사회에 기여하고, 다른 사람에게 도움을 주는 데서 온다. 아이들은 사랑받은 만큼 자신을 사랑하고 존중하게 된다. 자기 자신의 존재와 자신이 하는 일에 대해 올바른 생각을 하도록 해야 한다.

주위를 둘러보면 나처럼 평범한 사람들은 육아, 살림, 일을 함께하며 해결되지 않는 감정들을 가지고 힘들게 살아가고 있다. 늘 시간과 돈에 쫓기며, 미래에 대한 불안감으로, 인생에서 가장 중요한 것을 놓치고 살아가고 있다. 늘 다른 사람들을 위한 삶을 사느라 불행한 삶을 살아가고 있다. 우리에게는 다른 사람을 행복하게 만들 책임이 없다. 그들을 행복하게 만드는 것은 그들 자신이다. 다른 사람을 즐겁게 해주는 것을 자신의 의무라고 생각하면 상대가 우울할 때 덩달아 우울해지게 된다. 그보다 더 심각한 문제는 마치 그 사람이 우울해진 것에 자신이 원인을 제공한 것처럼 느끼는 것이다. 상대의 감정은 내 탓이 아니다. 누구든지 자신의 감정은 자신밖에 통제할 수 없기 때문이다.

모든 사람에게는 위대한 잠재력이 있다. 차근차근 단계를 밟아 성장하면 행복한 삶을 살 수 있다. 살아가면서 어떤 것을 어떻게 배우느냐에 따라 중도에 포기할 수도 있고, 멈출 수도 있고, 최고 수준까지 올라갈 수도 있다. 독서는 자신을 위대한 능력이 있는 사람으로 믿고 최고의 수준에 도달하게 만들어주는 힘이 있다. 주변의 약하고 부정적인 사람들하고 어울리는 것보다 책 속의 강하고 긍정적인 사람들의 말을 듣게 되면 긍정적인 사람이 되어가는 것이다.

불안과 두려움은 우리 스스로가 만들어내는 것이다. 세상의 소음에 귀를 닫고 오로지 자신의 내면의 소리에만 귀를 기울여야 한다. 성공한 사람들의 대부분은 남의 목소리를 듣지 않는다. 책 속의 스승들은 큰 대가를 바라지 않는다. 오로지 자신만의 지식과 노하우만 전하고 있을 뿐이다. 나는 세상이 조금만 더 밝아지는 것을 기쁨과 보람으로 생각한다.

이 책이 평범한 사람들에게 기적이 되는 여정의 첫 시작을 열어줄 수 있다면 나에게는 그 어떤 일보다 의미 있고 소중한 일이 될 것이다. 이 책이 나와 나누는 진솔한 대화의 시작이 되기를 간절히 바란다. 아래 있는 나의 블로그와 네이버 카페를 통해서 함께 성장하는 삶을 지속하고, 서로 응원하고 격려하며, 함께하기를 기대한다. 앞으로 자신의 위치에서 최선을 다하며 행복한 삶을 함께 나눌 수 있는 좋은 벗이 되었으면 한다.

책 읽는 가족의 추천 도서

① 엄마가 추천하는 가족들과 함께 읽으면 좋은 도서 20권

『행복의 힘』 조엘 오스틴 저 | 이은진 역 | 생각연구소 | 2012.07.10

『5가지 사랑의 언어』 게리 채프먼 저 | 장동숙, 황을호 역 | 생명의말씀사 | 2010.04.06

『행복한 생각』 루이스 L. 헤이 저 | 구승준 역 | 한문화 | 2009.12.16

『행복한 이기주의자』 웨인 다이어 저 | 오현정 역 | 21세기북스 | 2013.06.21

『운을 부르는 부자의 말투』 미야모토 마유미 저 | 김지윤 역 | 포레스트북스 | 2018.08.13

『100억 부자의 생각의 비밀』 김도사 저 | 위닝북스 | 2019.07.29

『이기적 삶의 권유』 게리 콕스 저 | 강경이 역 | 토네이도 | 2013.09.25

『열정은 기적을 낳는다』 메리 케이 애시 저 | 정미홍 역 | 나무와숲 | 2003.10.20

『왓칭 1』 김상운 저 | 정신세계사 | 2011.04.12

『마음을 비우면 얻어지는 것들』 김상운 저 | 21세기북스 | 2012.04.20

『살며 사랑하며 배우며』 레오 버스카글리아 저 | 이은선 역 | 홍익출판사 | 2015.07.03

『놓치고 싶지 않은 나의 꿈 나의 인생』 나폴레온 힐 저 | 이지현 역 | 국일미디어 | 2015.12.16

『한 줄의 기적 감사일기』 양경윤 저 | 쌤앤파커스 | 2014.12.05

『시간을 정복한 남자 류비세프』 다닐 알렉산드로비치 그라닌 저 | 이상원 역 | 황소자리 | 2004.01.30

『불평 없이 살아보기』 윌 보웬 저 | 김민아 역 | 세종서적 | 2009.04.15

『데일 카네기 인간관계론』 데일 카네기 저 | 이문필 역 | 베이직북스 | 2018.01.15

『절제의 성공학』 미즈노 남보쿠 저 | 류건 엮음 | 권세진 역 | 바람 | 2006.09.16

『유대인 엄마의 힘』 사라 이마스 저 | 정주은 역 | 위즈덤하우스 | 2014.10.13

『에픽테소의 자유와 행복에 이르는 삶의 기술』 에픽테토스 저 | 강분석 역 | 사람과책 | 2008.10.22

『가족 연습』 김미애 저 | 시그마북스 | 2016.07.01

② 아빠가 추천하는 40~50대를 위한 재테크를 위한 추천 도서 20권

『월급쟁이 부자들』 월급쟁이 부자들 카페 저 | 위즈덤하우스 | 2020.09.17

『마흔의 역전』 신동일 저 | 리더스북 | 2014.08.13

『지중해 부자』 박종기 저 | 알에이치코리아 | 2014.08.20

『나를 잃고 싶지 않아 처음 시작한 엄마의 돈 공부』 이지영 저 | 다산3.0 | 2016.04.21

『마흔의 돈 공부』 단희쌤 저 | 다산북스 | 2019.11.11

『돈이 없을수록 부동산 경매를 하라』 김서진 저 | 위닝북스 | 2017.12.08

『부자를 만드는 부부의 법칙』 슈퍼짠 부부 8쌍 저 | 길벗 | 2017.02.06

『진짜 돈 되는 토지 투자 노하우』 김용남 저 | 이레미디어 | 2019.01.21

『부동산 투자는 최고의 부업이다』 태재숙 저 | 미다스북스 | 2020.06.10

『부자 아빠 가난한 아빠』 로버트 기요사키 저 | 형선호 역 | 황금가지 | 2001.05.28

『아이 셋 키우며 부업으로 월 2000만원 버는 법』 김유정 저 | 미다스북스 | 2020.05.26

『나는 마트 대신 부동산에 간다』 김유라 저 | 한국경제신문사 | 2016.10.25

『송사무장의 부동산 경매의 기술』 송희창 저 | 지혜로 | 2017.04.25

『돈 되는 주식투자 ETF가 답이다』 김도사, 이슬 저 | 미다스북스 | 2019.08.27

『부동산 경매 & 공매 핵심가이드』 이명재 저 | 경향BP | 2017.07.05

『대한민국 부동산 초보를 위한 아파트 투자의 정석』 제네시스박 저 | 비즈니스북스 | 2020.03.11

『파이프라인 우화』 버크 헤지스 저 | 라인 | 2015.12.28

『부동산 상식사전』 백영록 저 | 길벗 | 2019.01.30

『3배속 재테크를 위한 부부의 습관』 정은길 저 | 북클라우드 | 2017.01.05

『존리의 금융문맹탈출』 존 리 저 | 베가북스 | 2020.10.12

③ 똑순이 딸이 추천하는 20대가 읽으면 좋은 책 20권

『어떻게 원하는 것을 얻는가』 스튜어트 다이아몬드 저 | 김태훈 역 | 8.0 | 2017.11.08

『제대로 살아야 하는 이유』 멕 제이 저 | 김아영 역 | 생각연구소 | 2013.03.29

『리더의 말공부』 박수밀, 송원찬 저 | 세종서적 | 2018.07.23

『회복탄력성』 김주환 저 | 위즈덤하우스 | 2019.03.29

『톨스토이의 인생론』 레프 톨스토이 저 | 이선미 역 | 메이트북스 | 2020.08.11

『2억 빚을 진 내게 우주님이 가르쳐준 운이 풀리는 말버릇』 고이케 히로시 저 | 나무생각 | 2017.08.14

『아들아, 너만의 인생을 그려라』 필립 체스터필드 저 | 강미경 역 | 느낌이있는책 | 2020.08.05

『하루 한 권 독서의 힘』 남영화 저 | 한국경제신문i | 2020.09.16

『놓치고 싶지 않은 나의 꿈 나의 인생 1』 나폴레온 힐 저 | 권혁철 역 | 국일미디어 | 2007.12.19

『종이 위의 기적, 쓰면 이루어진다』 헨리에트 앤 클라우저 저 | 안기순 역 | 한언 | 2016.11.10

『타이탄의 도구들』 팀 페리스 저 | 박선령 외 1명 역 | 토네이도 | 2018.01.29

『신이 쉼표를 넣은 곳에 마침표를 찍지 말라』 류시화 저 | 더숲 | 2019.12.06

『인생의 태도』 웨인 다이어 저 | 이한이 역 | 더퀘스트 | 2020.06.19

『프레임』 최인철 저 | 21세기북스 | 2016.08.31

『관점을 디자인하라』 박용후 저 | 프롬북스 | 2013.07.12

『한 줄의 기적 감사일기』 양경윤 저 | 쌤앤파커스 | 2014.12.05

『불평없이 살아보기』 윌 보웬 저 | 김민아 역 | 세종서적 | 2009.04.15

『무소의 뿔처럼 당당하게 나아가라』 스콧 알렉산더 저 | 엄성수 역 | 위너스북 | 2020.06.20

『백만불짜리 습관』 브라이언 트레이시 저 | 서사봉 역 | 용오름 | 2005.01.22

『질문이 인생을 바꾼다』 김도사 저 | 위닝북스 | 2016.01.15

④ 책벌레 아들이 추천하는 중학생 친구들을 위한 추천 도서 20권

『당신의 소중한 꿈을 이루는 보물지도』 모치즈키 도시타카 저 | 은영미 역 | 나라원 | 2017.12.05

『바보 빅터』 호아킴 데 포사다 저 | 이영기, 이윤선, 이현영, 진양욱 낭독 | 한국경제신문사 | 2011.03.02

『마시멜로 이야기 1』 호아킴 데 포사다 저 | 김경환 외 1명 역 | 한국경제신문사 | 2009.01.20

『독서 천재가 된 홍대리』 이지성, 정회일 저 | 다산라이프 | 2011.08.29

『꿈꾸는 다락방』 이지성, 오정택 저 | 국일미디어 | 2012.10.20

『초콜릿하트 드래곤』 스테파니 버지스 저 | 베리타스 | 2019.09.04

『청춘 스위치 온』 김도사 저 | 베가북스 | 2012.12.22

『키라 자기경영 동화』 시리즈 리커버 한정판 세트(전 5권) 보도 섀퍼 저 | 을파소 | 2017.11.28

『10대들이 꼭 알아야 할 똑똑한 돈 이야기』 수잔 셀리 저 | 이영권 역 | 가산출판사 | 2004.01.07

『꿈을 만난 아이는 행복한 인재로 자란다』 이익선 저 | 코리아닷컴 | 2015.09.15

『공부하는 독종은 핑계가 없다』 김영준 저 | 위즈덤하우스 | 2010.08.11

『성적과 습관이 확 바뀌는 중학생 공부법』 신성일 저 | 팜파스 | 2013.10.10

『강성태 66일 공부법』 강성태 저 | 다산에듀 | 2019.06.18

『10대를 위한 성공수업』 권마담 저 | 위닝북스 | 2016.08.15

『성공하는 10대의 시간관리와 공부방법』 유성은, 유미현 저 | 평단 | 2008.02.15

『습관 66일의 기적』 고봉익, 김승 외 1명 글 | 문수민 그림 | 새앙뿔 | 2010.01.20

『미친 꿈에 도전하라』 권마담 저 | 위닝북스 | 2013.11.25

『이순신 승리의 리더십』 임원빈 저 | 한국경제신문 | 2008.09.30

『이기는 습관』 전옥표 저 | 쌤앤파커스 | 2007.04.17

『사흘만 볼 수 있다면』 헬렌 켈러 저 | 신여명 역 | 두레아이들 | 2013.11.25